# 금강경과 함께 역사 속으로
## 금강경을 읽는데 왜 경멸과 천대를 받았을까

금강경과 함께

금강경을 읽는데 왜 경멸과 천대를 받았을까

역사 속으로

운주사

如雲 김광하

1953년생.

연세대학교에서 불교학생회 활동을 하였으며, 졸업 후에는 직장생활을 하다가 부산 보림선원(寶林禪院)에서 백봉(白峰) 김기추 선생을 모시고 공부했다. 이후 생업에 종사하며 틈틈이 불경(佛經)과 노장(老莊)을 읽고 있는데, 특히 현실의 삶 속에서 수행의 근거와 의미를 탐구해오고 있다. 현재 불교시민운동에 참여하고 있으며, 인드라망 잡지에 〈경전산책(經典散策)〉을 연재하고 있다.

## 이 책을 내면서

삼보에 귀의합니다.

2002년 4월에서 9월까지 약 6개월에 걸쳐서 필자는 불교시민단체에서 일하는 여러 실무자들, 자원봉사자들과 함께 금강경을 공부하였다. 불교시민운동가들과 자원봉사자들은 부처님의 말씀을 역사와 현실에서 이해하고자 하는 열의를 가지고 있었다. 필자 또한 오랫동안 부처님과 성인의 말씀을 역사와 인간의 삶 속에서 읽어야 한다는 생각을 가지고 있어서 뜻을 함께 하기로 하였다. 이에 필자는 학문과 수행이 깊지 않음에도 부끄러움을 무릅쓰고 금강경 모임을 이끌게 되었다.

필자는 금강경을 함께 읽어 나가는 과정에서 시민운동가들과 자원봉사자들에게서 참으로 많은 것을 배웠음을 고백한다. 이 책 속에는 금강경이 전하고자 하는 메시지를 역사와 인간의 삶 속에서 살핀 여러 분들의 경험과 사색이 담겨져 있다. 이 책은 이렇게 시작한 공부의 성과물이다. 특히 임영래 법우와 이주원 법우는 강의 초고를 정리해주고 이 책을 내는 데 많은 조언을 했음을 밝힌다.

금강경은 역사적 연구에 의하면, B.C 1세기에서 A.D 1세기경에 세상에 나타난 것으로 알려지고 있다. 이때는 일찍이 아쇼카 왕이 불교교단에 많은 정치적·물질적 후원을 해준 이래, 교단은 사회적·경제적으로 상당한 세력을 가지고 있었던 시기였다. 여러 계파로 나뉘어진 불교는 각 파마다 경(經)·율(律)·논(論) 삼장(三藏)을 보유하고, 사원이나 승려의 숫자도 그 규모가 상당하였다고 전해진다. 또 이 당시에는 탑 공양이 성해 대규모의 호화로운 탑이 재가신도들에 의해 조성되었다. 이런 역사적 상황 속에서 금강경이 나타난 의미는 무엇일까?

놀랍게도 금강경에는 모든 부처님들께서 얻으신 깨달음에 이르는 법(法)이 바로 이 금강경으로부터 나온다고 말하고 있다. 뿐만 아니라, 이 경을 외우거나 남을 위해 말해주면, 탑을 공양하는 공덕보다 훨씬 크다고 한다. 왜 금강경은 기존 승단이 보유하고 있는 아함부 경전이나 당대에 발달되어 있는 아비달마 논서들의 권위를 부정했을까? 금강경을 전하는 부처님의 제자들은 당대의 현실을 어떤 기준으로 보았을까? 그분들은 불교의 역사가 어느 방향으로 가야 한다고 생각했을까?

금강경은 불교적인 삶이 무엇인지 묻고 있다. 수많은 재물을 가지고 승단에 보시하거나 탑에 공양하는 사람들은 누구이며, 실제로 어떤 삶을 살고 있었을까? 거대한 탑을 공양하거나 보시하는 불자들은 가난하고 천대받는 이웃을 진정으로 사랑했을까? 금강경은 당대 승단의 수행태도를 어떻게 평가했을까? 왜 당대에 금강경을 지니거나 외우는 사람들은 다른 사람들로부터 경멸과 천대를 받았을까? 실제로 경멸과 천대를 한 사람들은 누구일까? 그들은 불제자들이었을까, 아니면 외도들이었을까? 금강경이 전하는 부처님의 가르침은 기존 승단과 불자(佛子)들의 인식과 어떻게 달랐을까? 상(相)을 여의는 수행과 가난한 사람들을 돕는 것과 깨달음을 얻는 것은 서로 별개의 현실일까?

금강경은 남방 상좌부 불교와는 달리 보살을 내세우는 이른바 북방 대승불교권에서 널리 읽히는 경전이다. 그래서 역사적으로 인도와 특히 중국에 이 경에 관해 많은 주석이 있다. 우리나라에서는 금강경오가해(金剛經五家解)가 전통적인 주석서로서 널리 읽히고 있다.

필자는 금강경이 출현하였던 역사와 그 당대를 살았던 사람들의 삶 속에서 금강경을 이해하려고 노력하였다. 금강경에는 보시·장엄·수행이 자주 언급되고 있다. 이러한 보시·장엄·수행을 당대 현실 속에서 이해했으며, 이 문제가 가지고 있는 역사적 의미를 탐구하였다. 이런 관점에서 역사 속의 금강경이 전하는 메시지를 찾아보려고 노력하였다. 이러한 금강경 읽기는 전통적으로 내려오는 교리적 해석의 관점을 떠나, 금강경을 당대 세상에 내놓은 불제자들의 문제의식을 이해하고 그분들의 삶에 동참하려는 자세이다.

무엇보다 학문이 짧아 손에 닿을 수 있는 역사적 자료의 한계가 있음에도, 필자는 이러한 이해와 동참의 태도를 통하여 금강경을 전했던 불제자들이 가지고 있었던 당대 현실에 대한 문제의식과, 그분들이 가지고 있었던 깊은 사색과 성찰에 도달하고자 하였다.

부처님께서 열반하시고 500여 년 후에 나타난 금강경은 당대 불자의 삶을 성찰하고 있다. 따라서 금강경의 문제의식을 이해하고 그 성찰에 동참함으로써 부처님께서 열반하신 2,500여 년 후의 역사를 사는 오늘 우리 불자들의 문제의식과 실천을 다시 가다듬을 수 있다고 생각한다. 부처님 말씀이 심오함은 고도로 숙달된 철학적 관념이나 특수한 수행능력에서 나오는 것이 아니라, 우리의 삶과 수행에서 일어나는 탐욕·권위·성냄·폭력·미움·원한·무지 등 생로병사(生老病死)를 고통으로 몰아넣는 것들의 원인과 그것들을 넘어서는 길을 밝혀주는 데 있다.

금강경은 당대 불교현실에서 일어나고 있는 부조리한 현실과 그 원인을 문제삼고 있다. 즉, 보시를 행하는 보살과 선정(禪定)을 닦는 승단(僧團)에 감추어진 생각, 탑을 장엄하는 불자들이 가지고 있는 생각, 또 수행승이 경전을 연구하는 태도 속에 감추어져 있는 여러 미망과 권위와 탐욕을 모두 드러내 보이고 있는 것이다.

금강경에는 같은 말씀이 자주 반복되어 나타나는데, 그 이유가 진지하게 해명되어져야 할 것이다. 교리적인 관점에서만 본다면 같은 말씀을 반복할 이유가 없기 때문이다. 한편 법(法, dhammā)이라는 말이 많이 나온다. 이것은 금강경은 당대 역사 속의 승단과 불자들이 가지고 있는 불법(佛法)에 대한 실천의식을 문제삼고 있기 때문이다.

따라서 금강경을 후기 유식사상이나 중국 선불교의 인식으로 해석하거나, 또는 상좌부 전통이나 이러한 전통을 이어받는 남방불교적 관점에서 해석하는 데는 방법론적 한계가 있다고 하지 않을 수 없다. 특히 남방 아비달마적 관점에서 금강경을 해석할 때는 자칫 기존 아함부 경전과 동일한 관점에서 해석할 위험이 있다. 금강경의 역사적 문제의식이 사라지기 때문이다.

이 책은 이러한 문제의식을 가지고 금강경을 해석하였다. 번역은 일반적으로 통용되는 구마라집 법사의 한역경전을 저본으로 하였다. 뜻이 분명치 않은 것은 현장 법사의 번역과 Edward Conze의 영역을 참조하였다.

다만 역사적 삶 속에서 당대 불자들의 실천의식의 성찰을 통해 금강경의 본래 모습을 살피고 강의하다 보니 기존의 해석과는 다른 점이 있게 되었다. 금강경을 이미 접해 본 기존의 독자들이 외려 혼란을 느끼고 쉽게 이해되지 않는 점이 있어서 불가피하게 중복 설명한 부분이 적지 않게 되었다. 학식과 수행이 부족한 필자가 단지 금강경의 뜻을 좀더 역사 현실과 인간의 삶 속에서 이해하려는 노력쯤으로 받아주었으면 고맙겠다. 독자들의 넓은 아량과 이해를 바랄 뿐이다.

돌이켜 보면 이 책을 쓰기까지 필자는 헤아릴 수 없는 많은 분들에게서 가르침을 얻었다. 특히 젊은 시절 필자를 도학의 세계로 처음 이끌어주신 고(故) 강지천(姜知天) 선생님에게 감사드린다. 선생님은 세상에 이름이 드러나지 않았으나 평생을 도학에 대한 연구로 지내신 분이었다.

연세대학교에서 노장철학을 강의하시며 노자(老子)와 장자 등 도가서(道家書)를 읽는데 동시대 사상적 비교와 역사적 접근의 중요성을 일깨워주신 고(故) 구본명(具本明) 교수님께 감사드린다. 선생님의 가르침은 필자가 지금까지 옛 성인의 말씀을 공부하는 데 큰 잣대가 되어 왔다.

부산 보림선원(宝林禪院)에 주석하시며 후학을 이끌어주시던 고

(故) 백봉 김기추(白峰 金基秋) 선생님께 깊이 감사드린다. 선생님을 가까이 모시며 금강경, 유마경과 선문염송(禪門拈頌)을 배운 인연에 감사드린다.

또 퇴계 선생의 후손이시며, 유불선 삼교와 한의학에 깊은 학문을 이루신 고(故) 무위당 이원세(無爲堂 李元世) 선생님께 감사드린다. 무위당 선생님은 필자에게 우리 옛 선비들의 학문하는 모습과 관후한 풍도를 보여주신 분이셨다.

타대학 학생임에도 동국대학교에서 원시불교론 강의를 듣게 해 주셨던 고(故) 홍정식 교수님께 감사드린다. 이미 세상을 떠나신 이 분들의 은혜를 어찌 갚을 수 있을까?

1970년대 초 필자가 대학 재학 중 방학 때마다 백운정사에서 공부할 수 있도록 배려해 주시고 평생 불법에 정진하도록 격려해 주셨던 당시 경북 울진 불영사 주지 일휴 큰스님께 감사드린다. 필자가 처음으로 접한 금강경은 백용성 스님께서 역해하신 금강경이었다. 이 책을 필자에게 주고 우정을 베풀어준 당시 동국대학교 불교학과에 재학중이시던 한보광 스님께 늦게나마 이 지면을 통해 감사를 올린다.

필자에게 쌍윳따니까야 등 남전대장경의 세계를 보여준 전재성 한국빠알리성전협회장에게도 감사드린다. 전재성 박사는 많은 시간을 내어 금강경 싼스크리스트 원본, 티벳트어 역본, 싼스크리스트어 무착게송 등에 관해 필자의 자문에 응해 주었다.

누구나 인터넷에서 쉽게 경전을 열람할 수 있게 해준 고려대장경연구소와 각호대정장(角虎大正藏)을 올린 중화전자불전협회(中

華電子佛典協會)에 감사드린다. 필자와 같이 생업에 종사하는 불자로서는 다양한 한역경전에 접근하기가 어려운데, 이들 연구소에서 전산화한 덕에 쉽게 열람할 수 있었다. 대화의 중요성을 일깨워주신 김국홍 선생님과 송덕원 거사에게 감사드린다. 경전 공부 모임을 이끌도록 격려해준 김동흔 경제정의실천불교시민연합 운영위원장과 정성껏 책을 편집해준 운주사에게도 감사드린다. 마지막으로 회사 동료와 가족 모두에게 사랑을 보낸다.

2003년 5월, 여운(如雲) 김광하 합장

### 일러두기

1) 이 책은 구마라집(鳩摩羅什, 344~413) 법사의 한역(漢譯) 금강반야바라밀경을 저본으로 하였다. 필자가 이 책에 사용한 금강경 한역본은 고려대장경본이되, 고려대장경본에는 없고 일반 통용본에만 있는 구절은 괄호에 넣어 표시하였다.

2) 금강경 강의편에 있는 한글 번역은 필자가 일반 통용본을 기초로 경전 원문에 가장 가깝게 번역한 것이다. 불자들에게 통용본이 널리 읽혀지고 있기 때문이다. 우리말 번역 중 뜻을 새기는 데 필요하다고 생각하여 보충한 구절은 모두 괄호 속에 넣었다. 강의는 불교시민운동가들과 함께 공부한 내용을 녹취한 것인데 후에 일부 수정 보완한 것이다.

3) 금강경 역해편은 필자가 금강경을 의역(意譯)하고 거기에 해석을 가한 것이다. 해석에는 역사적 삶 속에서 금강경을 바라보려는 필자의 논거가 담겨 있다. 구마라집 역에서 좀더 뜻을 분명히 할 필요가 있는 것은 현장 본이나 콘체의 영역본을 참조하여 의역하였다.

4) 금강경 원본에는 원래 32가지 품의 분류가 없다. 양나라

소명태자(?~531)가 구마라집 한역본을 32품으로 분류하였는데, 이러한 분류가 널리 받아들여져 오늘에 이르렀다고 한다. 필자가 추정하기로는 구마라집 법사가 금강경을 번역한 후 약 100여 년 뒤의 일이다. 금강경의 뜻을 통일적으로 이해하기 위해서는 32품으로 나누어 읽기보다, 전체 한편으로 읽고 뜻을 새기는 것이 좋다고 생각한다. 단지 필자가 이 책에서 제1품에서 제16품까지를 상편으로, 나머지를 하편으로 분류한 것은 필자의 해석에 의한 것이다. 자세한 설명은 강의와 역해에 있다.

5) 대승불교의 출현은 불교역사에 있어서 큰 사건이다. 필자는 부처님의 제자들이 역사 속에서 겪은 경험을 이해하고 오늘 우리의 삶을 성찰하고자 이 책을 썼다. 따라서 필자 나름대로 생각하는 대승의 참 뜻을 전달하기 위해 여러 경전이나 자료를 인용하여 논리를 전개하였다. 필자로서는 독자들이 이 책을 학문적 입장으로만 받아들이기보다, 대승불교운동의 실천적 관점에서 읽어주기 바란다. 나아가 청하지 않아도 벗이 되어 어려운 이웃을 찾아가는 보살이 많이 나오기를 바라는 마음 간절하다.

### 금강경과 함께 역사 속으로    차 례
금강경을 읽는데 왜 경멸과 천대를 받았을까

이 책을 내면서 · 5
일러두기 · 12

## 제1부 한글 금강경 · 19

1. 한글 금강경 상편 ................................................. 21
2. 한글 금강경 하편 ................................................. 37

## 제2부 금강경 강의 · 51

1. 금강경 상편 강의 ................................................. 53
    부처님의 출가동기 ............................................... 53
    금강경 성립시기와 시대적 배경 ............................. 61
    금강경으로의 초대 ................................................ 64
    금강경을 전하는 분들의 문제의식 ......................... 73
    어떤 중생이 금강경을 부처님의 말씀으로 믿겠습니까? ...... 91
    모든 모습과 모습 아님을 보면 곧 여래를 보리라 ............. 95
    이 경전의 이름을 『금강반야바라밀』이라 하라 ............... 105
    분석 속에는 깨달음이 없다 .................................... 113

## 2. 금강경 하편 강의 ························································ 132
하편은 상편의 단순한 반복인가? ······························· 132
일체법이 일체법이 아님 ··············································· 138
무상(無常), 고(苦), 무아(無我) ······································· 141
무아법을 깊이 이해하면 ··············································· 149
높고 낮음이 없는 법 ····················································· 153
참다운 복 짓기와 인내의 체득 ···································· 156
여래는 무아를 실천하시고 인내를 완성하신 분 ········ 158
올바른 설법 ····································································· 164

# 제3부 금강경 역해 · 171

## 1. 금강경 상편 역해 ·················································· 173
法會因由分 第一 ····························································· 173
善現起請分 第二 ····························································· 175
大乘正宗分 第三 ····························································· 178
妙行無住分 第四 ····························································· 187
如理實見分 第五 ····························································· 191
正信希有分 第六 ····························································· 194
無得無說分 第七 ····························································· 201
依法出生分 第八 ····························································· 204
一相無相分 第九 ····························································· 208
莊嚴淨土分 第十 ····························································· 216
無爲福勝分 第十一 ························································· 225
尊重正教分 第十二 ························································· 228
如法受持分 第十三 ························································· 231

離相寂滅分 第十四 ………………………………… 236
　　持經功德分 第十五 ………………………………… 252
　　能淨業障分 第十六 ………………………………… 256

2. 금강경 하편 역해 ……………………………………… 262
　　究竟無我分 第十七 ………………………………… 262
　　一切同觀分 第十八 ………………………………… 282
　　法界通化分 第十九 ………………………………… 288
　　離色離相分 第二十 ………………………………… 290
　　非說所說分 第二十一 ……………………………… 292
　　無法可得分 第二十二 ……………………………… 296
　　淨心行善分 第二十三 ……………………………… 299
　　福智無比分 第二十四 ……………………………… 302
　　化無所化分 第二十五 ……………………………… 304
　　法身非相分 第二十六 ……………………………… 307
　　無斷無滅分 第二十七 ……………………………… 310
　　不受不貪分 第二十八 ……………………………… 312
　　威儀寂靜分 第二十九 ……………………………… 315
　　一合理相分 第三十 ………………………………… 318
　　知見不生分 第三十一 ……………………………… 322
　　應化非眞分 第三十二 ……………………………… 327

# 제1부
## 한글 금강경

# 1. 한글 금강경 상편

제1 법회인유분

 이와 같이 내가 들었다.

 한때 부처님께서 사위국 기수급고독원에서 비구 대중(大衆) 1,250인과 함께 계시었다.

 그때 세존께서 공양을 드실 때가 되어, 옷을 입으시고 발우를 드시고 사위성에 들어가시어 걸식하시었다. 그 성중에서 차례대로 걸식하시고 본래 계시던 곳으로 돌아오시어 음식을 드신 뒤, 옷과 발우를 거두시고 발을 씻으신 뒤 자리를 펴고 앉으셨다.

제2 선현기청분

 그때 장로 수보리가 대중 가운데 있다가 자리에서 일어나, 오른쪽 어깨에 옷을 벗어 메고 오른쪽 무릎을 땅에 꿇고 합장하며 공경히 부처님께 아뢰었다.

 "세존이시여! 여래께서 모든 보살들을 잘 호념하시며, 모든 보살들에게 잘 부촉해 주심은 희유한 일입니다. 세존이시여! 선남자 선여인이 아뇩다라삼먁삼보리(위없는 올바르고 완전한 깨달음)에 마음을 내고는 마땅히 어떻게 머물러야 하며, 어떻게 그 마음을 항복 받습니까?"

부처님께서 말씀하셨다.

"착하고, 착하다. 수보리야, 그대의 말과 같이 여래는 모든 보살들을 잘 호념하고 모든 보살들을 잘 부촉한다. 그대는 지금 귀를 기울여라. 마땅히 그대를 위해 말하겠다."

"선남자 선여인이 아뇩다라삼먁삼보리에 마음을 내고는 마땅히 이와 같이 머물고 이와 같이 그 마음을 항복 받아야 한다."

"예, 그렇습니다. 세존이시여! 듣고자 원합니다."

### 제3 대승정종분

부처님께서 수보리에게 말씀하셨다.

"모든 보살마하살은 마땅히 이와 같이 '알에서 태어난 것이나, 태에서 태어난 것이나, 습에서 태어난 것이나, 변화로 태어난 것이나, 형색이 있는 것이나, 형색이 없는 것이나, 지각이 있는 것이나, 지각이 없는 것이나, 지각이 있는 것도 아니고 지각이 없는 것도 아닌 것들이나 일체중생의 종류가 있는 바를, 내가 다 남음이 없는 열반에 들게 하고 열반으로 제도하리라 하되, 이와 같이 헤아릴 수 없고 셀 수 없고 끝이 없는 중생들을 열반으로 제도하더라도, 실로 제도를 받은 중생은 없다'라고 그 마음을 항복 받아야 한다."

"왜냐하면, 수보리야, 만약 보살이 나라는 생각(내가 모든 생명들을 제도한다는 생각)·성인(聖人)이라는 생각(성인들의 여러 경지를 얻는다는 생각)·중생이라는 생각(모든 생명들에게 보시를 베풀면 내게 복이 온다는 생각)·수명이라는 생각(보시를 베푼 복덕이 나의 미래에 이어진다는 생각)이 있으면 보살이 아니기 때문이다."

### 제4 묘행무주분

"나아가서, 수보리야, 보살은 마땅히 법(내가 중생을 제도하면 성인이 되거나 여러 공덕을 얻는 법)에 머물지 말고 보시를 행해야 한다. 이른바 형상에 머물지 말고 보시를 해야 한다. 소리와 향기와 맛과 감촉과 생각의 대상에도 머물지 말고 보시를 해야 한다.

수보리야, 보살은 마땅히 이와 같이 보시하되, 생각(내가 성인의 경지를 얻거나, 중생에게 보시하면 그 복덕이 나의 미래에 이어진다는 생각)에 머물지 말아야 한다.

왜냐하면, 만약 보살이 이런 생각에 머물지 않고 보시를 하면 그 복덕을 헤아릴 수 없기 때문이다."

"수보리야, 네 뜻에 어떠하냐? 동쪽에 있는 허공을 헤아릴 수 있겠느냐?"

"헤아릴 수 없습니다. 세존이시여!"

"수보리야, 남쪽과 서쪽과 북쪽과 네 사이 방향과 위아래에 있는 허공을 헤아릴 수 있겠느냐?"

"헤아릴 수 없습니다. 세존이시여!"

"수보리야, 보살이 생각에 머물지 않고 보시하는 복덕도 또한 이와 같아서 가히 헤아릴 수 없다."

"수보리야, 보살은 단지 이렇게 가르쳐 준 대로 머물러야 한다."

## 제5 여리실견분

"수보리야, 네 뜻에 어떠하냐? 몸 모습(32가지 부처님의 특징)으로써 여래를 볼 수 있겠느냐?"

"아닙니다. 세존이시여! 몸 모습으로써 여래를 볼 수 없습니다.

왜냐하면, 여래께서 몸 모습을 말씀하신 바는 곧 몸 모습이 아니기 때문입니다."

부처님께서 수보리에게 말씀하셨다.

"모습이 있다고 하는 바는 무엇이나 다 거짓이다. 만약 모든 모습(모든 32가지 부처님의 특징)과 모습 아님(특징 아님)을 보게 되면 곧 여래를 본다."

## 제6 정신희유분

수보리가 부처님께 말씀드렸다.

"세존이시여! 이와 같은 말씀이나 글귀를 듣고서 진실한 믿음을 낼 중생이 조금이라도 있겠습니까?"

부처님께서 수보리에게 이르시되,

"그런 말을 하지 말아라. 여래가 멸한 뒤, 후 오백세에 계를 지니고 복을 닦는 자가 이러한 경전의 말에 믿는 마음을 내고 이 말씀을 진실로 받아들이는 자가 된다.

마땅히 알라. 이 사람은 한 부처님이나 두 부처님이나 셋, 넷, 다섯 부처님께 착한 공덕을 심었을 뿐만 아니라, 이미 한량없는 천만 부처님께 모든 선근을 심었으므로 이 경전의 말을 듣고서는 나아가 한 생각이라도 깨끗한 믿음을 내는 자이다."

"수보리야, 여래는 이 모든 중생들이 이렇게 한량없는 복덕을 얻으리라는 것을 다 알고 본다. 왜냐하면, 이 모든 중생들은 다시 나라는 생각·성인(聖人)이라는 생각·중생이라는 생각·수명이라는 생각이 없으며, 법(내가 중생을 제도하면 성인이 되거나 여러 공덕을 얻는 법이 부처님 법)이라는 생각도 없으며, 비법(수행과 보시가 아무 복덕이 없다는 것)이라는 생각도 또한 없다.

왜냐하면, 이 모든 중생이 만약 마음에 생각을 취하면, 곧 나·성인·중생·수명이라는 생각에 집착하게 된다. 만약 법이라는 생각을 갖더라도 곧 나·성인·중생·수명이라는 생각에 집착하며, 비법이라는 생각을 갖더라도 곧 나·성인·중생·수명이라는 생각에 집착하게 된다.

이러한 까닭으로 마땅히 법을 취하지 말아야 하며 또 마땅히 비법도 취하지 말아야 한다. 이런 뜻으로 여래가 항상 말하기를, 그대들 비구는 나의 설법이 뗏목으로 비유함과 같음을 알라고 하였으니, 법도 오히려 버려야 하거늘 어찌 하물며 비법이겠는가?"

### 제7 무득무설분

"수보리야, 네 뜻에 어떠하냐? 여래가 아뇩다라삼먁삼보리(위없는 올바르고 완전한 깨달음)를 얻었는가? 여래가 (깨달음을 얻는) 법을 말한 바 있는가?"

수보리가 말씀드리되,

"제가 부처님의 말씀하신 뜻을 이해하기에는 아뇩다라삼먁삼보리라 부를 만한 정해진 (깨달음을 얻는) 법이 없으며, 또한 여래가 가히 말씀하신 정해진 법도 없습니다.

왜냐하면, 여래께서 법을 말씀하신 바는 다 가질 수 없고, 말할 수도 없으며, 법도 아니고, 비법도 아니기 때문입니다.

그 까닭은 무엇입니까? 모든 어진 성인(聖人)들이 다 무위법(**탐욕, 성냄,** 어리석음이 없는 법)으로써 차별이 있기 때문입니다."

## 제8 의법출생분

"수보리야, 네 뜻에 어떠하냐? 만약 어떤 사람이 (여래들, 아라한들, 올바로 깨달은 분들에게) 삼천대천세계에 가득한 칠보로써 보시한다면, 이 사람이 복덕을 얻는 바가 얼마나 많겠느냐?"

수보리가 말씀드리되,

"심히 많습니다. 세존이시여! 왜냐하면 이 복덕은 곧 복덕의 쌓임이 아니기에 이런 까닭으로 여래께서 복덕이 많다고 하셨습니다."

"만약 다시 어떤 사람이 이 경 가운데 나아가 단지 사구게만이라도 받아 지녀서 다른 사람을 위하여 설한다면 그 복이 저 앞의 복보다 낫다. 왜냐하면, 수보리야, 일체 모든 부처님들과 여러 부처님들의 아뇩다라삼먁삼보리의 법이 모두 이 경으로부터 나오기 때문이다.

수보리야, 불법이라고 여래가 말하는 것은 곧 불법이 아니다."

제9 일상무상분

"수보리야, 네 뜻에 어떠하냐? 수다원이 '내가 수다원의 과보를 얻었다'고 생각할 수 있느냐?"

수보리가 말씀드리되,

"아닙니다. 세존이시여! 왜냐하면, 수다원을 입류(성인의 흐름에 들어감)라 하지만 들어간 바가 없으며, 색·성·향·미·촉·법에 들어가지 않으므로 이를 이름하여 수다원이라 합니다."

"수보리야, 네 뜻에 어떠하냐?

사다함이 '내가 사다함의 과보를 얻었다'고 생각할 수 있느냐?"

수보리가 말씀드리되,

"아닙니다. 세존이시여! 왜냐하면, 사다함은 그 이름이 일왕래(한번 왔다 감)로되, 왔다 감(왕래)이 없으므로 사다함이라 합니다."

"수보리야, 네 뜻에 어떠하냐? 아나함이 '내가 아나함의 과보를 얻었다'고 생각할 수 있느냐?"

수보리가 말씀드리되,

"아닙니다. 세존이시여! 왜냐하면, 아나함은 그 이름이 불래(오지 않음)라 하오나, 실로 오지 않음(불래)이 없으므로 이름이 아나함이라 합니다."

"수보리야, 네 뜻에 어떠하냐? 아라한이 '내가 아라한에 드는 길을 얻었다'고 생각할 수 있느냐?"

수보리가 말씀드리되,

"아닙니다. 세존이시여! 왜냐하면, 실로 아라한이라 불리어질 어떤 법이 없기 때문입니다. 세존이시여! 만약 아라한이 '내가 아라한에 드는 길을 얻었다'고 생각한다면, 곧 나·성인·중생·수명에 집착함입니다.

세존이시여! 부처님께서 저를 무쟁삼매(다툼이 없는 삼매)를 얻은 사람 가운데에서 제일이라 하시며, 이 사람이 욕망을 떠난 제일의 아라한이라고 하셨으나, 저는 욕망을 떠난 아라한이라고 생각하지 않습니다.

세존이시여! 제가 만약 '내가 아라한에 드는 길을 얻었다'고 생각하면, 세존께서는 곧 '수보리는 아란나행(고요한 행)을 즐기는 자'라고 말씀하시지 않으셨을 것입니다. 수보리가 실로 아란나행을 행하는 바가 없으므로, 수보리는 '아란나행을 즐기는 자'라고 이름하셨습니다."

### 제10 장엄정토분

부처님께서 수보리에게 이르시되,

"네 뜻에 어떠하냐? 여래가 옛적에 연등불 회상에서 법(부처님을 공양하고 장엄하면 성인이 되는 법)에 얻은 바가 있었느냐?"

"아닙니다. 세존이시여! 여래께서 연등불 회상에서 법에 실로 얻은 바가 없었습니다."

"수보리야, 네 뜻에 어떠하냐? 보살이 불국토를 장엄하였느냐?"

"아닙니다. 세존이시여! 왜냐하면 불국토를 장엄한다는 것은 곧 장엄이 아니기에, 장엄이라 이름합니다."

"이런 까닭으로 수보리야, 모든 보살 마하살은 마땅히 이와 같이 청정한 마음을 낼지니, 마땅히 형상에 머물러서 마음을 내지 말며, 마땅히 소리·향기·맛·감촉·생각의 대상에 머물러서 마음을 내지 말 것이요, 마땅히 머문 바 없이 그 마음을 낼지니라.
수보리야, 비유하자면, 어떤 사람이 몸이 수미산만하다면, 네 뜻에 어떠하냐? 그 몸이 크다고 하겠느냐?"

수보리가 말씀드리되,
"매우 큽니다. 세존이시여! 왜냐하면 부처님께서는 몸이 아니기에, 큰 몸이라 이르시기 때문입니다."

### 제11 무위복승분

"수보리야, 항하(갠지스강) 가운데 모래 수가 있는 바, 이 모래 수만큼이나 많은 항하가 또 있다면 네 뜻에 어떠하냐? 이 모든 항하에 있는 모래가 얼마나 많겠느냐?"

수보리가 말씀드리되,
"매우 많습니다. 세존이시여!
단지 저 항하만이라도 오히려 무수히 많거늘 하물며 그 모래 수이겠습니까?"

"수보리야, 내 이제 진실한 말로 너에게 이른다. 만약 어떤 선남자 선여인이 (여래들, 아라한들, 올바로 깨달으신 분들에게) 칠보로써 저 항하의 모래 수와 같은 삼천대천세계에 가득 채워서 보시한다면 복을 얻음이 많겠느냐?"

수보리가 말씀드리되,

"매우 많습니다. 세존이시여!"

부처님께서 수보리에게 이르시되,

"만약 선남자 선여인이 이 경 가운데 단지 사구게만이라도 받아 지니고 다른 사람을 위하여 말한다면 그 복덕이 앞에서 칠보로 보시한 복덕보다 낫다."

### 제12 존중정교분

"그리고 또 수보리야, 어디서나 이 경을 말하되 나아가 사구게만이라도 말한다면, 이곳은 일체 세간의 천상, 인간, 아수라 등이 공양하기를 부처님의 탑묘(부처님의 사리나 유골을 모신 탑)와 같이 할 것임을 마땅히 알아라. 하물며 어떤 사람이 모두 받아 지니고 외움에 있어서랴?

수보리야, 이 사람은 아주 높고 첫째 가는 희유한 법을 성취할 것임을 마땅히 알아야 한다. 이 경전이 있는 곳은 곧 부처님이 계시거나, 또는 존중할 만한 제자가 계시는 것과 같다."

### 제13 여법수지분

그때에 수보리가 부처님께 여쭈었다.

"세존이시여! 이 경전을 무엇이라 이름하며, 저희들이 어떻게 받들어 지녀야 합니까?"

부처님께서 수보리에게 이르시되,

"이 경은 금강반야바라밀이니 이 이름으로써 그대들은 마땅히 받들어 지니도록 하라.

그 까닭은 무엇인가? 수보리야, 부처님이 반야바라밀(지혜의 완성)은 곧 반야바라밀이 아니라고 말하기 때문이다. 그래서 그 이름을 반야바라밀이라고 한다."

"수보리야, 네 뜻에 어떠하냐? 여래가 법(관찰 분석하면 성인이 되는 법)을 말한 바가 있느냐?"

수보리가 부처님께 말씀드리되,

"세존이시여! 여래께서는 말씀하신 바가 없습니다."

"수보리야, 네 뜻에 어떠하냐? 삼천대천세계에 있는 미립자가 많겠느냐?"

수보리가 말씀드리되,

"매우 많습니다. 세존이시여!"

"수보리야, 모든 미립자를 여래는 미립자가 아니기에 미립자라 이르며, 여래는 세계도 세계가 아니기에, 세계라 이른다고 말한다.

수보리야, 네 뜻에 어떠하냐? 32상으로 여래를 볼 수 있겠느냐?"

"아닙니다. 세존이시여! 32상으로 여래를 볼 수 없습니다. 왜냐하면 여래께서 32상은 곧 상이 아니기에, 32상이라 이른다고 말씀하시기 때문입니다."

"수보리야, 만약 어떤 선남자 선여인이 항하의 모래 수와 같은 많은 목숨으로 보시를 했을지라도, 만약 또 어떤 사람이 이 경 가운데서 사구게라도 받아 지녀서 다른 사람을 위해 말한다면 그 복이 저 복보다 더 많다."

## 제14 이상적멸분

그때 수보리가 이 경을 말씀하심을 듣고 그 뜻을 깊이 깨닫고는, 눈물을 흘리고 슬피 울면서 부처님께 말씀드렸다.

"세존이시여! 부처님께서 이렇게 심히 깊은 경전을 말씀하심은 매우 드문 일입니다. 제가 예로부터 얻은 바 혜안으로는 일찍이 이와 같은 경을 얻어듣지 못하였습니다.

세존이시여! 만약 또 어떤 사람이 이 경을 얻어듣고 신심이 청정하면 곧 진실한 생각을 낼 것이니, 마땅히 이 같은 사람은 제일 희유한 공덕을 성취한 사람임을 알겠습니다. 세존이시여! 이 진실한 생각이란 곧 생각이 아니기에, 이 까닭에 여래께서 진실한 생각이라 이른다고 말씀하셨습니다.

세존이시여! 제가 지금 이와 같은 경전을 얻어듣고 믿고 이해하여, 받아 지니기는 족히 어렵지 않지만, 만약 오는 세상, 후 오백세에 그 어떤 사람들이 이 경을 얻어듣고서 믿고 이해하여, 받아 지닌다면 이 사람들은 곧 제일 희유함이 되겠습니다. 왜냐하면, 이 사람들은 나라는 생각·성인이라는 생각·중생이라는 생각·수명이라는 생각이 없기 때문입니다. 그 까닭은 무엇입니까? 나라는 생각도 생각이 아니며, 성인이라는 생각, 중생이라는 생각, 수명이라는 생각도 곧 생각이 아니기 때문입니다. 왜냐하면 일체 모든 생각을 떠난 것을 여러 부처님이라고 이름하기 때문입니다."

부처님께서 수보리에게 말씀하시되,

"그렇다, 그렇다. 만약 어떤 사람이 이 경을 듣고 놀래지 않고 겁내지 않으며, 두려워하지 않으면 마땅히 알라. 이 사람은 심히 희유함이 된다.

왜냐하면, 수보리야, 여래는 최상의 바라밀이란 곧 최상의 바라밀이 아니기에 최상의 바라밀이라 이른다고 말한다."

"수보리야, 인욕바라밀도 여래는 인욕바라밀이 아니라고 말한다.

왜냐하면, 수보리야, 내가 옛적에 가리왕에게 신체를 낱낱이 베이고 잘릴 때에, 나는 그때에 나라는 생각이 없었으며, 성인이라는 생각이 없었으며, 중생이라는 생각이 없었으며, 수명이라는 생각도 없었다. 왜냐하면, 내가 옛적에 마디마디 사지를 베일 때에, 만약 나라는 생각·성인이라는 생각·중생이라는 생각·수명이라는 생각이 있었으면 당연히 성냄과 원망을 내었을 것이다.

수보리야, 또 내가 과거 오백세 동안에 인욕선인이었던 일을 새겨보니, 그때 세상에서도 나라는 생각이 없었으며, 성인이라는 생각이 없었으며, 중생이라는 생각이 없었으며, 수명이라는 생각도 없었다."

"그러므로 수보리야, 보살은 마땅히 일체 생각을 떠나서 아뇩다라삼먁삼보리의 마음을 낼지니, 마땅히 형상에 머물러서 (깨달음을 향한) 마음을 내지 말며, 마땅히 소리·향기·맛·감촉·생각의 대상에 머물러서도 마음을 내지 말고, 마땅히 머문 바 없이 그 (깨달음을 향한) 마음을 내어야 한다.

만약 마음이 머무는 것이 있다면, 곧 (부처님께서 가르치신

대로) 머무는 것이 아님이 된다."

그러므로 부처님이 말하기를,
"보살은 마땅히 마음을 형상에 머물지 말고 보시하라고 하는 것이다.
수보리야, 보살은 일체 중생을 이롭게 하기 위하여 마땅히 이와 같이 보시해야 한다. 여래는 일체의 모든 생각들(나·성인·중생·수명이라는 생각)은 곧 생각이 아니라고 말하며, 또한 일체의 중생도 곧 중생이 아니라고 말한다."

"수보리야, 여래는 진리를 말하는 자이며, 진실을 말하는 자이며, 사실대로 말하는 자이며, 속이지 않는 말을 하는 자이며, 그릇되지 않는 말을 하는 자이다.
수보리야, 여래가 이 법(내가 중생을 제도하면 성인이 되거나 여러 공덕을 얻는 법)을 얻은 바, 이 법에는 실다움도 없고, 헛됨도 없다."

"수보리야, 만약 보살이 마음을 법에 머물러서 보시하면 마치 사람이 어두운 곳에 들어가 아무 것도 보이는 바가 없는 것과 같고, 만약 보살이 마음을 법에 머물지 않고 보시하면 마치 사람이 눈이 있고 햇빛도 밝게 비쳐서 여러 가지 빛깔을 보는 것과 같다.
수보리야, 오는 세상에서 만약 어떤 선남자 선여인이 이 경을 지니고 외울 수 있으면, 여래가 부처님의 지혜로써 이 사람이 헤아릴 수 없고 끝없는 공덕을 성취하는 것을 확실히 알고 보게 될 것이다."

제15 지경공덕분

"수보리야, 만약 어떤 선남자 선여인이 아침에 항하의 모래 수와 같은 몸으로 보시하고, 낮에 다시 항하의 모래 수와 같은 몸으로 보시하며, 저녁에도 다시 또 항하의 모래 수와 같은 몸으로 보시하여, 이와 같이 무량한 백천만억 겁을 몸으로 보시하더라도, 만약 또 어떤 사람이 이 경전을 듣고 믿는 마음이 거스르지 않으면, 그 복이 저 몸을 보시한 복보다 낫거늘, 어찌 하물며 경을 받아 지니며 읽고 외워서 남을 위해 말해줌이겠는가?"

"수보리야, 요약해서 말할진대, 이 경은 생각할 수도 없고, 잴 수도 없는 끝없는 공덕이 있다. 여래는 대승에 마음을 낸 자를 위하여 이 경을 말하며, 최상승에 마음을 낸 자를 위하여 이 경을 말하는 것이다. 만약 어떤 사람이 이 경을 받아 지니고 읽고 외우며 널리 사람들을 위하여 말할 수 있다면, 여래는 이 사람이 헤아릴 수 없고 말할 수 없으며 끝이 없는 공덕을 모두 성취하게 되는 것을 실제로 알고 본다. 이런 사람들은 곧 여래의 아뇩다라삼먁삼보리를 짊어짐이 된다."

"왜냐하면, 수보리야, 만약 작은 법을 좋아하는 자는 나라는 견해·성인이라는 견해·중생이라는 견해·수명이라는 견해에 집착하게 되므로 곧 이 경을 받아듣고 읽고 외우며 남을 위해서 말하지 못한다.

수보리야, 어느 곳이든지 만약 이 경이 있는 곳이면 일체 세간의 천상과 인간과 아수라 등이 공양하는 곳이 될 것이니, 마땅히 알라. 이곳은 탑이 되어 모두가 공경히 예배하고 돌면서 여러 가지 꽃과 향으로써 그곳에 뿌리게 될 것이다."

## 제16 능정업장분

 "다시 수보리야, 어떤 선남자 선여인이 이 경을 받아 지니며 읽고 외우는데 만약 남에게 업신여기고 천대를 받는다면, 이 사람은 그전 세상에 지은 죄업으로 응당 악도에 떨어질 것이로되, 지금 세상의 사람들이 업신여기고 천대를 함으로써 그전 세상의 죄업이 모두 소멸되고 마땅히 아뇩다라삼먁삼보리를 얻게 될 것이다."

 "수보리야, 내가 과거 무량 아승지겁을 새겨보니, 연등불을 공양하기 전에 팔백사천나유타의 여러 부처님을 만나서 모두 다 공양하고 받들어 섬겼으며 헛되이 지냄이 없었다. 만약 또 어떤 사람이 오는 말세에 이 경을 받아 지니고 읽고 외울 수 있으면, 그 얻는 공덕은 내가 여러 부처님들께 공양한 공덕으로는 백분의 일도 미치지 못하며 천만억분 내지 산수와 비유로도 미칠 수 없다."

 "수보리야, 만약 선남자 선여인이 오는 말세에 이 경을 받아 지니며 읽고 외워서 얻는 공덕을 내가 다 갖추어 말한다면, 혹 어떤 사람은 듣고 마음이 몹시 혼란하고 믿지 못할 것이다. 수보리야, 이 경은 뜻도 가히 생각할 수 없으며, 과보 또한 생각할 수 없다는 것을 마땅히 알아야 한다."

## 2. 한글 금강경 하편

### 제17 구경무아분

그때, 수보리가 부처님께 여쭈었다.

"세존이시여! 선남자 선여인이 아뇩다라삼먁삼보리(위없는 올바르고 완전한 깨달음)에 마음을 일으켰으면 어떻게 마땅히 머물며, 어떻게 그 마음을 항복 받습니까?"

부처님께서 수보리에게 이르시되,

"만약 선남자 선여인이 아뇩다라삼먁삼보리에 마음을 일으켰으면 마땅히 이와 같이, '내가 마땅히 일체 중생을 열반으로 제도하되, 일체 중생을 열반으로 제도하고 나서는 한 중생도 열반으로 제도함이 없다'라고 마음을 내어야 한다.

왜냐하면, 수보리야, 만약 보살(아뇩다라삼먁삼보리에 마음을 일으킨 사람)이 나라는 생각(내가 모든 생명들을 제도한다는 생각)·성인(聖人)이라는 생각(성인의 여러 경지를 얻는다는 생각)·중생이라는 생각(모든 생명들에게 보시를 베풀면 내게 복이 온다는 생각)·수명이라는 생각(보시를 베푼 복덕이 나의 미래에 이어진다는 생각)이 있으면 곧 보살이 아니기 때문이다. 그 까닭은 무엇인가? 수보리야, 실로 아뇩다라삼먁삼보리에 마음을 일으켜야 할 법(내가 중생을 제도하면 성인이 되거나 여러 공덕을 얻는 법)이 없기 때문이다."

"수보리야, 네 뜻에 어떠하냐? 여래가 연등불이 계신 곳에서 아뇩다라삼먁삼보리를 얻는 법(내가 부처님을 공양하고 장엄하면 성인이 되는 법)이 있었느냐?"

"아닙니다. 세존이시여!

제가 부처님이 말씀하신 바 뜻을 이해하기에는 부처님이 연등불이 계신 곳에서 아뇩다라삼먁삼보리를 얻는 법이 없었습니다."

부처님께서 말씀하시되,

"그렇다, 그렇다.

수보리야, 실로 여래가 아뇩다라삼먁삼보리를 얻는 법이 없었다. 수보리야, 만약 여래가 아뇩다라삼먁삼보리를 얻는 법이 있었다면, 연등불이 곧 나에게 수기를 주면서 '너는 내세에 마땅히 부처를 이루어서 호를 석가족의 성자라 하리라'고 하시지 않았겠지만, 실로 아뇩다라삼먁삼보리를 얻는 법이 없었으므로, 이런 까닭에 연등불께서 나에게 수기를 주면서 말씀하시되, '너는 내세에 마땅히 부처를 이루리니 호를 석가족의 성자라 하리라'고 하셨다.

왜냐하면, 여래(이와 같이 오신 분)라 함은 곧 모든 법(중생을 제도하거나 부처님을 공양하고 장엄하는 등의 모든 법)에 '이와 같다는 것'을 뜻하기 때문이다."

"만약 지금 어떤 사람이 '여래가 아뇩다라삼먁삼보리를 얻었다'라고 하더라도, 수보리야, 실로 부처님이 아뇩다라삼먁삼보리를 얻는 법이 없었다. 수보리야, 여래가 아뇩다라삼먁삼보리를 얻은 바, 이 법 가운데에는 실다움도 없고 헛됨도 없느니라. 그러므로 여래가 '일체법(보시, 장엄, 인욕, 선정 등 일체의 법)이 다 불법이다'라고 말씀하셨으되, 수보리야, 일체법이라고 말씀한 바는 곧 일체법이 아니니, 그러므로 일체법이라 이르시는 것이다.

수보리야, 비유하건대 사람의 몸이 장대함과 같다."

수보리가 말씀드리되,

"세존이시여! 여래께서는 사람 몸의 장대함도 곧 큰 몸이 되는 것이 아니기에, 큰 몸이라 이른다고 말씀하십니다."

"수보리야, 보살(아뇩다라삼먁삼보리를 향해 마음을 일으킨 사람)도 또한 이와 같아서 만약 이런 말을 하되, '내가 마땅히 한량없는 중생을 열반으로 제도하리라' 한다면 곧 보살이라 이름할 수 없음이니, 무슨 까닭인가? 수보리야, 실로 보살이 된다고 이를 법(내가 중생을 제도한다는 법)이 없기 때문이다. 그러므로 부처님은 '일체법에는 내가 없고, 성인도 없고, 중생도 없으며, 수명도 없다'라고 말한다."

"수보리야, 만약 보살이 이런 말을 하되 '내가 마땅히 불국토를 장엄하리라' 한다면 이는 보살이라 이름할 수 없다. 왜냐하면, 여래가 불국토를 장엄한다는 것은 장엄이 아니기에, 장엄이라 이른다고 말하기 때문이다.

수보리야, 만약 보살이 내가 없는 법(無我法)을 통달한 자라면, 여래는 이를 참다운 보살이라 이른다."

## 제18 일체동관분

"수보리야, 네 뜻에 어떠하냐? 여래가 육안이 있느냐?"
"그렇습니다. 세존이시여! 여래는 육안이 있습니다."

"수보리야, 네 뜻에 어떠하냐? 여래가 천안이 있느냐?"
"그렇습니다. 세존이시여! 여래는 천안이 있습니다."

"수보리야, 네 뜻에 어떠하냐? 여래가 혜안이 있느냐?"
"그렇습니다. 세존이시여! 여래가 혜안이 있습니다."

"수보리야, 네 뜻에 어떠하냐? 여래가 법안이 있느냐?"
"그렇습니다. 세존이시여! 여래가 법안이 있습니다."

"수보리야, 네 뜻에 어떠하냐? 여래가 불안이 있느냐?"
"그렇습니다. 세존이시여! 여래는 불안이 있습니다."

"수보리야, 네 뜻에 어떠하냐? 저 항하 가운데 있는 모래를 부처님이 말씀하신 적이 있느냐?"
"그렇습니다. 세존이시여! 여래께서는 그 모래를 말씀하셨습니다."

"수보리야, 네 뜻에 어떠하냐? 저 항하 강에 있는 모래 수와 같이 이렇게 많은 항하가 있고 이 모든 항하 강에 있는 모래 수만큼의 부처님의 세계가 있다면 이는 얼마나 많겠느냐?"
"심히 많습니다. 세존이시여!"

부처님이 수보리에게 이르시되,
"저 국토 가운데 있는 중생의 갖가지 마음을 여래가 다 알고 있다.

 왜냐하면, 여래는 모든 마음들은 모두 다 마음 아님이 되기에, 마음이 된다고 일러 말하기 때문이다.

 왜냐하면, 수보리야, 지나간 마음도 얻을 수 없으며, 현재의 마음도 얻을 수 없으며, 미래의 마음도 얻을 수 없기 때문이다."

### 제19 법계통화분

 "수보리야, 네 뜻에 어떠하냐? 만약 어떤 사람이 (여래들, 아라한들, 올바로 깨달으신 분들에게) 삼천대천세계에 가득 찬 칠보로써 보시에 사용한다면 이 사람이 이 인연으로 복을 얻음이 많겠느냐?"

 "그렇습니다. 세존이시여!
 그 사람이 이 인연으로 복을 얻음이 매우 많겠습니다."

 "수보리야, 만약 복덕이 실로 있다면, 여래가 복덕을 얻음이 많다고 말하지 않겠지만, 복덕이 없으므로 여래가 복덕을 얻음이 많다고 말한다."

### 제20 이색이상분

 "수보리야, 네 뜻에 어떠하냐? 부처님을 가히 구족한 색신으로써 볼 수 있겠느냐?"

 "아닙니다. 세존이시여! 여래를 마땅히 구족한 색신으로써 볼 수 없습니다. 왜냐하면 여래께서 '구족한 색신은 곧 구족한 색신이 아니기에, 구족한 색신이라 이른다'고 말씀하시기 때문입니다."

"수보리야, 네 뜻에 어떠하냐? 여래를 구족한 특징들로써 볼 수 있겠느냐?"

"아닙니다. 세존이시여! 여래를 구족한 특징들로써 볼 수 없습니다. 왜냐하면 여래께서 '구족한 특징들이 곧 구족한 특징들이 아니기에, 구족한 특징들이라 이른다'고 말씀하시기 때문입니다."

## 제21 비설소설분

"수보리야, 너는 여래가 '내가 마땅히 법(내가 중생을 제도하면 성인이 되거나 여러 공덕을 얻는 법)을 말한 바가 있다'라는 생각을 한다고 이르지 말아야 한다. 이런 생각을 하지 말아라. 왜냐하면, 만약 어떤 사람이 여래가 법을 말한 바가 있다고 말하면, 이는 곧 부처님을 비방함이 된다. 이 사람은 내가 말한 바를 이해할 수 없기 때문이다.

수보리야, 법을 말한다는 것은 가히 말할 법이 없는 것이니 이것이 법을 말하는 것이라고 불리어진다."

그때에 혜명(존자) 수보리가 부처님께 여쭈었다.

"세존이시여! 미래세에 이와 같은 법을 듣고서 믿는 마음을 낼 중생이 조금이라도 있겠습니까?"

부처님께서 말씀하시되,

"수보리야, 저들은 중생이 아니며 중생 아님도 아니다. 왜냐하면, 수보리야, 중생 중생이라 함은 여래가 '중생이 아니기에,

중생이라 이른다'고 말하기 때문이다."

## 제22 무법가득분

　수보리가 부처님께 말씀드리기를,

　"세존이시여! 부처님께서 아뇩다라삼먁삼보리를 얻으신 것은 얻는 바(깨달음을 얻는 법)가 없이 된 것입니까?"

　부처님께서 말씀하시되,

　"그렇다, 그렇다. 수보리야, 내가 아뇩다라삼먁삼보리에 있어서 나아가 그것을 얻을 수 있는 아주 작은 법도 없었기에, 아뇩다라삼먁삼보리라 이름한다."

## 제23 정심행선분

　"다시 또 수보리야, 이 법(깨달음을 얻는 모든 선한 법)은 평등하여 높고 낮음이 없으므로, 이를 아뇩다라삼먁삼보리라고 부른다. 나도 없고 성인(聖人)도 없고 중생도 없고 수명도 없이 일체 선한 법을 닦으면 곧 아뇩다라삼먁삼보리를 얻는다.

　수보리야, 선한 법을 말씀한 바는 여래가 곧 '선한 법이 아니기에 선한 법이라 이른다'고 말한다."

## 제24 복지무비분

　"수보리야, 만약 삼천대천세계 가운데에는 산중의 왕인 여러 수미산들이 있는 바, 이처럼 많은 규모의 칠보 덩어리들을 어떤 사람이 가져다 보시하더라도, 만약 또 다른 사람이 이 반야바라밀경이나 내지 사구게 등을 지니고 읽고 외워 남을 위해 말해

주면, 앞의 복덕으로는 백분의 일도 미치지 못하며 백천만억분과 내지 산수나 비유로도 미치지 못한다."

## 제25 화무소화분

"수보리야, 네 뜻에 어떠하냐?

너희들은 여래가 '내가 마땅히 중생을 제도한다'고 생각한다고 여기지 말라.

수보리야, 이런 생각을 하지 말아라. 왜냐하면, 실로 여래가 제도한 중생이 없으니, 만약 여래가 제도한 중생이 있다면 여래는 곧 나와 성인과 중생과 수명이라는 것을 가지고 있음이 된다."

"수보리야, 여래가 '내가 있다'고 말하는 것은 곧 내가 있음이 아닌데도 범부들이 이 말로써 '내가 있다'고 여긴다.

수보리야, 범부라는 것은 여래가 말하되, 곧 '범부가 아니기에 범부라 이른다'고 말한다."

## 제26 법신비상분

"수보리야, 네 뜻에 어떠하냐? 가히 32상으로써 여래를 볼 수 있겠느냐?"

수보리가 말씀드리되,

"그렇습니다, 그렇습니다. 32상으로써 여래를 볼 수 있습니다."

부처님께서 말씀하시되,

"수보리야, 만약 32상으로써 여래를 본다고 하면 전륜성왕도 곧 여래이리라."

수보리가 부처님께 말씀드렸다.

"세존이시여! 제가 부처님의 말씀하신 뜻을 이해하기에는 마땅히 32상으로써 여래를 볼 수 없습니다."

그때 세존께서 게송으로 말씀하셨다.

"만약 형상으로써 나를 보거나,
 음성으로써 나를 구하면,
 이 사람은 사도를 행함이라,
 여래를 볼 수 없으리."

## 제27 무단무멸분

"수보리야, 네가 만약 '여래는 상(32상)을 구족함으로써 아뇩다라삼먁삼보리를 얻은 것이 아닌가'라고 생각한다면, 수보리야, 이런 생각을 하지 말아라.

수보리야, 여래는 상(32상)을 구족함으로써 아뇩다라삼먁삼보리를 얻은 것이 아니다."

"수보리야, 네가 만약 '아뇩다라삼먁삼보리를 일으킨 사람은 모든 법이 단멸(허무)하다는 생각을 말한다'고 생각한다면, 이런 생각도 하지 말아라.

왜냐하면, 아뇩다라삼먁삼보리를 일으킨 사람은 단멸하다는 생각을 말하지 않는다."

## 제28 불수불탐분

"수보리야, 만약 보살이 (여래들, 아라한들, 올바로 깨달으신 분들에게) 항하의 모래 수와 같은 세계에 가득 찬 칠보를 가지고 보시를 베풀더라도, 만약 또 어떤 사람이 일체 법에 내가 없음을 알아서, 인내를 얻어 이루면 이 보살은 앞의 보살이 얻은 공덕보다 낫다.

수보리야, 모든 보살들은 복덕을 받지 않는 까닭이다."

수보리가 부처님께 말씀드렸다.

"세존이시여! 보살이 복덕을 받지 않는다는 것은 무슨 뜻입니까?"

"수보리야, 보살은 복덕을 지은 바를 마땅히 탐내고 집착하지 않으니, 이런 까닭으로 복덕을 받지 않는다고 말하는 것이다."

## 제29 위의적정분

"수보리야, 만약 어떤 사람이 '여래는 오기도 하고 가기도 하며 앉기도 하고 눕기도 한다'라고 말한다면, 이 사람은 나의 말한 바 뜻을 이해하지 못한 것이다.

왜냐하면, 여래(이와 같이 오신 분)라는 뜻은 어디서 오신다고 하는 바도 없으며, 또한 가신다고 하는 바도 없으므로 여래라 이름하는 것이다."

## 제30 일합이상분

"수보리야, 만약 선남자 선여인이 삼천대천세계를 부수어 작은 미립자로 만든다면 네 뜻에 어떠하냐? 이 작은 미립자의 무리들이 많겠느냐?"

"매우 많습니다. 세존이시여!

왜냐하면, 만약 이 작은 미립자의 무리들이 실로 있는 것이라면, 부처님께서 곧 작은 미립자의 무리들이라고 말하지 않으셨을 것입니다. 그 까닭은 무엇입니까? 부처님께서 '작은 미립자의 무리들은 곧 작은 미립자의 무리들이 아니기에, 작은 미립자의 무리들이라 이른다'고 말씀하시기 때문입니다."

"세존이시여! 여래께서 삼천대천세계를 말씀하신 바는 곧 세계가 아니기에 세계라고 이르신 것입니다. 왜냐하면, 만약 세계가 실로 있는 것이라고 한다면, 그것은 곧 미립자가 뭉쳐져 있다는 생각(상)이니, 여래께서 '미립자가 뭉쳐져 있다는 생각은 미립자가 뭉쳐져 있다는 생각이 아니기에, 미립자가 뭉쳐져 있다는 생각이라 이른다'고 말씀하시기 때문입니다."

"수보리야, 미립자가 뭉쳐져 있다는 생각이라는 것은 곧 말할 수 없는데도, 다만 어리석은 사람들이 그 일에 탐내고 집착하는 것이다."

## 제31 지견불생분

"수보리야, 만약 어떤 사람이 말하기를 '부처님이 나라는 견해, 성인(聖人)이라는 견해, 중생이라는 견해, 수명이라는 견해를 말하였다'(내가 모든 생명들을 제도하면 성인들의 여러 경지를 얻고, 모든 생명들에게 보시를 베풀면 보시를 베푼 복덕이 나의 미래에 이어진다는 등 이런 생각들이 나오는 견해를 부처님이 말하였

다) 한다면 네 뜻에 어떠하냐? 이 사람은 나의 말한 바 뜻을 이해했느냐?"

"아닙니다. 세존이시여!
그 사람은 여래께서 말씀하신 뜻을 알지 못합니다.
왜냐하면, 세존께서는 '나라는 견해·성인이라는 견해·중생이라는 견해·수명이라는 견해가 곧 나라는 견해·성인이라는 견해·중생이라는 견해·수명이라는 견해가 아니기에, 나라는 견해·성인이라는 견해·중생이라는 견해·수명이라는 견해라 이른다'고 말씀하셨기 때문입니다."

"수보리야, 아뇩다라삼먁삼보리의 마음을 일으킨 사람은 일체법(보시, 장엄, 인욕, 선정 등 모든 법)에 마땅히 이와 같이 알고, 이와 같이 보며, 이와 같이 믿어서, '법이라는 생각'을 내지 말아야 한다.
수보리야, 법이라는 생각을 말하는 바는 여래가 곧 '법이란 생각이 아니기에, 법이라는 생각이라 이른다'고 말한다."

### 제32 응화비진분

"수보리야, 만약 어떤 사람이 (여래들, 아라한들, 올바로 깨달으신 분들에게) 헤아릴 수 없는 아승지 세계에 가득 찬 칠보를 가지고 보시할지라도 만약 또 어떤 선남자 선여인으로서 보살심(보리심)을 일으킨 자가 이 경전을 가지되, 나아가 단지 사구게 등이라도 지니고 외워 남을 위해 연설하면 그 복덕이 저보다 낫다.

"어떻게 남을 위해 연설하는가?
생각(내가 법을 실천하면 공덕을 얻는다는 생각)을 가지지 말고, 고요하여 움직이지 말라."

왜냐하면,
"모든 탐욕과 집착이 일으키는 것(유위법)은,
꿈과 같고 환상과 같고 물거품과 같고 그림자 같으며,
이슬과 같고 번개와도 같으니
마땅히 이와 같이 보아야 하리."

부처님께서 이 경을 말씀하여 마치시니, 장로 수보리와 모든 비구 비구니와 우바새 우바이와 일체 세간의 천상과 인간과 아수라 등이 부처님의 말씀하심을 듣고 모두 다 크게 환희하며 믿고 받아 지니며 받들어 행하였다.

# 제2부
## 금강경 강의

금강경을 읽는데 왜 경멸과 천대를 받았을까

# 1. 금강경 상편 강의

## 부처님의 출가동기

먼저 금강경 강의를 들어가기 전에 부처님의 출가 전 학력(學歷)과 그분의 문제의식에 관해 간략하게 말씀드리고자 합니다. 우리가 부처님 생애를 알아야 하는 이유는 역사적 삶 속에서 부처님의 가르침을 이해해야만 진실을 파악할 수 있기 때문이며, 금강경 또한 당대의 역사 속에서 이해해야만 진리를 바로 볼 수 있기 때문입니다.

부처님께서는 29살에 출가하셔서 35살에 그분이 가진 고민에 대해 답을 얻으셨다고 알려져 있습니다. 사실 그분이 6년간 무엇을 하셨다는 기록도 그리 자세한 것이 없으며, 또한 29살까지 무엇을 하셨다는 기록도 필자가 과문한 탓인지 자세히 알려지지 않고 있습니다. 29살이면 지금 생각해도 적은 나이가 아닙니다. 나름대로의 세계관과 인생관이 형성되고도 남음이 있는 나이일 것입니다. 부처님께서 고민하시던 문제나 깨달음도 29살까지의 행적을 깊이 이해할 때, 좀 더 가까이 볼 수 있을 것입니다. 출가 전의 문제의식이 좀 더 분명히 밝혀질 때, 6년간의 수행과정과 깨달음도 일관성 있게 이해될 수 있기 때문입니다.

쌍윳따니까야 등 초기경전에 보면 부처님은 출가하셔서 아라라 칼라마, 웃타카 선인 등 6명의 당대 사상가에게서 배웠다고 합니다. 그러나 그분들에게서 만족을 얻지 못하여 결국 혼자서 수행을 하게 됩니다. 그래서 우선 고행을 직접 해보시고, 이어서 고행의 무익함을 보신 뒤, 고행을 포기하고 음식을 드시고 나서 조용히 사색을 시작하였다고 합니다.

그런데 쌍윳따니까야(전재성 역, 제3권 이전에 품과 제6권 제1장 쌍의 품)에는 조금 놀라운 이야기가 있습니다. 부처님께서 모든 고행을 포기하고 조용히 사색을 하시는데, 그것이 이미 출가하기 전에 스스로 생각하시던 것이라고 말씀하신 것입니다.

"수행승들아, 나는 출가하기 전에 고통이 어디서 비롯되었는가 하고 생각하기 시작하였으며 그 원인을 묻기 시작했다."

자신이 겪는 고통을 차례차례 살펴서 그 원인을 하나하나 찾아갈 때, "드디어 나에게는 눈이 생기고 앎과 봄이 일어났다"고 합니다.

부처님께서 행하신 이러한 사색의 과정은 출가 뒤 지낸 6년간의 고행과 여러 스승에게서 배운 방식이 아니었다고 합니다. 오히려 그분이 출가 전에 스스로 사유하던 방식, 즉 사물의 생성과 그 원인을 묻는 사색이었다는 것입니다. 그래서 마침내 고통에서 벗어나는 길을 찾아내셨다고 경전에서 부처님 스스로 말씀하셨습니다.

그러면 부처님은 출가하기 전 29살에 이르도록 무엇을 하시고 보셨을까요? 그분의 직업(?)은 다 아시다시피 왕의 아들이니 장차 왕위를 계승할 신분입니다. 요사이로 말하자면 왕세자인 셈이지요. 독일의 슈만(H. W. Shuman, The Historical Buddha, Penguin Books, 1989)이라는 학자가 당시의 역사를 연구한 바에 의하면 부처님의 나라 카필라국은 작은 공화정의 나라이며, 무력이나 재력이 변변치 않았다고 합니다.

역사적으로 보면 B.C 7~5세기경 부처님께서 계실 때, 갠지스강 유역은 원래 16개국에서 7개국으로, 다시 마가다국과 코살라국이라는 2개의 강대국으로 줄어가는 약육강식의 전쟁의 시대였습니다. 폭력과 살생, 약탈이 전쟁의 이름으로 국가간에 빈번히 일어나던 시기였습니다.

초기경전에 보면, 왕들은 전쟁과 국방을 위하여 코끼리부대, 전차부대, 기마부대와 보병부대를 두고 있다고 기록되어 있습니다. 국가간에 전쟁이 심하여 승리를 위한 다양한 폭력수단이 이미 상당히 발달되어 있는 것을 볼 수 있습니다. 따라서 약소국의 상황이나 미래는 매우 불안한 시기였음을 알 수 있습니다.

이 시기에 관해 설명한 여러 역사서(불교사 입문, 塚本啓祥 저, 목정배 역, 동국대학교, 1981 / 인도사, 조길태, 민음사, 2000)를 보면, 좀 더 구체적으로 그때 상황을 볼 수 있습니다. 당시 전제 군주가 백성에게 가한 압제를 보면, 필요할 때마다 갖가지 방법으로 세금을 빼앗는 것은 물론이고, 토지도 자기소유라고 하면서 모든 생산수단을 손아귀에 넣었습니다. 법에 의한 결정은 하지 않고, 뇌물에 의해 재산을 불리고 재물을 탐하는 등 흉악하고 난폭하기가 그지없었습니다. 농민은 강제노동으로 혹사당하였고, 주민들은 아예 자기의 직업을 버리고 왕을 위하여 농업이나 공업의 노역(勞役)에 종사하였습니다. 오죽했으면 백성들은 국왕을 도적에 비유하였고, 촌락을 버리고 국경지방으로 도망하였기 때문에, 수도는 텅 비게 되고 국경지방에는 인구가 집중하게 되었다고 합니다.

불교의 원시 성전을 보면 이러한 국왕의 학정과 도적의 피해로부터 도망가기 위하여 출가하는 경향이 많았다고까지 합니다.

비슷한 시기에 중국에도 춘추전국시대(春秋戰國時代)가 있었는데, 특히 전국시대는 더욱 전쟁으로 인한 살상이 심해 백성들의 고통이 가혹하였습니다. 그것은 춘추시대와는 달리, 전국시대에는 많은 백성이 보병부대로서 직접 전투에 동원되었기 때문입니다. 약소국은 언제나 강한 나라의 무력과 폭력 앞에 그 생존이 위협받고 있었습니다. 전쟁의 과정에서 백성이 당하는 약탈·살육·부역은 필설로 표현하기 힘든 고통입니다. 멀리 갈 것도 없이 우리 민족이 육이오 전쟁 때, 살해되고 행방불명되고 부역과 기아에 고통받던 그 당사자인 것입니다.

부처님 살아 생전에 이미 석가족은 이웃 나라 코살라국과 전쟁에서 모두 살육을 당하였습니다. 전쟁을 당하면 맨 먼저 죽음의 위협에 노출되는 계층은 말할 것도 없이 지는 나라의 지배계층입니다. 살려두면 나중에 반란을 일으킬 것이 두렵기 때문입니다. 당시 카필라국의 왕세자였던 29세의 청년 싯다르타에게는 이러한 세상의 잦은 전쟁이 석가족인 자신과 약소국인 자기 나라의 미래에 무엇을 의미하는지 누구보다 잘 알 수 있는 위치에 있었을 것입니다. 따라서 깨달음을 이루신 뒤에 왕족들을 모두 출가시킨 것도, 죽음에서 구하고자 하는 이러한 이유가 있지 않았나 생각합니다.

그러나 무엇보다도 부처님 자신이 진정한 평화주의자이고 전쟁의 무익함을 너무나 잘 알고 있었죠. 당시에는 전쟁을 하다 죽으면 환희라는 하늘나라에 태어난다는 윤회의 믿음이 있었다고 합니다. 오늘날에도 종교적 광신도들에게서 그런 경향을 볼 수 있습니다. 그러나 쌍윳따니까야(제7권 전사 품)를 보면 부처님께서는 전쟁은 사람을 저열하고 사악하게 만들 뿐이므로 하늘나라에 태어난다는 것은 잘못된 견해이고, 이 잘못된 견해를 지닌 사람은 지옥이나 축생, 두 가지 중 하나로 떨어진다고 말하고 있습니다.

TV드라마 모래시계 주제곡으로 잘 알려진 러시아 민요인 '백학'도 그 내용은 군인들이 전쟁에서 죽으면 백학이 되어 하늘나라로 올라간다는 슬픈 내용입니다. 그러나 부처님 눈으로 보면 그건 다 잘못된 것이죠. 다시 말해 어떠한 명분으로도 정당한 전쟁은 없는 것입니다. 미국과 이라크 전쟁, 크게 보면 기독교 문명과 이슬람 문명의 충돌, 가깝게는 북한과 전쟁불사론 등은 무슨 이유에서든지 자신들의 욕망을 채우기 위해 국민들의 삶을 죽음과 고통 속으로 몰아넣는 것입니다.

다시 돌아가서, 당시의 역사적 상황에서 왕세자는 전통적으로 무엇을 하고 지냈을까요? 당시의 수명으로 본다면 29살은 벌써 중년에 가까운 나이인 것입니다. 이 질문은 29살까지의 부처님의 일상을 해명하는 데 매우 중요한 작업입니다. 슈만이 연구한 바에 의하면 왕세자가 해야 할 일은 왕을 보좌하여, 정치와 외교를 배우는 것이었다고 합니다. 우선 여러 나라에 외교사절로서 왕을 따라 갑니다. 그래야 나중에 왕위를 이어받을 때, 이웃나라와 외교관계를 일관되게 유지할 수 있기 때문입니다.

한편으로 다음 대를 이어갈 왕으로서 정치를 배우는 것입니다. 당시 정치의 중요한 부분은 지금도 그러하듯, 국방·납세·질서유지를 위한 법 집행입니다. 특히 국방, 즉 무력을 보유하고 정치질서를 유지하는 것은 왕으로서 매우 중요한 의무입니다. 기록에 의하면 석가족은 크샤트리아라고 하는 무사계급이니, 부처님은 이러한 계급의 일원으로서 활이나 칼을 써서 생명을 제압하거나 살해하는 기술을 배웠다고 경전에서 말하고 있습니다.

당대의 인도 역사가 보여주듯, 전쟁은 코앞의 일이며 무술을 배우는 것은 당장 내일 나가서 상대방을 죽이는 절박한 현실인 것입니다. 국방과 외교, 전쟁, 무술 등은 국가와 왕권을 유지하고 지키기 위해서 당대의 일반적인 왕세자로서 익혀야 하는 학습내용인 것입니다.

또한 쌍윳따니까야(제3쌍윳따, 꼬살라 품)에 보면 왕이 재판석에 앉아 있는 것이 나옵니다. 즉, 재판에 왕이 관여하였음을 보여주고 있습니다. 숫타니파타 제2장 '비린 것' 품을 보면 부처님께서는 법정에서 거짓 증언을 하거나 밀고를 하고 빚을 갚지 않는 것 등이 비린 생활이라고 말씀하시고 계십니다. 부처님께서 송사와 법률에 관한 지식을 가지고 있다는 것을 보여주는 사례이며, 또한 이러한 지식이 승단을 유지하는 계율을 제정하면서 자세하면서도 유연할 수 있었던 이유일 것입니다.

왕은 또한 종교의식 집행에도 참석하고 그 실행에 책임이 있습니다. 당시 기록에는 국가적 사제계급인 바라문들이 제사를 많이 지냈다고 합니다. 요사이로 말하면 대통령과 나라를 위한 기도 혹은 제사인 셈인데, 왕은 이런 제사에 물질적인 후원, 즉 공양물과 희생물을 내 놓아야 합니다.

우리말 쌍윳따니까야 제1권에는 제사에 살육되는 짐승의 수가 어마어마하게 많아서 많은 사람들에게 두려움과 슬픔을 가져왔다는 기록이 있습니다. 지금도 네팔에 가보면 힌두교 여신 '칼리'를 모시는 덕친칼리라는 사원에서는 매주 토요일 오전 중에 힌두교도들이 여신에게 바치는 염소, 닭, 오리 등을 가져와 이곳에서 목을 자르는데 피비린내가 진동을 합니다.

숫타니파타 제2장 '바라문다운 것' 품에 보면, 당시 바라문은 제사의식을 이용하여 엄청나게 많은 짐승을 죽이고 왕에게 공양물을 바치게 하여 바라문 자신의 재산을 늘리고 있습니다. 이에 대해 부처님께서는 베다의 역사를 설명하며 강하게 비난하시는 것을 볼 수 있습니다.

이러한 비판도 부처님 자신이 출가 전에 겪은 제사에 대한 체험과 자신이 이미 학습하신 종교(베다)에 관한 지식과도 무관하지 않을 것입니다. 제사를 통하여 공덕을 쌓아나가는 것을 부처님은 쾌락주의로 인식하셨고, 출가 뒤 행하셨던 고행을 또 하나의 분별없는 무익한 수행으로 판단하신 부처님은 진리를 깨달으신 다음에 맨 먼저 중도를 말씀하셨던 것입니다. 그러니까 뒤에 자세히 설명하겠지만 중도는 일반적으로 알려진 것과 달리 본래 철학적 논리가 아니라, 바른 실천을 의미하는 것입니다. 우리는 금강경도 이런 방식으로 역사 속에서 해석해내야 할 것입니다.

부처님의 출가 전 이력을 역사적으로 보면, 부처님은 약소국의 왕세자로서 국제관계에 상당한 지식을 보유하는 위치에 있었습니다. 그리고 전통에 따라 정치・군사・법률 등을 학습하였다고 보여집니다. 또 이러한 직무를 감당하기 위하여 법률・외교・전쟁・수학・논리학・종교・천문학 등을 배웠을 것입니다. 과거현재인과경에 이러한 학문목록이 기록되어 있는 것을 볼 수 있습니다.

진실로 놀라운 것은 29세의 싯다르타는 자기가 배운 학문을 이용하여 자기 나라를 부강하게 만드는 길을 포기했습니다. 그리고 폭력과 미움, 증오, 탐욕, 쾌락, 소유 등 세상과 인간의 고통을 자신의 문제로 받아들였다는 것입니다. 그리하여 여러 스승을 찾았으며, 스스로 가장 고통스러운 탁발 수행자의 길을 선택하신 것입니다. 청년 싯다르타의 선택에 저절로 머리가 숙여집니다. 세상과 인간의 욕망과 고통에 대한 깊은 이해와 논리적인 설득은 부처님이 처한 현실과 왕세자로서의 학습경력과 무관하지 않을 것입니다.

고통의 조건을 관찰하고, 그 원인을 차례로 물어가며 인간의 욕망과 미움, 분노, 슬픔, 폭력 등에서 벗어나는 길을 가르치신 부처님은 이미 출가 전에 그러한 문제의식과 사색의 태도를 가지고 계셨음을 알 수 있습니다. 그리고 역사와 생활 속에서 고통의 원인과 해답을 찾는 자세는 출가 뒤에도 일관되게 계속되었습니다.

## 금강경 성립시기와 시대적 배경

　금강경은 B.C 1세기에서 A.D 1세기경에 출현한 것으로 학자들은 추정하고 있습니다. 그러니까 부처님이 돌아가신 뒤 400~500년이 지난 시기지요. 나까무라 하지메 씨의 연구(인도사상사, 이기영 역, 동국대학교, 1984)에 의하면, 이 시기의 승단은 확고한 왕권의 비호를 받았고, 경제적으로는 자산가와 상공업자 등 왕족을 포함한 부호들이 사원을 지어주기도 하였으며, 광대한 토지(경지, 산림 또는 마을 전체)나 엄청난 금액을 기부 받았습니다. 그리고 기증자는 자기의 이름을 붙여 아무개의 사원이라고 이름 붙이기도 했습니다. 요새로 말한다면 공덕불사라 하여 불사금을 내면 동판에 이름을 새겨주는 것과 같지요.

　또 이러한 토지는 모든 종류의 세금이 면제되었고 왕의 관리라 할지라도 침입하거나 간섭할 수가 없었다고 합니다. 경지에서 나는 수확의 반은 교단의 소유로 되었으며 비구의 식량은 그것으로 해결되었습니다. 또한 기증된 현금은 조합에 위탁 투자되었고, 그것으로부터 생겨나는 이자가 교단의 제반비용으로 충당되었습니다. 그러다 보니 개인적으로 많은 재산을 소유하는 비구도 나타났으며 돈 많은 일부 신도를 중히 여기고 대중들을 무시하는 경우가 생겨나기도 했습니다.

　반야부 초기경전으로 알려진 8천송 반야경을 보면 대중들이 법문을 요구하자 법문은 하지 않고 개인적으로 아는 신도들을 방문

하겠다는 내용이 나오기도 하는데, 반야경은 이를 심지어 마구니의 짓이라고까지 비난합니다. 다시 말해 당시의 승단을 보면 대규모의 물적 보시에 의해 막대한 재산을 소유하였고, 출가하면 의식주 문제가 해결되니까 출가자의 숫자도 많았습니다. 또한 권력과 친분도 있어 현실적 힘과 세력을 확보한 상태로 알려지고 있습니다.

이러한 물적 토대의 확보는 출가자의 수행태도에도 많은 변화를 가져왔습니다. 생활이 안정되다보니 부처님 때처럼 유행하는 생활에서 벗어나 정주(定住)하는 생활을 하게 되었다고 합니다. 그래서 조용히 명상이나 좌선을 하거나 번잡한 교리 연구에 몰두하였습니다. 불교에 대한 승단의 이론이 고도로 발전하였고, 설일체유부(說一切有部) 등의 학파가 형성되었습니다.

이들 학파들은 대개 중생의 고통을 해결하는 실천적인 문제에 매달리기보다는 대상세계는 존재하느냐 존재하지 않느냐 등의 문제에 몰두하였고, 결국은 부처님의 실천적 가르침과 동떨어진 형이상학적 논쟁을 벌였습니다. 이는 이론이 너무 발달하다보니 달은 쳐다보지 않고 달을 가리키는 손가락만 바라보는 결과가 되어버린 것이죠. 폭력과 미움, 약탈로 고통받는 세상에 자비와 평화의 길을 보여주고 알리는 일을 게을리한 것입니다.

역사적으로 보면 부처님 당시에는 출가자들은 비가 많이 오는 우기 3개월 동안 안거하는 것을 제외하고는 끊임없이 유행 걸식하였습니다. 그러나 불교를 강력히 후원한 아쇼카 왕 전후로는 대규모의 사원이 지어지고 주거의 문제가 안정되어 출가자들이 사원에

정주하게 되었습니다.

　따라서 부처님 재세시에는 출가자들이 탁발을 통하여 중생들과 접촉하고 고통의 문제를 인식할 수 있는 기회를 갖기 쉬운데 반하여, 당시의 출가자들은 그러한 고행 없이 먹고사는 문제가 해결되자 중생들의 문제는 관심 밖으로 밀려났습니다. 출가자들은 중생을 이익되게 하는 보살행보다는 견고하고 안전한 승원에서 오로지 깨달음만을 추구하고, 나아가 자기만의 완성을 위하여 수행하고 있었던 것입니다.

　그러자 이러한 출가자의 전통적인 수행자세를 이기적이고 독선적이라며 맹렬히 비판하고, 기존불교를 소승이라고 폄하하면서 진보적 사상을 가진 새로운 불교운동, 즉 대승불교운동이 일어납니다. 대승은 최근의 연구에도 불구하고 초기의 주창자들이 명확히 밝혀지고 있지 않습니다.

　대승의 주체세력이 "불교 유적인 스투파(stupa, 탑묘)를 관리하고 있던 사람들이 중심이었을 것이다, 또는 사원의 스님들이었을 것이다" 등 여러 가지 설이 있습니다. 하지만 공통된 것은 이들 세력은 초기에 아주 미약했다는 것입니다. 물론 재산 등 물적 기반도 없었고 조직도 잘 정비되어 있지 않았다고 보여집니다. 사상의 흐름도 아미타불을 내세우거나 또는 관세음보살을 신앙의 대상으로 삼는 등 아주 다양했습니다. 또한 기존 승단에게는 철저히 무시당하고 배척받게 됩니다.

　그러나 이들은 자신들의 확고한 신념과 소명의식을 바탕으로 전통적 교리에 충실한 소승에 비하여 새로운 경전을 만들기 시작합니다. 당연히 새로운 경전들은 기존의 수행풍토와 사회적 현상들을 비판하는 내용들로 채워질 수밖에 없는데, 금강경은 이러한 내용들을 아주 잘 보여주고 있습니다. 물론 경전의 내용은 부처님께서 하신 말씀을 그 뿌리로 하고 있습니다.

우리가 금강경을 정확히 이해하려면 당시의 역사적·사회적 상황을 잘 이해해야만 하는 이유가 여기에 있습니다. 지금까지의 금강경 해석의 문제점은 당시의 역사적 사실은 인정하면서도 교리적 해석을 놓치고 있거나, 또는 교리적 해석을 따르면서 역사적 사실을 놓치고 있다는 점입니다. 그러니까 해석하는 사람조차 금강경은 논리가 일정치 않고, 같은 이야기가 반복된다거나 갑자기 다른 이야기가 나온다든지 하는 식의 혼란된 이야기를 하고 있는 것입니다. 그러나 우리가 금강경을 쓰신 사람들의 심정으로 돌아가서 문제를 바라보면 금강경이 얼마나 수미일관한 논리적인 전개를 펼치고 있는지를 금방 알 수 있습니다. 금강경은 역사적 현실에 대한 사료가 더 밝혀질수록 더욱 구체적으로 해명될 수 있으리라 봅니다.

## 금강경으로의 초대

금강경은 한국과 중국 선종의 사상적 배경이 되고 있습니다. 일반적으로 금강경은 공(空)이라는 단 하나의 글자도 없는데, 공(空)

의 핵심을 담고 있는 반야경전이라고 알려져 있습니다.

금강경의 특징은 무상(無常), 무아(無我), 고(苦) 등 기초적인 교리설명이 전혀 없다는 점입니다. 이로 볼 때 금강경은 불교에 처음 입문하는 사람이나 초심자를 대상으로 한 것이 아니라는 것이 분명합니다. 그러면 금강경은 누구를 대상으로 만들어진 경전일까요? 바로 불교를 잘 알고 있는 기존 승단이나 재가자를 향해 쓰여진 경전인 것입니다.

부처님 사후 5백 년이 지난 시기에, 그것도 불교가 강성한 시기에 이미 부처님의 말씀을 잘 이해하고 있는 사람들에게 다시 새로운 경전을 써서 말해야만 될 무슨 절박한 이유가 있었던 것일까요? 우리는 금강경이 쓰여진 시대의 역사적 현실과 금강경을 쓰신 분들의 심정으로 돌아가서 금강경을 바라보아야만 합니다. 그래야만 그분들이 주장하고자 했던 목소리를 진정으로 이해할 수 있기 때문입니다.

자! 이제 금강경의 바다로 여행을 떠나봅시다.

금강경의 정식 이름은 현장역에서 보듯, 『능단금강반야바라밀경』이며, 세존과 장로 수보리 사이에서 일어난 문답 형식의 경전입니다. 일반적인 해석으로는 금강과 같이 모든 것을 자를 수 있는 피안에 이르는 지혜입니다.

다른 뜻으로는, 능단금강(能斷金剛)이니, 금강 같은 단단한 것을 능히 부순다는 뜻입니다. 단단한 금강을 부술 수 있는 것은 인도인의 사고에 의하면 곧 벼락 천둥이니, 곧 천둥 같은 큰 힘으로 능히 단단한 어두움을 끊는 지혜의 완성 (혹은 피안에 이르는 지혜) 정도로 이해해야 한다고 생각합니다. 바라밀은 "건너가는"의 뜻이며 반야는 지혜입니다.

우선 금강경 제1분을 보면 천이백오십인(千二百五十人)이라는 구절이 나옵니다. 세존께서 35세에 깨달음을 얻으신 후 열반하실 때까지 45년간의 전법활동 과정에서 많은 제자들이 세존께 귀의했지요. 사리불, 목건련, 마하가섭, 아나율, 수보리, 부루나, 가전연, 우팔리, 라훌라, 아난다 등 따르는 제자가 많이 있었습니다.

천이백오십인이라는 표현은 석가모니 세존의 모든 출가제자를 상징하는 숫자입니다. 과거현재인과경을 보면 부처님 제자의 초기 숫자가 부처님이 깨달으신 뒤 녹야원에서 직접 제도한 5비구, 야사와 그 친구 50명, 가섭 3형제와 그 제자 1,000명, 사리불과 목건련의 제자 200명 등 도합 1,255명이라는 근거를 대기도 합니다. 사리불과 목건련도 승단의 큰 기둥인데 과거현재인과경에서는 왜 사리불과 목건련의 제자가 이렇게 적게 묘사되고 있을까요? 그런데 가섭상좌의 제자는 거의 1,000명이나 되었다고 합니다. 가섭이 결집을 주도했기 때문에 사리불, 목건련의 제자가 적게 기록되어진 것이 아닐까 생각해 봅니다.

초기경전에는 이런 승단 숫자에 대한 표현이 없었습니다. 오히려 숫타니파타 제3장 커다란 장 '두가지 관찰' 품에서는 부처님이 60명의 수행승과 함께 있었다는 구절이 보입니다. 아마 부처님과 함께 거주하는 제자의 수는 실제로는 이 숫자가 정확하지 않았나 생각해봅니다. 구걸하며 먹는 출가수행자들이 천여 명씩 함께 다닌다는 것은 현실적으로 불가능하지요. 지금부터 2,500여 년 전의 사회경제 규모로 볼 때, 누가 그 많은 사람들을 먹일 수 있겠어요?

금강경의 저자는 천이백오십인이라는 상징적인 표현을 써서 '세존의 말씀을 많은 사람들이 들었고 사실이다'라는 것을 말하고 있습니다. 인쇄술이 발달하지 않았던 이유도 있었겠지만, 부처님 이래로 모든 경전은 외워져 내려왔습니다. 그런데 승단이 암송하고 있는 경전에는 당연히 금강경이 없었겠지요? 그래서 비록 대승경전인 금강경이 세상에 나온 때가 뒤늦어 기존 승단에서 외워 내려오는 경전 속에는 없지만, 이 말씀은 모든 비구가 분명히 부처님으로부터 들은 말씀이라는 것을 강조하고 있는 것입니다.

여기서 알아두어야 할 것은 산스크리트 원본에는 분명히 "천이백오십인의 많은 비구들과 많은 구도자(Bodhisattva, 보살)·뛰어난 사람들(Mahasattva, 마하살)과 함께"로 되어 있습니다. 이를 보면 금강경은 경의 무대인 기원정사에서 1,250명의 비구들뿐만 아니라 보살 마하살들과 함께 지혜의 말씀을 경청했던 것입니다.

세존께서는 하루 한 끼를 사시(巳時, 9시~11시)쯤에 드셨는데 그것을 '탁발'이라고 합니다. 세존께서 가사를 입고, 그릇을 가지고 성에 들어가서 밥을 비시고, 비실 때는 차례대로 일곱 집을 돌았습니다. 때로는 못 얻기도 했답니다.

"거리에서 밥을 빌어 다시 돌아와서 밥을 드시고, 옷을 거두어서, 발을 씻으시고 자리를 펴고 앉으셨다."

이것이 세존 당시 하루 한 끼 먹을 때 공양의 순서입니다. 물론 밥을 비는 과정에서 수모를 당하기도 하였습니다. 초기에 사원이 생기기 전에는 그냥 음식을 얻어다 길에서 드셨습니다. 초기경전에 보면, 사리불 존자가 성벽에 기대어 음식을 드시는 것을 볼 수 있습니다.

많은 금강경 해설자들은 이러한 부처님의 일상을 보고 감동을 받고 제1분을 이해하면 금강경을 전부 이해하는 것이라고 설명하기도 합니다. 그리고 지나치게 선적(禪的)으로 해석하기도 합니다. 예를 들어 밥을 드시고 자리를 펴는 일상 속에 본지풍광(本地風光)이 있다거나, 환지본처(還至本處)를 본래의 마음자리로 돌아왔다는 식으로 이야기하는 사람도 있습니다. 과연 이것이 금강경을 쓴 사람들의 문제의식일까요? 정말 그러하다면 제2분 구절부터는 쓸 필요도 없지 않겠어요? 물론 수행으로 이렇게 보는 경지가 있을 수 있습니다. 단지 제 말씀은 역사적 입장에서 금강경을 보는 관점입니다.

'탁발'은 먹고 싶은 것을 골라 먹는 것이 아니라 주어지는 대로 아무거나 먹어야 하기 때문에 그 자체로 하나의 수행인 것입니다. 참고로 스님의 육식에 대해 논란이 많은데요, 탁발할 때 고기를 주면 고기도 먹어야 합니다. 태국 등 남방불교에서는 육식에 대해 큰 제한이 없어요. 초기경전에도 육식에 대한 논란이 나옵니다.

숫타니파타 제2장 '비린 것' 품을 보면 캇사바 부처님이 잘 요리된 새고기를 얻어 잡수시는 것을 보고, 어떤 바라문이 비린 것을 먹는다라고 비난하는 장면이 나옵니다. 그러자 부처님께서는 비린 것은 육식이 아니라 산 것을 죽이고 때리는 일 등, 수십 가지의 잘못된 행위와 생각을 지적하시면서 이러한 것들이 비린 것이라고 말씀하시는 것을 볼 수 있습니다. 다만 숫타니파타 제3장 '두 가지 관찰' 품에서 가르치듯이 괴로움은 음식으로 인해 생기고 소멸한다는 두 가지의 바른 관찰이 필요한 것입니다. 문제는 육식을 하느냐 안 하느냐가 중요한 것이 아니라, 음식을 잘 관찰해서 음식으로 인해 일어나는 욕망과 괴로움을 극복하는 것이 중요한 것이라는 거죠.

사위국은 코살라국의 수도 싸밧티의 한역이며, 기수급고독원은 제따바나에 있는 아나타삔디까 승원으로 코살라국의 백만장자 쑤닷따가 세존에게 공양한 승원입니다. 고증에 의하면 세존과 제자들이 일년 내내 승원에서만 지낸 게 아니라 비가 집중되는 우기(雨期)때만 기거했습니다. 오늘날 승려들처럼 사찰 안에서 연중으로 기거하는 게 아니었습니다. 한국 사찰에서도 이를 본떠 더운 여름과 추운 겨울에 각각 3개월씩 하안거와 동안거를 하면서 정진 수행을 합니다만, 안거가 끝나도 절에서 생활하는 것은 마찬가지거든요. 절에서 안정되게 의·식·주를 해결하는 것과 절 밖에서 힘들게 탁발을 하면서 생활하는 것은 수행자의 의식에 커다란 차이가 있을 수밖에 없습니다.

당시에 누가 비구나 비구니가 되려면 세존께 "탁발수행자(비구)가 되겠습니다"라고 간청하고 세존께서 "오라 비구여[善來 比丘]"라고 답하면 되었습니다. 지금처럼 스님이 되기 위해서 학력이나 나이 제한 같은 것은 전혀 없었습니다.

너무나 간단하죠? 하지만 출가수행자, 즉 비구나 비구니가 되려면 여러 가지 배고픔과 잠자리, 질병 등 어려움과 위험스런 상황을 견뎌야 했습니다. 이때는 뱀, 독사, 모기 등이 출가자들에게 가장 큰 어려움이자 위협이었습니다. 나무 아래나 동굴에서 좌선을 하다 나뭇가지에서 떨어진 독사에 물려죽은 수행자도 있었답니다. 숫타니파타 제4장 '싸리붓따' 품에 보면 출가수행자에게 괴롭게 다가오는 고통은 쇠파리, 모기, 뱀, 도둑 그리고 맹수들이었습니다. 뿐만 아니라 "나는 무엇을 먹을까? 나는 어디서 먹을까? 잠자리가 불편하지 않을까? 나는 오늘 어디서 잘까?" 등 네 가지 걱정을 했다고 합니다. 요즘처럼 참선을 하다가 졸면 바로 마구니 소굴에 떨어지니 조심하라 식의 괴로움이 아닙니다.

따라서 세존께선 누구나 출가하겠다면 "오라 비구여"라고 했던 겁니다. 다시 말해 당시에는 출가보다 더 나쁜 생존조건은 없었습니다. 지금으로 말한다면 집을 버리고 나와 노숙자 생활을 하는 거나 마찬가지인 것입니다. 그만큼 출가는 목숨을 건 힘든 선택이었기 때문에 출가의 의사를 밝히면 누구나 승단에 받아들였습니다.

세존 당시의 출가수행자들은 어려움과 위험을 감수하면서 불법을 실천했습니다. 폭우의 악조건 속에서도 좌선하고 잠을 잤으며, 탁발로써 연명하였습니다. 부처님도 말년에 풍병으로 고생하신 것은 이러한 열악한 환경과 무관하지 않으리라 생각합니다. 대신에 수행자들은 자기가 배운 진리를 공양을 해준 사람에게 전하면서 일반신도들과 자연스럽게 교류했습니다. 이러한 교류 속에서 출가자들도 세상의 여러 가지 고통에 대해서 알 수 있었습니다. 그러나 세존이 열반한 지 오백 년이 지나면서 아쇼카 왕 등 권력자들이 대규모 승원을 지어주고 재산이 많아지면서 일반대중과 접촉이 사라졌죠. 이 당시 승가는 왕실과 재력가들로부터 기증 받은 땅을 개간해서 일부는 제식 등 생활하는 데 쓰고, 또 일부는 이자놀이를 하면서 지냈다고 합니다.

청중 : 여기서 금강경에 탁발하는 장면이 왜 나왔는지도 생각해 볼 필요가 있다고 생각합니다. 대부분의 대승경전에서는 탁발하는 장면을 볼 수가 없거든요. 이는 우선 초기경전의 형태를 따왔을 가능성이 있지만, 그보다는 당대의 승단에서는 의·식·주의 모든 것이 해결되니까 부처님의 참된 가르침을 잊고 있다는 비판을 은유적으로 하신 것이 아닌가 생각해봅니다.

여운 : 그럴 수도 있다고 생각합니다. 쌍윳따니까야 4권 '걸식' 품을 보면 부처님께서 탁발의 정신에 대해 직접 말씀하신 내용이 나옵니다. 탁발은 말 그대로 그릇을 들고 집집마다 빌어먹는 것입니다. 빌어먹는 것은 가장 구차한 삶입니다. 그래서 부처님께서는 탁발은 '삶의 끝이고 저주스러운 것이다'라고까지 말씀하셨습니다. 그렇지만 누가 시켜서 하는 것도 아니며 오직 괴로움을 끝내기 위해서 탁발을 하신다는 것이죠. 걸식품에는 이렇게 쓰여 있어요.

"수행승들이여, 이 탁발이라는 것은 삶의 끝이다. 이 세상에서 '그대는 바루(밥그릇)를 들고 유행한다'는 것은 저주이다. 수행승들이여, 훌륭한 아들들은 '결코 왕이 강요한다고 그런 것이 아니고 강도가 강요한다고 그런 것이 아니다. 빚을 졌기 때문에 그런 것도 아니고 두려움 때문에 그런 것도 아니고 목숨을 연명하기 위해 그런 것도 아니다. 그러나 이 세상에서 나는 태어남, 늙음, 죽음, 우울, 슬픔, 고통, 불쾌, 절망에 떨어졌다. 괴로움에 떨어져 괴로움에 둘러싸여 있다. 적어도 괴로움의 다발들이 사라져야 한다는 것을 알고 있다'라는 올바르고 목적에 맞는 이유가 있어 그러한 삶을 영위한다."

탁발의 목적은 인간의 삶과 죽음 가운데 일어나는 우울, 슬픔, 근심, 불쾌, 절망 등을 고통으로 알고 그것에서 벗어나는 길을 찾는 것이라고 부처님은 말씀하시고 있습니다.

그런데 부처님께서 열반하신 500년이 지난 상황에서 모든 것이 달라지기 시작했습니다. 이런 승단의 상황에서 발달하게 된 것이 '아비달마' 불교입니다. 아비달마를 간단히 설명하면 불교의 경전을 경(經)·율(律)·논(論)의 3장(三藏)으로 나눌 때에 논장(論藏), 즉 논부(論部)를 총칭하는 말입니다.

아비달마 불교는 가령 '우리의 번뇌가 108번뇌인데 왜 그런지 108개를 하나 하나 분석'하기도 하고 '마음은 54가지인데 해로운 마음은 몇 개, 유익한 마음은 몇 개다' 하는 식으로 분석적으로 세존의 가르침을 이해하는 것입니다. 이렇게 하여 이론적인 발전은 있었으나 현실과는 점차로 떨어진 생활을 하게 되었다고 역사는 말하고 있습니다. 이러한 연구태도는 금강경에서도 구체적으로 비판하고 있습니다.

금강경이 진단한 현실을 통해 보면, 이때에 대규모 보시에 의존하는 승가의 상황에서 신도들의 보시 공덕에 대하여서는 '보시'의 질과 양에 따라 '복덕'이 차이가 난다는 의식이 생겨났습니다. 보시를 많이 하는 사람은 절에 가서 대접받고 보시의 공덕으로 많은 복을 받을 거라고 생각했습니다. 이러니 스님들은 보시의 풍요로움 속에서 철학적으로 불교를 연구할 수 있었습니다. 승단은 더욱 더 이론을 연구하는 모임으로 변질되고, 재가신도들은 승단에 보시를 하거나 탑에 공양을 많이 하면 '복'을 더 많이 받는다는 경향으로 불교가 나아가고 있었던 것입니다. 말하자면 자비의 실천과 수행이 서로 분열되었던 것이죠.

이런 문제의식을 오백 년 동안의 불교역사 속에서 성장한 불자들이 가지게 된 것입니다. B.C 1세기에서 A.D 1세기 전후에 나타났다고 알려지는 금강경의 저자들은 오백 년 불교전통 아래서 세존의 말씀을 공부한 사람들입니다. 우리도 그런 역사의식으로 금강경을 전한 불자들의 문제의식을 보아야만 합니다.

## 금강경을 전하는 분들의 문제의식

금강경은 세존께서 열반에 드신 지 약 500여 년이 지난 뒤, 부처님의 제자들이 부처님의 말씀을 적은 것입니다. 갈애와 집착이 일어나는 무명(無明)의 과정, 또 생·노·병·사를 고통으로 몰아넣는 소유와 집착의 욕망을 깊이 살피는 12인연과 연기법, 3법인(三法印), 4성제(四聖諦), 8정도, 4념처(四念處), 오근, 오력, 칠각지

(七覺支) 등 폭력과 탐욕, 성냄에서 벗어나는 세존의 가르침을 깊이 그리고 이미 이해한 제자들이 쓰신 것입니다. 바로 그 제자들이 당대의 승단과 재가불자들의 삶을 보고 '세존의 말씀은 그게 아니라 이것이다'라고 주장한 경전으로 이해해야 할 필요가 있습니다. 당연히 금강경에는 잡아함, 중아함, 숫타니파타 등 초기경전에 나타나 있는 부처님의 말씀이 그대로 인용되어 있습니다. 따라서 금강경을 쓰신 분들을 조금이라도 이해하기 위해서는 초기경전을 통해 부처님의 말씀을 공부하는 것이 중요합니다. 사실 이분들은 하늘에서 갑자기 떨어진 사람들이 아닌, 지난 500여 년간 내려오는 불교의 전통 속에 서 계신 분들이기 때문입니다.

우리말 쌍윳따니까야 제2권 66경 '성찰'의 경에 보면 우리의 삶 속에서 늙고 죽음을 일으키는 많은 괴로움이 곧 부처님이 말씀하시는 괴로움입니다. 늙고 죽음 자체가 괴로움이 아니라, 늙고 죽음을 고통으로 몰아넣는 것이 괴로움입니다. 구체적으로는 미움・분노・폭력・살생・논쟁・다툼・약탈・우울・슬픔・고통・불쾌・절망을 뜻한다는 것을 "성찰의 경"에서 알 수 있습니다. 이러한 인식은 관찰자 스스로 현실 삶의 구체적 사건(事件) 속에 있을 때만 가능한 인식입니다. 왕들이 일으키는 전쟁과 백성들의 가난, 그리고 브라만 사제들의 향락 등 당대 삶 속에서 일어나는 폭력과 분노・미움・탐욕・감각적 쾌락 등을 고통이라고 말씀하시는 것을 볼 때, 부처님의 현실인식, 즉 현실에 대한 문제의식을 엿볼 수 있습니다.

당연히 인간이 걸어야 하는 길은 ① 죽이지 않고[不殺生], ②

빼앗지 않고〔不偸盜〕, ③ 성적 폭력으로 남을 괴롭히지 않고〔不邪淫〕, ④ 거짓 증언하지 않고〔不妄語〕, ⑤ 이간질 않으며〔不兩口〕, ⑥ 욕하지 않고〔不惡口〕, ⑦ 허튼 말 등 꾸미는 말을 하지 않고〔不綺語〕, ⑧ 탐욕을 부리지 않고〔不貪欲〕, ⑨ 성내지 않으며〔不瞋恚〕, ⑩ 삿된 견해를 멀리하는 것〔不邪見〕 등입니다. 이것을 십선도(十善道), 즉 열 가지 착한 길이라고 합니다. 그러나 이런 살아 있는 현실 속에서 나온 부처님의 말씀이 후대에 가면서 점차 관념적으로 해석됩니다. 생·노·병·사 자체가 괴로움이라는 말로 이해되고 있지요. 마치 불교가 염세적인 것으로 오해받게 됩니다. 결국 말씀만 남고, 그 속에 살아 있는 말씀과 삶이 사라진 것입니다. 쌍윳따니까야 제2쌍윳따 하늘 아들 품, 제7 쑤브라흐만 경에 보면 깨달음에 이르는 길은 감각적 쾌락과 소유에 대한 욕망을 버리는 것이라고 말씀합니다.

세존께서 열반에 드신 500년 뒤의 세상은, 학자들의 연구에 의하면, 승단에는 거대한 토지 등이 제공되었고, 이러한 소유를 바탕으로 승단은 수행에만 전념하게 됩니다. 그런데 실제로는 욕망과 권위, 논쟁, 성냄으로부터 벗어나지 못하고 있는 현실이 있었던 것입니다. 더구나 승단은 욕망과 성냄 같이 세상 속에서 소멸시켜야 할 것들엔 무관심하고, 세존의 말씀을 계속 교리적으로 분석하고 사색하면서 세상의 고통과 현실에 대해서는 외면하고 있었죠. 또 무상(無常)을 이해한다고 하여 사물을 낱낱이 분석하기도 하고, 수행한다고 하여 기술적인 혹은 고난도의 수행기술에 집착하게 된 것입니다. 현실에서의 탐욕과 폭력적 사유, 충동 등 탐·진·치(탐욕, 분노, 어리석음)를 보고 욕망의 소멸을 통하여 세상에 행복을 가져와야 하는 부처님의 말씀이, 고난도의 수행기술과 수행단계에 대한 문제로 변질되게 된 것입니다. 즉 승단이 번뇌로 가득 찬 중생사회의 빛이 되지 않는 거예요. 이러한 당대 현실은 모든 초기 대승경전의 주제이자 문제의식입니다. 한편 일반신도의 신앙 행태를 보면, 보시와 장엄을 많이 하지만 그것은 자기 복과 소유를 더 얻기 위한 신앙에 치우쳐 있었던 것입니다.

이런 상황에서 불교의 왜곡된 방향을 바로잡고자 당대 현실에 대한 문제의식을 가진 사람들이 나왔습니다. 즉 대승을 주장한 사람들입니다. 그들은 금강경 첫머리에 보살이 추구하는 진리는 곧 아뇩다라삼먁삼보리이니, 곧 역사적 부처님이 말씀하신 진리를 추구해야 한다는 강한 주장을 하고 있습니다. 아뇩다라삼먁삼보리는 위없는 올바르고 완전한 깨달음이라는 뜻입니다.

여기서 우리가 주목해야 할 단어는 '보살'과 '아뇩다라삼먁삼보리'입니다.

초기불교에서 보살은 부처님에게만 한정하던 개념이었습니다. 보살은 본래 부처님이 깨달음을 얻기 이전에 자신을 부르던 말이었죠. 그런데 이 개념이 자타카(부처님 전생담) 등에서 보듯 일반 재가자들에게까지 확대됩니다. 부처님의 진리를 올바로 이어가는 자를 보살이라고 새롭게 의미를 부여하고 있는 것이죠. 수행이 삶의 목적이 아니고, 중생에 대한 사랑이 깨달음의 길이라는 것입니다. 또 아뇩다라삼먁삼보리는 무상정변지 또는 무상정등정각이라고 번역됩니다. 그렇다면 깨달음에 대한 새로운 이념의 기치로 왜 아뇩다라삼먁삼보리를 들고 나왔을까요?

　세존 열반 오백 년 뒤에 대승을 일으킨 사람들은 기존 승단에 대하여 긴장관계에 있었던 것이 분명합니다. 그것은 부처님의 법을 수호하고 실천을 담지한 자는 기존 승단의 비구, 비구니가 아니라 보살이라는 주장에서 분명히 금강경 선포자의 의도가 드러나기 때문입니다. 금강경의 저술자들은 세존께서 일러주신 가르침이 땅에 떨어진 시대에 '시대를 진단하고 세존 말씀을 바르게 실천하는 사람이 나타나야 한다'며 새로운 인간상을 제시했습니다. 바로 그 새로운 인간상이 '보살'입니다.

　"세존이시여! 여래께서 모든 보살들을 잘 보호하고 생각하시며, 모든 보살들에게 잘 분부하고 맡겨 주시는 것은 참으로 드문 일입니다."

　금강경은 경 머리에 세존께서 보살들을 잘 호념하고 보살들에게 부촉하고 계시다고 수보리가 말하면서 시작합니다. 다시 말해 전통적인 4부대중인 비구, 비구니, 우바새, 우바이 앞에서 '세존께서는 모든 보살들을 잘 보호해주시고, 잘 부촉을 하신다'고 깜짝 놀랄 선포를 하고 있는 것입니다. 그리고 부처님께서는 바로 이 보살들에게 부처님께서 깨달은 아뇩다라삼먁삼보리를 얻는 길을 말씀하시고 있습니다. 바로 그 보살은 좋은 집안의 남자와 여자가 뜻을 일으켜서 된다고 말합니다.
　북전 잡아함경(동국역경원)에도 이 아뇩다라삼먁삼보리라는 용어가 조금 나옵니다만, 초기경전에서 찾아보기 힘든 아뇩다라삼먁삼보리가 등장한 계기는 기존의 승단에서 부처님의 깨달음이라고 믿고 있는 것이 잘못이라는 인식이 숨어 있습니다. 따라서 아뇩다라삼먁삼보리라는 용어는 대승을 주장하는 사람들이 내건, 부처님의 진정한 가르침을 상징하는 새로운 언어가 아닌가 추측해봅니다. 불교를 잘 이해하고 있다고 믿고 있는 당대의 승단에 대항하기 위한 슬로건이나 키워드로서 말이죠.

이러한 금강경의 서두는 매우 깊이 생각해야 할 주제가 아닌가 생각합니다. 그것은 부처님께서 열반하신 뒤 500여 년경에 금강경을 저술한 부처님 제자들의 현실적 문제의식을 반영하고 있기 때문입니다. 이는 당대 승단의 진리추구가 역사적 부처님이 말씀하신 진리와 거리가 멀다는 역사적 상황을 우리에게 알려주고 있는 것입니다.

금강경이 나온 때는 이미 불교가 정치적이나 경제적으로 상당한 외호와 후원이 있을 때입니다. 심지어 불교 교단에 바쳐지는 공양과 권위, 존경, 생활의 편의 등을 누리기 위해 다른 종교인들이 불교로 위장해 귀의하는 수가 많아 교리에 혼란이 일어났다고 합니다. 그래서 이런 일 때문에 경전을 새로 결집해야 하는 일이 생기기도 했습니다. 이렇게 교단의 세력이 강성한 상황에서 금강경이 나타난 까닭은 무엇일까요?

우선 제3분에서 보듯 금강경은 부처님의 가르침에 따라, 당시의 불자들이 모든 중생으로 하여금 모두 열반(욕망이 사라진 마음의 평안)을 얻도록 노력하고 실천하고 있었다는 것을 알려주고 있습니다. 또한 이러한 제도에는 다양한 물질적 보시(남에게 베푸는 행위)를 포함하고 있었습니다. 중생을 제도하고 보시를 실천하는 길이 곧 보살이 되는 길이기 때문입니다. 그러나 이와 함께, 남을 제도하거나 보시를 베풀면 내가 그 복덕을 반드시 받는다는 생각을 당대의 불자들이 가지고 있었다는 사실도 보여 주고 있습니다.

그러한 생각이 곧 나라는 생각(내가 모든 생명들을 제도한다는 생각), 성인(聖人)이라는 생각(성인들의 여러 경지를 얻는다는 생각), 중생이라는 생각(모든 생명들에게 보시를 베풀면 내게 복이 온다는 생각), 수명이라는 생각(보시를 베푼 복덕이 나의 미래에 이어진다는 생각)입니다. 당시의 불자들은 이것을 부처님께서 친히 가르치신 진리라고 이해하고 있었습니다. 이러한 생각을 가지고 있는 승단과 재가 불자들은 구체적으로 어떤 삶을 살고 있었을까요? 그들은 과연 부처님께서 말씀하신 해탈과 평안의 삶을 살고 있었을까요?

일체 중생을 제도하려는 보살은 마음속에 '보시를 베풀면 내가 32상을 갖춘 성인(聖人)이 되고, 중생을 이롭게 하면 그 복덕이 나의 미래에 이어지리라'는 생각을 가지고 있었습니다. 금강경은 '내가 중생을 평안(열반)으로 제도하거나 보시를 베풀 때, 성인의 경지 중 어느 하나를 얻거나, 또 복덕을 내가 얻게 되고 그 복덕이 계속 나의 미래에 이어진다'는 생각을 가지는 당대 불자들의 삶을 보고 있습니다. 즉, '그러한 생각 속에 감추어진 의식의 실상은 무엇인가'라는 의식과 현실을 문제삼고 있습니다. 그러면서 이런 생각으로 중생을 제도하면 올바른 보살이 아니라고 말씀하십니다. 이 문제는 상상이나 교과서적인 교훈의 문제가 아닌, 금강경이 당대 역사 현실에서 만나고 있는 문제인 것입니다.

우리는 대승을 주장한 사람들의 문제의식에 대해서 역사적으로 생각해 볼 필요가 있습니다. 금강경에서 비판하는 아상, 인상, 중생상, 수자상도 바로 역사적 관점에서 당대 승단의 불교인식에서 구해야 할 것입니다.

그런데 상은 무엇일까요? 상(相)은 우리말로 '생각 상'으로 새깁니다만, 이념적 가치나 편견을 포함한 인식, 사고 혹은 학습된 생각을 뜻한다고 봅니다. 다시 말씀드려서 견해를 가지고 실천할 때 일어나는 생각입니다. 상(相)을 싼스크리스트 원어의 뜻이나 인식론적 의미로 정의하는 것도 중요하겠지만, 저는 오히려 금강경의 역사적 경험이나 금강경의 문제의식에서 이 상(相)의 의미를 해명해야 한다고 생각합니다. 그렇지 않으면 역사적 현실과 무관하게 주관적 해석이나 어원적 해석에 머물 위험이 있기 때문입니다.

부처님께서 열반하신 지 500여 년 뒤에 대승불교가 나타난 것은 역사적 사건입니다. 금강경은 한 시대의 현실을 경험한 부처님의 제자들이 당대 불교현실을 문제삼아 기존 승단과 불자의 인식을 비판한 책입니다. 이렇게 상(相), 즉 생각은 금강경이 문제삼고 있는 당대 불자들의 불교에 대한 인식을 의미합니다. 이것을 초기불교나 혹은 위빠싸나 등에서 수행하는 개념으로 해석하면 금강경이 전하는 역사적 문제의식을 잃게 됩니다. 따라서 당연히 금강경 속에는 올바른 부처님의 가르침을 당대 현실에서 새롭게 해석하는 내용이 나오고 있는 것이지요.

뒤에 금강경의 서술형태에서 상세히 설명되겠지만 우선 개략적으로 말하면 아상은 내가 모든 생명들을 제도한다는 생각이며, 인상은 중생을 제도하거나 보시를 하면 성인(수다원, 아나함, 사다함, 아라한)의 여러 경지를 얻거나, 다음 생에 좋은 집안에 사람으로 태어나 부처님과 같이 세상의 존경과 공양을 받는 훌륭한 성인이 된다는 생각입니다. 그래서 저는 인상을 성인이라는 생각으로 번역합니다. 중생상은 모든 생명들에게 보시를 베풀면 내게 복이 온다는 생각이며, 그리고 수자상은 보시를 베푼 복덕이 나의 미래에 이어진다는 생각입니다.

이러한 생각은 당대에는 지금처럼 비판받아야 할 잘못된 인식이 아니었습니다. 그 시대를 살던 불자들이 불법, 즉 부처님의 가르침이라고 생각하는 일반적 인식이었습니다. 그러나 문제는 이러한 생각이 나쁜 것이 아니라 그 속에 숨어 있는 오만과 탐욕, 이기심이 잘못되었다는 겁니다.

보살의 문제의식을 가진 세존의 제자들이 당대 승단의 타락과 혼탁한 세상을 봤을 때 가장 먼저 뭐가 보였을까요. 당시 승단에서는 '나는 아나함의 경지를 얻었다' 혹은 '나는 아라한의 경지를 얻었다'라며 수행의 높낮이를 따지는 싸움이 일어났습니다. 금강경을 저술한 제자들, 즉 불교의 전통 속에서 자라 온 제자들이 당대 불교계를 보고 '왜 이런 논쟁과 경쟁이 불교 안에서 일어날까?' 하며 고민하고 사유했던 것입니다.

기존 승단은 극히 권위로 가득 차 있었으며 서로 '너는 아나함의 경지, 나는 아라한의 경지다'라며 시비를 일삼았습니다. 또 '아침에 그대의 속옷을 보니까 정액이 묻어 나왔더라. 어찌 아라한의 경지에 이른 그대의 속옷에 정액이 묻어 나오느냐'면서 아라한의 권위에 대한 문제가 제기되기도 하였습니다. 이 논쟁은 마하데바라는 비구와 관련되어 일어난 논쟁인데, 불멸 후 200여 년경에 일어났다고 합니다. 현실과 동떨어진 수행단계에 관한 논쟁이 일어났던 것입니다.

금강경 제9분을 보면 아라한과를 얻은 수보리존자는 아라한과의 특징이, 싸움이 없는 '무쟁삼매(無諍三昧)'를 얻은 것이라고 말합니다. 무쟁삼매란 다툼이 없는 삼매이니 현실적으로 아라한과나 수행단계에 대한 다툼이 있었음을 암시하고 있습니다.

당나라 현장 법사가 645년에 인도에 갔다왔는데, 그때는 금강경이 나온 때보다 약 5백 년이 지난 뒤의 일이죠. 그분이 쓴 대당서역기에는 당시 인도에 이런 수행적 풍토가 내려온다고 적혀 있어요. 스님 두 분이 토론을 해서 이긴 스님에게는 코끼리에 태워주고, 꽃을 달아주고 뿌려주며, 환영인파를 데리고 다니고 하면서 자랑을 했다고 쓰여 있습니다. 그리고 토론에 지면 얼굴과 온몸에 흙을 바르고, 죽을지도 살지도 모르게 골짜기에 던져버렸다고 합니다.

많이 아는 자와 적게 아는 자를 분별하는 수행풍토가 있었다는 것이지요. 시대가 틀리지만 이러한 전통이 내려왔다는 것은 금강경이 쓰여진 당대를 이해하는 데 상당한 의미가 있다고 생각합니다. 한편 신도들은 승단과 탑에 엄청난 양의 보시와 장엄을 했다는 것이 금강경에 나타나 있습니다.

참고로 쌍윳따니까야 제2권 인연쌍윳따 '장자' 품을 보면 성인의 단계인 4쌍8배에 대하여 이렇게 정리하고 있습니다. 4쌍8배는 수행의 깊고 얕음에 따라 수행의 단계를 객관적으로 표현하는 전통적인 방식입니다. 4쌍은 수다원〔預流〕, 사다함〔一來〕, 아나함〔不還〕, 아라한을 의미하고, 각 단계마다 입문(入門)을 의미하는 도(道) 또는 향(向), 그리고 얻은 뒤의 경지를 말하는 과(果)가 있어 8배라 합니다.

진리의 흐름에 든 경지를 향하는 자〔預流向〕와 흐름의 경지에 도달한 자〔預流果〕를 첫째, 흐름에 든 자〔預流者〕라고 합니다. 이들은 열 가지 결박 가운데 ① 자기가 있다는 환상〔有身見〕, ② 모든 일에 대한 의심〔疑〕, ③ 미신적 관습〔戒禁取〕에서 벗어나야 합니다.

둘째, 천상에 갔다가 한번 돌아와 해탈을 하는 경지〔一來向〕와 한번 돌아오는 경지에 도달한 자〔一來果〕는 한번 돌아오는 자〔一來者〕로서 열 가지 결박 가운데 위의 세 가지와 더불어 ④ 감각적 쾌락에 대한 욕망〔欲貪〕, ⑤ 마음의 분노〔有對〕를 거의 끊어야 합니다.

셋째, 천상에 가서 거기서 해탈하므로 이 세상에 돌아오지 않는 경지를 향하는 자〔不還向〕와 돌아오지 않는 경지에 이른 자〔不還果〕는 돌아오지 않는 자〔不還者〕라고 불립니다. 그들은 위의 다섯 가지를 완전히 끊은 자입니다.

넷째, 거룩한 이의 경지를 향하는 자〔阿羅漢 向〕와 거룩한 이의 경지에 도달한 자〔阿羅漢 果〕는 거룩한 이〔阿羅漢〕라 불립니다. 위의 다섯 가지의 결박은 물론 ⑥ 형상에 대한 욕망〔色貪〕, ⑦ 무형상에 대한 욕망〔無色貪〕, ⑧ 자만하는 마음〔慢〕, ⑨ 자기 정당화〔棹擧惡作〕, ⑩ 진리를 모르는 것〔無明〕을 벗어났거나 완전히 벗어난 자를 말합니다.

이 네 가지 수행단계는 수행의 위·아래를 가르기 위해 만든 것이 아니었습니다. 오로지 수행을 더욱 깊이 하기 위한 방편이었던 것입니다. 또 초기경전에 보면, 누구나 부처님에게 믿음만 있으면 수다원과를 얻는다고 했습니다. 그러니 부처님이 계실 때에는 매우 소박한 형태로 수행을 점검하는 방법이었을 것입니다.

부처님께서 깨달음을 얻으신 뒤 처음으로 법륜을 굴리셨을 때, 먼저 그 전에 같이 수행하던 다섯 명의 수행자를 제도하셨지요. 경전에서는 이때 이 세상의 아라한의 수가 모두 여섯 명이라고 말합니다. 누구나 부처님의 말씀을 듣고 이해가 깊고 행실이 바뀌면 공양을 받을 만한 이라고 해서 아라한을 응공(應供)이라고 했던 것입니다.

그럼 부처님 당시에는 아라한이 몇 분이나 되었을까요? 예를 들어 부처님께서 열반에 드신 후, 아라한들이 모여서 경과 율을 결집하는데 이때 참석한 아라한은 모두 오백 명이라고 합니다. 전통적으로 승단의 비구수가 1,250인이라고 하니 이렇게 보면 당시에는 최소한 비구스님 두세 분 중의 한 분은 아라한이라는 계산이 나오지 않을까요? 억지로 따져 보면 이렇게 볼 수도 있다는 것입니다. 그러나 부파불교 후기에 들어오면, 아비달마에서는 수다원과만이라도 얻기 위해서 몇 겁을 닦아야 한다고 아주 복잡한 조건을 달고 있는 것을 볼 수 있습니다.

다시 경전으로 돌아와 봅니다. 부처님 열반 500년 뒤, 세존 가르침의 전통 속에서 자라 온 일군의 제자들이 당대 승단의 수행 현실을 보니 그 속에는 권위의 욕망이 가득 차 있더라는 것입니다. 즉 불법을 위장한 '탐욕'이 있다는 것입니다. 그리고 그 권위의 욕망이 세상에 많은 분노와 경쟁, 미움을 일으키더라는 것입니다. 이분들은 그것을 봤어요. 이분들이 보기엔 승단이나 재가자들이 수행을 많이 하는 이유도, 장엄과 보시를 많이 하는 이유도 결국 부처님의 법이라는 명분 속에서 정신적·물질적 보상을 바라기 때문이란 걸 알았습니다.

일반 재가자들도 별로 다르지 않았다고 해요. 재가자들은 무엇을 보시했느냐에 따라서 현실에서든 죽은 뒤에든 보상을 바라는 거예요. 그러니까 일반 재가자들이 보상의 근거를 무엇으로 잡고 있느냐 하면 보시물의 양과 질로 따지고 있었지요. 즉 자기가 보시하는 물질의 빛깔·소리·향기·맛 등 특징을 따져서 보시하니, 결국 보시물의 세속적 가치를 반영하여 보시하고 있었던 것을 알 수 있습니다. 세속사회의 물질적 가치가 높은 것을 보시할수록 거기에 걸맞은 보상을 요구하는 마음이 일어납니다.

더구나 승단과 신도(우바새 우바이) 모두 '내가 이렇게 많은 중생을 제도한다. 그래서 일체 중생을 다 제도하고, 또 제도된 모든 사람들은 전부 무여열반(無餘涅槃)에 들게 하겠다'고 서원을 세우지만, 마음속에서는 실은 이렇게 스스로가 뭘 보시를 했다는 업적과 특징을 가지고 보상을 원하고 있다는 것을 금강경은 보고 있습니다. 업적과 특징을 가지고 바라는 보상은 수행의 차원에서 보면 수다원, 사다함, 아나함, 아라한 같은 경지였습니다. 그들은 항상 '나는 이러이러한 수행을 했기 때문에 나에게 이러한 수다원(혹은 아라한 등)의 경지가 생겼다'고 했으며, 세존께서도 그랬기 때문에 32상 80종호의 원만함을 얻었다고 생각했습니다.

과연 보시를 많이 하면 복을 더 받는다라는 생각이 어떤 문제를 일으킬까요? 보시를 통해 더 많은 복을 기대했던 마음을 나쁘다고 생각하지 말고, 어떤 문제를 일으킬 지 구체적으로 추적을 해봐야 합니다. 이것이 금강경을 썼던 사람들이 고민했던 것입니다. 우리도 그 고민에 동참해 볼 필요가 있습니다. 그래야 이 경(經)의 흐름을 이해할 수가 있을 것입니다.

그럼 보시를 많이 하면 복을 많이 받는다는 것이 현실적으로 어떤 문제를 일으킬까요?

우선 보시를 많이 바치지 못하는 사람들은 복을 못 받고 소외될 거라는 소외감이 생깁니다. 좀 더 깊이 관찰해보면 어떤 문제가 생길까요? 보시를 많이 하면 이번 생애에 복을 받던지 다음 생애에 그 복을 받는다는 생각이 있습니다. 특히 인도는 이런 류의 의식이 사람들 마음에 깊이 뿌리내려 있습니다. 그럼 보시를 거의 못하면 다음 생에 불이익을 받을 수도 있다고 생각할 것입니다. 몸이 기형아로 태어난다던가, 하층 계급에 태어난다던가, 이런 것을 숙명론처럼 받아들일 수도 있습니다. 또 뭐가 있을까요?

세속적으로 경쟁이 많이 일어납니다. 물질적 경쟁, 탐욕스런 부의 축적과정이 많이 일어납니다. 보시를 많이 한 사람이나 집단이 잘된다고 하지만, 이런 경쟁과정 속에서 부추겨진 현실은 많은 다른 집단에게는 위협이 되며 동시에 결과는 탐욕이 정당화되는 삶입니다. 현실적으로는 자기의 지위나 권세, 부귀를 유지하고자 하는 소유에의 집착이 아닐까요? 지금 이 시대로 보면, 회사나 단체의 생존에 경쟁과 퇴출이 이루어지는 겁니다. 퇴출 당하는 회사에서 일하는 사람들은 생존을 떠나서 이 인간사회에 대해 어떤 생각을 하게 될까요?

여기서 잠깐, 남의 눈에 눈물이 나게 하고 번 돈의 보시에 대해 부처님께서는 어떻게 생각했나 살펴볼까요? 쌍윳따니까야 1편 '인색함' 품에 나오는 부처님의 말씀입니다.

"벼이삭을 모아 아내를 부양하며
조금 있어도 보시하는 사람은 가르침을 실천하네.
천 사람이 십만의 보화로 재를 올려도
그런 보시에 비하면 16분의 1만큼의 가치가 없다네."

그때 다른 하늘 사람이 세존께 시로 여쭈어 보았다.
"왜 그 굉장히 풍부한 큰 제사가
올바른 보시로서 가치가 없습니까?
천 사람이 십만의 보화로 재를 올려도
그러한 보시에 비해 가치가 없습니까?"

그때 세존께서는 그 하늘 사람에게 시로 대답했다.
"어떤 사람은 부정하게 살면서 보시하니

상처 내고 죽이고 또한 괴롭히네.
그 보시는 눈물과 상처로 얼룩진 것이며
올바른 보시로서 가치가 없네.
천 사람이 십만의 보화로 재를 올려도
그러한 보시에 비해 16분의 1의 가치도 없네."

한편 보시하는 사람을 차별하는 문제가 생기게 됩니다. 그러면 어떤 문제가 일어날까요? 수행을 많이 하거나 보시를 많이 하면 물질적으로 혜택을 받는 문제가 발생합니다.

물론 금강경이 나온 시대보다 약 500여 년이 지난 때이지만, 대당서역기에 보면, 현장 법사가 인도에 가서 승원의 살림을 보니까 글을 모르고 경을 외지 못하면 제일 험한 일을 시켰다고 합니다. 그리고 경 한 부를 외우면 잡일을 면제시켜 줍니다. 또 경전 한 부를 더 외우면 독방을 따로 주었습니다. 한 부 더 외우면 몸종을 붙여줬다고 합니다. 한 부를 더 외우면 좀 계급이 괜찮은 몸종을 붙여줍니다. 그리고 경전 여섯 부 전부를 외우면 승원을 출입할 때 코끼리를 타고 다녔습니다. 지금으로 말하면 자가용을 타고 다니는 것이죠. 그리고 일반신도는 꽃을 뿌립니다.

이게 뭐냐면, 물질적 혜택을 차별적으로 받는 겁니다. 공부의 차이가 현실적으로 물질적 혜택의 차이로 나타나는 겁니다. 당연히 수행의 차이가 물질적 혜택의 차이로 드러남을 본 승려들은 명예와 물질에 대한 욕망을 일으키게 됩니다. 이런 차별의식의 문제가 과연 불교적인가, 다시 말하면 부처님께서 가르친 진리의 삶인가 하는 문제의식이 금강경에서 제기되고 있습니다.

또, 뭐가 있을까요? 내가 중생을 제도하거나 '복'을 베풀었을 때는 항상 보상이 돌아온다는 의식이 생깁니다. 승단은 그런 보상에 대한 여러 가지 차별을 인과적으로 구별하고 판정해 줍니다. 그러다 보면 승단에 권위가 생기기 시작합니다. 승단에 권위가 생기면 세속에 대하여 우월감이 생깁니다. 금강경은 당대 승단의 수행에서 권위와 논쟁이 있는 현실을 드러내고 있습니다. 승단 내에 싸움과 갈등이 있었다는 것이지요.

그리고 일반신도들 사이에는 어떤 문제가 일어날까요? 보상에 대한 기대는 세존의 진리를 이해하기보다는 자꾸 보시를 많이 할수록 뭔가 복이 온다는 식의 사고만 일어납니다. 따라서 우리가 복을 지으면 다음 생에도 계속 이어갈 것이라는 생각을 갖게 됩니다.

그러나 세존께서는 금강경 제4분에서 이렇게 말씀하시고 계시죠.

"또한 수보리야, 보살은 마땅히 법(내가 중생을 제도하면 성인이 되거나 여러 공덕을 얻는 법)에 머물지 말고 보시를 베풀어야 한다. 이른바 형상에 생각을 두지 말고 보시를 베풀어야 한다. 소리와 향기와 맛과 감촉과 생각의 대상에도 생각을 두지 말고 보시를 베풀어야 한다.
수보리야, 보살은 마땅히 이와 같이 보시를 베풀되 생각(내가 성인의 경지를 얻거나, 중생에게 보시하면 그 복덕이 나의 미래에 이어진다는 생각)에 머물지 말아야 한다."

세존께서는 소리·향기·맛·감촉·생각의 대상에 집착하는 보시를 하지 말라고 했습니다. 아까 말씀드렸듯이 이 모든 보시물의 특징은 세속적 물질가치를 반영하고 있습니다. 이러한 중생제도와 보시에 감추어진 생각 속에는 그러한 보시에 따르는 더 많은 결과를 기대하는 마음이 숨어 있습니다. 그래서 부처님께서는 이런 마음을 없애기 위해서 '생각에 머물지 않고 보시를 베풀면 복덕이 헤아릴 수 없이 크다'라고 말씀하십니다.

다시 말해 '내가 이런 정도의 보시를 했다고 생각하지 말고, 나는 이러이러한 특징과 업적이 있는 보시를 했다는 생각을 항복 받아라'는 가르침입니다. 보상에 대한 욕망이야말로 항복 받아야 할 탐욕이라는 겁니다. 이것이 세존의 가르침이라고 금강경은 말씀하고 있습니다.

그러면서도 보살들이 더 큰 복덕을 얻겠다는 생각으로 무주상 보시를 한다고 하면서, 또 다른 더 큰 욕망을 갖는 것을 경계하기 위해서 제4분 끝에 단서조항을 둡니다.

"수보리야, 보살은 부처님이 꼭 이렇게 가르쳐 준 대로 마음을 머물러야 한다."

이는 중생들이 무주상 보시가 복이 크니 나도 이제 복을 더 많이 받기 위해 무주상 보시를 해야겠다는 마음을 미연에 방지하고 있는 것이죠. 또는 사구게를 외우면 공덕이 더 많이 나에게 돌아온다고 생각할 수 있습니다. 이것 역시 부처님의 가르침을 잘못 이해하고 있는 것이죠. 본래 단서조항의 뜻이 무서운 것입니다.

또 제6분에서는 금강경을 믿는 사람〔是諸衆生〕조차 내가 누구에게 이런 금강경을 말한다고 마음에 보상을 취하면 또다시 사상(四相, 나·성인·중생·수자)에 빠져버리게 된다고 경계하십니다. 문제는 보시하는 마음속에 숨어 있는 탐욕이라는 것이지요.

## 어떤 중생이 금강경을 부처님의 말씀으로 믿겠습니까?

그런데 사람들이 믿질 않는 거죠. 세존께서 좋은 일을 많이 하고 중생을 제도하면 상호가 원만해지고 복도 많이 온다고 해야 믿는데, 이게 다 바른 가르침이 아니고 또 그런 마음을 항복 받으라고 하니 어떻게 금강경 말씀을 믿겠어요?

금강경에서 세존이 말씀하신 진리의 의미는 '탐욕이 사라지고 집착이 사라지는 게 법'이라고 말합니다. 그러니까 '업적과 특징'으로 얻어지는 것이 불법(佛法)이 아니고, 이 '업적과 특징'에 대한 탐욕과 집착이 소멸되는 것이 세존의 가르침이라는 겁니다. 아무리 수행을 많이 해서 공덕(功德)이 수미산같이 커져도, 비록 세존의 가르침이 그렇게 비유했다 할지언정, 본래의 참 뜻은 보상에 집착하지 않고 보시해야 참 복덕을 이룰 수 있다는 겁니다. 보상에 집착하지 않는 '의도(意圖)가 사라진 성찰된 마음'이 바로 세존께서 가르친 참 뜻이라는 거죠. 이것이 열반의 뜻입니다.

그런데 누가 이 말을 믿겠느냐? 당시엔 다들 물질적·정신적 보상을 바라면서 수행과 보시를 일삼는데 누가 믿겠느냐는 거죠. 아마도 금강경을 전하는 분들은 경(經)의 가르침을 진실로 믿고 따를 수행자들이 당대에는 거의 없을 거라고 생각했나 봅니다. 제6분을 보면 그분들은 경에 이런 구절을 넣어 당대의 시대상에 대해 안타까움을 말하고 계십니다.

수보리가 부처님께 말씀드렸다.
"세존이시여! 이와 같은 말씀이나 글귀를 듣고서 진실한 믿음을 낼 중생이 조금이라도 있겠습니까?"

이분들의 안타까움에 세존께서는 이와 같이 대답해 주시고 계십니다.

"그런 말을 하지 말아라. 여래가 멸한 뒤, 후 오백세에 계를 지니고 복을 닦는 자가 이러한 경전의 말에 믿는 마음을 내고 이 말씀을 진실로 받아들이는 자가 된다."

금강경의 저자들은 부처님의 음성을 빌어 자신들의 말이 곧 부처님의 본래의 가르침이라는 정통성을 설명하며, 다시 한번 경(經)의 가르침을 강조하고 있습니다.

그러면 금강경은 당대 승단의 수행을 어떻게 보고 있을까요?
앞서 말씀드린 대로 '업적과 특징'이라는 것을 가지고 물질적·정신적 보상을 원했던 것이 당대 승단의 생각이었어요. 금강경을 쓰신 분들은 그들의 생각을 4가지로 나누어 보고 네 가지 생각 속에 숨어 있는 욕망의 문제점을 지적해내십니다.

첫째, 아상의 비판으로, "내가 이러이러한 업적과 특징을 갖춘 수행을 하거나 보시물을 가지고 제도하면 '나'에게 어떤 보상이 올 거다. 이게 세존의 가르침이다"라고 생각하는 오만과 교만, 그게 잘못이라는 것입니다.

둘째, 인상의 비판으로, "내가 불법(佛法), 즉 부처님의 가르침에 따라 이렇게 수행을 닦았기 때문에 이러이러한 업적과 특징을 쌓아 경지에 도달했다. 그래서 아라한의 경지에 이르렀다"면서 수행하니 아라한이 나에게 주어진 보상을 의미하게 되었습니다. 즉, 나는 각고의 노력으로 수행을 하여 얻은 것이 있기 때문에, 또 그런 법을 닦았기 때문에 당연히 수다원, 사다함, 아나함, 아라한 등이 되었고 거기에 맞는 대접을 받아야 한다는 거죠. 이런 생각을 버리라는 것입니다.

여기서 인(人)은 닦아서 얻어지는 성인(聖人)의 인(人)이라고 볼 수 있습니다. 본래 사람이라는 싼스크리스트어는 푸드갈라(보특가라라고 한역이 되고 있지요)인데 그 뜻은 도시인, 농촌에 살지 않고 선택받은 곳에서 사는 사람을 의미한다고 합니다. 우리나라로 치면 강남 8학군에 사는 사람을 연상하면 될까요?

셋째, 중생상(衆生相)의 비판으로, 일반 재가자들도 마찬가지로 "나는 부처님의 가르침에 따라 중생을 제도하고 보시를 많이 했기 때문에 복을 받아야 된다"고 생각했던 거죠. 중생들을 볼 때 뭔가 공덕을 얻어야 보시를 실천하지, 그거 없으면 누가 불교를 배우고 보시를 실천하겠느냐 하는 생각이 들지 않겠어요? 그러니까 중생을 보상을 얻는 복밭으로, 즉 수단으로 이해하고 있는 생각입니다. 이는 틀린 생각이라는 것입니다.

그런데 이 보상이 실제 현실로 안 올 수도 있거든요. 그래서 보상은 과거·현재·미래를 따라 우편물이 번지수를 찾아오듯이 반드시 자기에게 온다는 것이 수자상(壽者相)입니다. 보험에 드는 것이나 마찬가지인 것입니다. 이것 또한 잘못된 생각이라는 것이죠.

제 생각으로는, 구마라집 법사는 여기서 상(相)을 단순한 생각이 아닌, 집단적으로 굳어진 생각·편견·학습된 이념의 뜻으로 사용한 것이 아닌가 합니다. 한편 삼장법사 현장은 일반적인 생각 상(想)으로 번역하였습니다.

금강경은 당대의 승단의 삶과 의식 속에 이렇게 업적과 특징을 가지고 수행하거나 보시를 실천하면 반드시 정신적으로나 물질적으로 보상이 온다는 생각을 부처님의 가르침으로서, 즉 불법(佛法)으로서 알고 행했던 현실을 폭로 비판하고 있습니다. 금강경은 이러한 네 가지 상(相)을 떠나는 것이 곧 부처라고 말합니다. 여기서 열반(욕망이 사라짐)의 뜻을 새롭게 현실 속에서 이해하는 금강경의 역사적 성찰을 볼 수 있습니다.

그러면 당대의 승단이나 재가의 신도가 부처님의 가르침인 열반의 뜻을 몰랐을까요? 그분들이 과연 욕망이 버려야 할 것임을 몰랐을까요? 이론은 아는데 실천이 따르지 않는다면 과연 알고 있는 것일까요? 자기가 무엇을 하는지 모르면서 열반을 잘 안다고 말한다면 과연 아는 것일까요?

　금강경을 보면서 깨닫는 점은, 열반은 스스로 살고 있는 현실에서 욕망의 구체적 형태에 대한 성찰이 있어야 얻어진다는 것입니다. 현실에 대한 깊은 성찰이 없이는 욕망을 볼 수 없으며, 따라서 버리지 못합니다. 아무리 불법을 많이 알고 있어도 그 지식은 도식적인 인식에 불과하다는 가르침을 금강경에서 배울 수 있습니다.


## 모든 모습〔諸相〕과 모습 아님〔非相〕을 보면 곧 여래를 보리라


　"수보리야, 네 뜻에는 어떠하냐? 몸 모습으로써 여래를 볼 수 있겠느냐?"
　"아닙니다, 세존이시여! 몸 모습으로써는 여래를 볼 수 없습니다."
　"왜냐하면, 여래께서 몸 모습을 말씀하신 바는 곧 몸 모습이 아니기 때문입니다."

　부처님께서 수보리에게 말씀하시었다.
　"모습이 있다고 하는 바는 무엇이나 다 거짓이다. 만약 모든 모습과 모습 아님을 보게 되면 곧 여래를 본다."

　제5분 마지막 구절의 해석은 많은 논의가 필요합니다. 지금까지는 일반적으로 "모습이 있다고 하는 바는 모든 것이 허망하다. 몸 모양이 몸 모양이 아님을 알면 곧 여래를 보리라"고 해석해 왔습니다. 그리고 이를 4구게로 알고 불자들이 수지 독송하기도 합니다. 그러나 이는 4구게, 즉 시(詩)가 아닙니다. 사구게는 금강경에서 시의 형태로 분명히 따로 적혀 있지요.

보다 정확한 해석은 "모습이 있다고 말하는 것은 무엇이나 다 거짓이다. 여러 몸 모양과 여러 몸 모양 아님을 분간하여 보면 곧 여래를 본다"입니다. 몸 모양은 곧 32상을 말합니다. 제상(諸相), 즉 여러 몸 모양은 세존의 원만한 상호인 32상을 모두 말할 때 표현합니다. 여래의 몸은 서른두 가지 특징이 있다고 인식되고 있습니다.

32상은 구체적으로 부처님의 훌륭하신 몸매를 뜻합니다. 예를 들면, 부처님은 온몸이 황금색이며, 몸에는 광명이 솟으며, 살결이 보드랍고 매끄러우며, 몸매가 사자와 같으며, 두 눈썹 사이에 흰털이 나며, 정수리에 살상투가 있으며, 손가락이 가늘고 길며, 발바닥이 평평하며, 눈동자가 검푸름 등 모두 32가지가 있습니다. 32상은 부처님께서 오랜 겁 동안 수행과 보시의 결과로 얻은 것이라는 생각이 있습니다. 금강경은 바로 이러한 32상이 부처님에 대한 보상(報償)이라는 시각을 비판하고 있습니다. 즉, 업적과 특징을 추구하는 삶은 헛된 것이고, 업적과 특징을 추구하지 않는 삶은 허망하지 않다는 말씀을 하고 있는 것입니다.

많은 금강경 해설자들이 범소유상 개시허망 약견제상비상 즉견여래(凡所有相 皆是虛妄 若見諸相 非相 卽見如來)를 우주의 법성(法性)을 나타내는 걸로, 유심론적 혹은 성리학적으로 이해하는데,

이러한 해석이 과연 역사적 진실을 갖추고 있는지 곰곰이 생각해 볼 필요가 있다고 생각합니다. 금강경 싼스크리스트어 원문과 현장 법사의 번역본을 보면, 이 구절이 사물의 본질이나 우주의 근본 실재 등 본성론적 입장이나 내용이 아님을 확인할 수 있습니다.

구마라집 법사는 번역할 때 상당히 세련되게 축약을 하지 않았나 생각됩니다. 너무 꼼꼼히 번역하면 읽기가 딱딱했을 거예요. 또 하나의 가능성은 그분이 사용한 싼스크리스트 원본이 현장본과는 다른 소박한 형태일 가능성도 있습니다. 어쨌든, 구마라집 법사는 범소유상 개시허망 약견제상비상 즉견여래(凡所有相 皆是虛妄 若見諸相非相 卽見如來)로 번역했는데 여기서 '모든 상이 있다는 바', 즉 범소유상(凡所有相)이란 표현은 여래의 서른두 가지 특별한 몸 모양, 즉 32상을 얻었다는 생각입니다. 무슨 우주나 사물 전체를 가리키는 게 아닙니다.

구마라집 법사의 번역에 따른다면 앞의 문장과 이어 해석을 하는 게 좋을 듯합니다. "모든 상(32상)이 있다고 하는 것은 다 헛된 거짓이니, 만약 여래를 갖추어진 모습으로 보면 헛된 거짓이고, 모습이 아닌 것으로 보면 헛된 거짓이 아니니, 이렇게 보아야 부처를 보는 것이다"라고 해석할 수 있습니다.

그러나 후대에 와서, 이런 문맥이나 역사적 상황에 대한 이해가 없이 경전을 해석하다 보니까, 불성이나 마음의 본질을 본다는 식으로 해석하는 겁니다. 해석자의 주관적 사상이 해석 과정에 관여하고 있음을 볼 수 있습니다. 마음이나 자성 등 존재의 근원으로서 법신 등의 개념은 금강경이 나온 역사적 시기로 보아서는 아직 이릅니다.

　금강경을 전하는 분들이 말하고 싶은 참 뜻은 '마음자리'를 찾는 게 아니라, 불법을 실천한다고 믿는 사람들에게 자신에게 숨겨진 욕망의 실체, 즉 보상에 대한 이기적 욕망을 깨닫고 벗어나라는 것입니다. '마음자리'나 '우주의 실재'를 설하는 대목으로 보니까 '모든 상이 상이 아닌 것을 알면, 곧 여래(법신, 마음자리)를 안다'는 식으로 해석했다는 말입니다.

　일례로 운허 스님께서 해석하신 전통적인 번역을 보면 "울긋불긋 겉모양에 속지 말아라. 모든 상이 헛된 것일세. 온갖 모양 보려해도 볼 수 없으면 역력한 여래얼굴 분명하리라." 그래서 모양이 모양 아님을 알면 원래 우리의 마음자리를 안다, 이렇게 해석하시게 된 거죠. 역사적 인식에 의한 해석과는 차이가 있는 것을 알 수 있습니다.

　그러니까 금강경에서 나오는 세존의 말씀에는 자성이나 마음이라는 개념이 없고, 우리가 보상을 추구하는 삶과 그렇지 않은 삶은 허망과 허망하지 않음의 두 가지로 나누어진다고 말씀하시고 계십니다.

　금강경오가해(金剛經五家解)에 보면, 육조대사께서 금강경의 이 구절을 이렇게 해석했습니다. "여래께서 법신(法身)자성을 드러내고자 하여 일체 모든 모습이 허망하다고 말씀하시니, 만약 일체제상이 허망하고 실답지 않은 것을 깨달으면 곧 여래의 모습없는 이치[理]를 볼 것이다〔如來 欲顯法身 故說 一切諸相皆是虛妄 若悟 一切諸相 虛妄不實 卽見如來 無相之理也〕"라고 해석했습니다.

즉, 육조대사는 세존께서 이 법신을 드러내게 하려고 "모든 몸 모양이 몸 모양 아님을 보면 곧 여래를 보리라"고 부처님께서 말씀하신 것으로 해석했습니다. '마음자리'나 법신을 깨치게 하려고 이런 말을 했다는 거지요. 여기서 법신(法身)은 우리의 참면목, 자성 등의 뜻입니다.

한편 금강경오가해에 종경(宗鏡)은 해석하기를 "보신(報身)과 화신(化身)은 참답지 않고 마침내 허망한 인연이라, 법신은 청정하여 넓고 끝이 없네.〔報化非眞了妄緣 法身淸淨廣無邊〕천강에 물이 있으니 천강에 달이 비치고, 만리에 구름이 없으니 만리에 하늘뿐이로다.〔千江有水千江月 萬里無雲萬里天〕"라고 했습니다. 종경 또한 모습을 보신(報身)이나 화신(化身)으로 해석하고, 이러한 허망한 몸을 넘어서 청정한 법신을 드러내는 대목으로 경을 해석하고 있는 것을 알 수 있습니다.

제가 드리는 말씀은 이러한 운허 스님의 해석이나 육조대사나 종경의 주해가 종교적인 혹은 수행적인 측면에서 가치가 없다는 뜻이 아닙니다. 다만, 이러한 해석이 불멸 후 500년경에 나타난 금강경의 역사적 진실과는 일정한 거리가 있다는 말씀입니다.

금강경은 마음자리나 법신, 자성을 깨치게 하려고 "모든 몸 모양이 몸 모양 아님을 보면 곧 여래를 보리라"는 말을 한 것이 아니고, 여래를 32상의 몸 모양으로 보면 허망하고, 여래를 32상으로 보지 않으면 허망하지 않으니 이렇게 보아야 올바로 여래를 볼 수 있다는 말씀을 하고 있는 것입니다.

금강경은 당대의 불교계가 "부처님이 여러 겁 동안 실천하신 수행과 공덕의 결과로써 32상을 성취한 것이다"라고 생각하며 자신도 이러한 보시나 장엄을 실천하여 보상으로서 자기에게 이러한 공덕이 있기를 바라는 생각을 비판한 것입니다. 32상의 부처님의 몸 모습이 갖추어져 있다는 생각은 다 거짓이니, 수행과 보시를 통해 보상(報償)을 받는다는 것이 모두 허망한 욕망임을 깨달아야 세존의 참 뜻을 알 수 있다는 거지요.

현장 법사는 제상구족개시허망 비상구족개비허망(諸相具足皆是虛妄 非相具足皆非虛妄), 즉 여러 상을 구족했다면 모두 허망하고, 여러 상을 구족하지 않았다면 허망하지 않다고 번역했습니다. 이러한 번역은 금강경 싼스크리스트 원본이 발견되면서 현장의 번역이 정확하다는 것이 밝혀졌습니다. 그러나 구마라집 법사의 번역도 뜻을 제대로 새기면 그리 문제가 없다고 생각합니다.

참고로 제6분에 나오는 후 5백세(後五百世)를 많은 사람들이 제5의 500년, 즉 부처님이 입멸하신 2,500년 뒤의 지금 이 시대를 의미하는 것으로 해석하고 있습니다. 그러나 이는 제16분의 말세(末世)와 연관하여 부처님이 돌아가신 500년 뒤에, 금강경이 나온 당시의 시대를 말하고 있다고 보는 것이 정확할 것입니다.

우리가 경을 대할 때 놓치지 말아야 할 것은 경을 그냥 경의 뜻으로만 볼 것이 아니라, 이 경이 가지는 역사적·현실적 의미를 깊이 새겨야 한다는 것입니다. 금강경을 쓴 부처님의 제자들이 처한 상황을 깊이 이해하면서 이 경의 의미를 새겨야 할 것입니다.

지금까지 공부해왔던 금강경의 내용을 한번 정리해보죠. 먼저 당대에 새롭게 떠오르는 불교 실천 세력이 기존의 승단을 비판하고 새로운 불제자상인 보살의 문제를 제기합니다.

　이 보살이라는 새로운 불제자는 수행자로서 단순히 승단의 문제를 비판하기 위해 나온 게 아니라, 부처님을 따르는 사람이라면 누구나 실천해야 할 이상적인 인간형이라는 겁니다. 그래서 새로운 불교 실천의 주체로서 보살이라는 새로운 인간상을 내세우고 있습니다. 그리고 이 보살은 무엇을 추구하느냐 하면, 세존께서 가르치신 진리인 아뇩다라삼먁삼보리, 즉 위없이 높고 바른 깨달음을 추구합니다.

　여기서 주목할 점은 세존의 가르침을 받는 실천 주체가 비구, 비구니가 아닌 보살이라는 겁니다. 이것은 굉장히 놀라운 선포이자 기존 승단에서는 아주 받아들이기 힘든 것이죠. 또 아뇩다라삼먁삼보리, 즉 위없는 정각을 추구한다는 것은 기존 승단에서 주장하는 진리와는 다르다는 암시가 있으며, 본래 세존께서 말씀하신 진리를 추구한다는 의미에서 보살의 정통성을 의미하고 있습니다. 금강경은 보살이야말로 참으로 바른 진리를 추구하고 정통적인 진리를 실천하는 자라고 말하고 있습니다.

　다음으로 세존께서 말씀하셨던 참 진리를 실천하는 보살은 수행의 차원에서 마음을 항복 받는 것이 아니라, 당대 승단에서 생각하는 잘못된 해석과 그 속에 감추어져 있는 미망의 현실을 일일이 성찰하고 그것을 넘어서는 실천과 삶을 추구해야 한다는 겁니다. 이렇게 하는 것이 부처님의 가르침을 따르는 바른 길이라는 역사적 인식이 있습니다.

　금강경을 역사 속에서 이해할 때, 거기에는 기존 승단의 불교이해와 실천을 비판하고 새로운 방향을 제시하는 부처님의 제자를 만날 수 있습니다. 새로운 불교를 내세우는 분들이 자신을 대승이라고 표현한 역사적 의미 속에는 기존 승단이 세상일에 무관심하고 오만하며, 부처님의 가르침인 자비의 실천에서 멀어져 있다는 현실을 전제하고 있습니다.

또한 당대의 승단이 가지고 있는 나라는 생각(내가 모든 생명들을 제도한다는 생각), 성인이라는 생각(성인들의 여러 경지를 얻는다는 생각), 중생이라는 생각(모든 생명들에게 보시를 베풀면 내게 복이 온다는 생각), 수명이라는 생각(보시를 베푼 복덕이 나의 미래에 이어진다는 생각)은 본래 부처님의 가르침과는 다른 잘못된 이해라는 메시지를 금강경은 말씀하시고 있습니다.

그래서 무엇을 보시하든 간에, 아름다운 형상·소리·향기·맛 등 아무리 훌륭한 것이 갖추어져 있는 것을 주더라도 보상으로 그만큼 더 많이 얻는다는 생각, 이것을 버리라는 겁니다.

그리고 제9분에서 수다원과·사다함과·아나함과·아라한과를 이야기하면서 내가 점점 수행을 통해서 높아진다는 교만한 생각이 있는데, 이것이 바로 승단에서 갖고 있는 잘못된 생각이라는 겁니다. 수행을 실천하면서 점점 '나'라는 권위와 교만이 일어나고 있는 당대의 수행현실을 비판하고 있습니다.

"수보리야, 네 뜻에 어떠하냐? 수다원이 '내가 수다원의 과보를 얻었다'고 생각할 수 있느냐?"

수보리가 말씀드리되,

"아닙니다, 세존이시여! 왜냐하면, 수다원을 입류(성인의 흐름에 들어감)라 하지만 들어간 바가 없으며, 색·성·향·미·촉·법에 들어가지 않으므로 이를 이름하여 수다원이라 합니다."

"수보리야, 네 뜻에 어떠하냐? 사다함이 '내가 사다함의 과보를 얻었다'고 생각할 수 있느냐?"

수보리가 말씀드리되,

"아닙니다. 세존이시여! 왜냐하면, 사다함은 그 이름이 일왕래(한번 왔다 감)로되, 왕래(왔다 감)가 없으므로 사다함이라 합니다."

"수보리야, 네 뜻에 어떠하냐? 아나함이 '내가 아나함의 과보를 얻었다'고 생각할 수 있느냐?"

수보리가 말씀드리되,

"아닙니다. 세존이시여! 왜냐하면, 아나함은 그 이름이 불래(오지 않음)라 하오나, 실로 불래가 없으므로 이름이 아나함이라 합니다."

"수보리야, 네 뜻에 어떠하냐? 아라한이 '내가 아라한에 드는 길을 얻었다'고 생각할 수 있느냐?"

수보리가 말씀드리되,

"아닙니다. 세존이시여! 왜냐하면, 실로 아라한이라 불리어질 어떤 법이 없기 때문입니다. 세존이시여! 만약 아라한이 '내가 아라한에 드는 길을 얻었다'고 생각한다면, 곧 나·성인·중생·수명에 집착함입니다.

세존이시여! 부처님께서 저를 무쟁삼매(다툼이 없는 삼매)를 얻은 사람 가운데에서 제일이라 하시며, 이 사람이 욕망을 떠난 제일의 아라한이라고 하셨으나, 저는 욕망을 떠난 아라한이라고 생각하지 않습니다.

세존이시여! 제가 만약 '내가 아라한에 드는 길을 얻었다'고 생각하면, 세존께서는 곧 '수보리는 아란나행(고요한 행)을 즐기는 자'라고 말씀하시지 않으셨을 것입니다. 수보리가 실로 아란나행을 행하는 바가 없으므로, 수보리는 '아란나행을 즐기는 자'라고 이름하셨습니다."

그 다음은 제10분이 이어집니다. 세존께서도 과거 생에 보살이었을 때, 부처님께 많은 공양을 했기 때문에 훌륭한 몸을 얻지 않았느냐? 당시의 승단과 재가자들은 이렇게 생각했다는 겁니다. 그런데 세존께서는 이런 생각은 다 거짓이다, 공양과 장엄을 해서 내가 이 모든 공덕의 결과로 32상을 얻은 것이라는 생각이 다 근거 없는 거짓이라고 말씀하십니다. 공양이나 장엄의 성과로 훌륭한 32상과 80종호를 얻었다고 생각하는 당대의 인식이 잘못된 현실이라는 것입니다.

또 다음 생에도 수행과 보시의 공덕으로 '복'이 나에게 온다고 생각하고 바라는 것도 부처님의 길이 아니라는 것입니다. 보시와 수행을 불법으로 실천하면 자신에게 결과가 돌아온다는 것이 부처님의 가르침, 즉 불법이라는 생각을 당대의 승단이 가지고 있었다는 것이니, 금강경은 이러한 생각이 곧 나와 나의 것을 추구하는 이기적인 탐욕과 다를 바가 없다는 놀라운 말씀을 하고 있습니다.

## 이 경전의 이름을 『금강반야바라밀』이라 하라

제10분에서 금강경은 장엄 공덕에 대하여 비판하고 있습니다.

금강경은 나아가 또 하나의 당대(부처님 열반 500여 년 후) 현실을 문제삼으니 바로 불탑을 장엄하는 신앙입니다. 지리적으로 불탑은 승원 밖에 위치하고 있었는데, 승단과는 별도로 재가신도가 관리하고 있었다고 합니다. 이는 부처님의 장례절차에 대해 해야 할 일을 묻는 제자들의 질문에, 화장(火葬)과 사리탑의 공양을 재가신도가 할 것이라고 부처님께서 말씀했기 때문이죠. 따라서 불사리(佛舍利)의 숭배는 일찍부터 있었지만, 특히 아쇼카 왕의 불탑 건립에 이어 그 유행은 전 인도에 파급되었다고 합니다.

초기 교단에서는 불탑의 건립과 공양은 본래 재가신도에게 맡겨져 출가자가 관여할 일이 아니라고 규정하고 있었습니다. 그러나 이후에 불탑의 건립과 공양의 공덕이 추천되고 장려됨에 따라 출가자도 불탑을 사찰 내에 수용한 것으로 여겨집니다.(불교사 입문, 塚本啓祥 저, 목정배 역, 동국대학교, 1981) 이처럼 부처님의 사리를 모시는 탑에 대규모의 장엄이 성행하였던 것을 역사는 우리에게 보여주고 있어요.

탑에 대한 대규모의 장엄이 가능했던 것은 통일된 국가의 왕권과 해상 무역과 산업이 대규모로 발전된 당대 역사적 상황을 반영하고 있습니다. 탑은 물론 가난한 재가신도도 실천하였겠지만, 역사적 유적에서 탑의 엄청난 규모를 볼 때 현실적으로는 왕권과 재력이 있는 재가신도들에 의하여 주도되었다고 하지 않을 수 없습니다.

당시 승단에 바쳐진 광대한 땅이나, 규모가 큰 사원이나 탑을 짓는 데 들어간 재화와 인력은 제도적으로는 왕과 귀족 그리고 부유한 장자들이 제공할 수밖에 없습니다. 그러나 실제로 재화를 생산하고 엄청난 사원과 탑을 짓는 데 노동력을 제공한 사람은 당대 수많은 백성들입니다. 백성들이 만든 재화와 노동력이 왕·귀족·장자를 통하여 탑이나 사원으로 들어간 정치적, 경제적 과정은 어떠했을까요? 거기에 강제나 수탈은 없었을까요? 그에 따른 눈물·슬픔·폭력·증오는 없었을까요? 승단에 보시나 장엄을 베푸는 유력자들이 얻는 복덕은 구체적으로 무엇을 의미할까요?

금강경은 이러한 대규모의 호화로운 장엄을 베푸는 불자들 사이에 연등불 신앙이 있다는 것을 보여 주고 있습니다. 이 설화에는 장엄과 공양이 잘 설명되어 있어요.

부처님께서 전생에 바라문이었을 때입니다. 이 젊은 바라문이 자기가 가지고 있는 5백 냥을 모두 들여 다섯 송이의 꽃을 사서 연등부처님이 계신 곳을 화려하게 꾸미니, 그 꽃은 연등부처님의 신통력에 의해 차양이 되어 공중에서 떨어지지 않고 장엄한 모양을 이룹니다. 이것이 장엄입니다. 또 머리카락으로 부처님의 발에 묻은 흙을 닦아드리는데, 이것이 부처님에 대한 공양입니다.

이 설화를 보면, 인도의 기존 종교인인 바라문이 부처님께 귀의하는 것을 보여주고 있습니다. 또 연등부처님은 왕의 귀의를 받고 있으며 동시에 온 백성들로부터 귀의와 존경을 받고 있어, 권세와 부귀 위에 모든 지복과 존경을 누리고 있음을 보여주고 있지요. 그런데 이 설화는 일반 재가자가 설혹 바라문이라도 부처님을 공양하고 장엄하면 그 인연으로 다음 생에 이러한 큰 복덕을 받을 수 있다는 것을 암시하고 있습니다.

이렇게 연등불 설화는 부처님께서 연등불이 계신 처소에서 장엄을 한 공덕에 의해 32상이나 부처가 될 수기(예언이나 언약)를 얻으시고, 다음 생에 카필라국에서 왕자로 태어나 아뇩다라삼먁삼보리를 얻으셨으며 모든 중생의 존경을 얻었다는 신앙입니다. 한편 이러한 연등불 신앙에는 아라한의 경지는 금생에서 얻을 수 있더라도, 그보다 더 높은 부처님의 깨침(아뇩다라삼먁삼보리)은 이미 연등부처님께 행한 공덕에 의해 얻어진 것이라는 생각을 담고 있습니다.

그러나 금강경은 당대의 불탑에 대한 호화로운 장엄도 결국은 보상에 대한 기대를 갖고 행하는 탐욕에 다름아니라고 비판하시면서 금강경 4구게 한 구절이라도 외우는 공덕이 수행과 보시, 장엄보다 크다고 말씀하시고 있습니다. 수지 독송이 중요한 의미는 당시는 인쇄술이 발달하지 않아 경전을 외우는 것이 중요하기도 하였지만, 그보다는 가난한 사람은 보시나 장엄을 할 수 없었기 때문에 경전을 외우고 부처님의 참 뜻을 새기는 것이 훨씬 중요한 일이라고 용기를 북돋아주는 것이죠. 이를 볼 때 당시의 수행풍토와 보시 공덕 사상이 얼마나 심했는지를 알 수 있습니다.

이런 금강경의 말씀은 기존 승단과 보시와 장엄을 행하는 재가자들에 대한 엄청난 도전입니다. 모두들 복 받을 생각으로 보시를 하고 탑을 쌓아 칠보로서 장엄하고 열심히 불사를 하는데 금강경의 4구게 하나를 외우는 것만도 못하다니 기가 막히지 않겠어요? 그런데 사구게의 내용이 무엇입니까? 한번 읽어보겠습니다.

"만약 형상으로써 나를 보거나
음성으로써 나를 구하면
이 사람은 사도(邪道)를 행함이니
결코 여래를 볼 수 없으리."

"모든 탐욕과 집착이 일으키는 것은
꿈과 같고 환상과 같고 물거품과 같고 그림자 같네.
이슬과 같고 번개와도 같으니
마땅히 이와 같이 보아야 하리."

바로 당대 불자들의 정신을 번쩍 나게 하는 부처님의 말씀입니다. 게다가 제12분을 보면 금강경이 있는 곳은 부처님이 계신 곳이라는 엄청난 말까지 합니다. 생각해 보십시오. 당시의 불교 승단은 권위와 명예를 독점하고 있었으며, 보시와 장엄 불사를 하는 재가자들은 귀족이거나 부를 축적한 재산가들이었습니다.
그런데 그들에게 '당신들이 아주 잘못됐다, 부처님의 법을 욕보이고 있다, 사도를 행하고 있다'고 비난하는 것입니다. 그리고 "우리가 주장하는 것이 진짜 부처님의 진리다"라고 말하고 있는 것입니다. 기존의 입장에서 보면 이것은 일찍이 들어보지 못한 부처님의 말씀이라는 거지요. 그러니 누가 좋아하겠어요? 이단도 이런 이단이 없는 것이죠.

"그리고 또 수보리야, 어디서나 이 경을 말하되 나아가 사구게만이라도 말한다면, 이곳은 일체 세간의 천상, 인간, 아수라 등이 공양하기를 부처님의 탑묘(부처님의 사리나 유골을 모신 탑)와 같이 할 것임을 마땅히 알아라. 하물며 어떤 사람이 모두 받아 지니고 외움에 있어서랴?
수보리야, 이 사람은 아주 높고 첫째 가는 희유한 법을 성취할 것임을 마땅히 알아야 한다. 이 경전이 있는 곳은 곧 부처님이 계시거나, 또는 존중할 만한 제자가 계시는 것과 같다."

이 구절은 역사적으로 볼 때 매우 의미심장합니다.
우선 금강경을 전하는 분들은 바로 이 경을 다만 4구게만 말해도 이 말하는 곳은 부처님의 탑묘가 있는 것과 같다고 합니다. 더구나 금강경이 있는 곳은 부처님이 계신 곳과 같으며 나아가 존중할 만한 제자가 계시는 것과 같다고 합니다. 금강경이 있는 곳은 존중할 만한 제자가 계시는 것과 같다고 하니, 부처님의 말씀을 이 금강경에서 들으라는 말이지요.
다시 말해, 지금 기존 승가에게서 부처님의 말씀을 들을 게 아니라, 이 금강경에서 들으라는 깜짝 놀랄 말을 하고 있는 것입니다. 그러면 금강경이 있는 곳은 부처님이 계시는 곳 또는 부처님과 제자들이 계시는 곳이라면 그만인 것을, 금강경은 왜 굳이 존중할 만한 제자가 계시는 것과 같다고 말했을까요?
당대 부파불교의 상좌부 승단이 지켜 온 아함부 경전은 부처님의 제자들이 옛부터 입으로 외워 내려오는 경전입니다. 그러니 상좌부 승단에는 제자들이 있고 동시에 전통적인 아함부 등의 경전이 있습니다. 그런데 당시에는 당연히 기존 승단처럼 금강경을 외워줄 제자가 많지 않았겠지요. 그래서 굳이 "또는 존중할 만한 제자가 계시는 것과 같다"라는 표현을 한 것으로 보여집니다. 그렇다면 금강경 입장에서 보면, 기존 승단에는 존중할 만한 제자가 없었다는 뜻이 아닐까요? 이것은 금강경을 전하는 불제자들이 기존 승단의 제자들과 사상적으로 대립하고 있는 것을 반증합니다. 이 제12분은 역사적 현실의식이 없으면 그냥 읽고 지나치기가 쉽습니다.

이렇게 금강경은 당대 세상 불자들에게 불교의 정통성을 따지고 있습니다. 이 제12분의 금강경 말씀은 부처님이 열반하신 후, 부처님의 가르침이 땅에 떨어진 세상에 금강경이 나왔다는 것을 전제하지 않고서는 설명할 수 없는 구절입니다.

이는 그만큼 당대가 잘못된 현실에 집착하고 있었음을 반증하는 것이며, 금강경을 편찬한 소수세력의 절박함을 호소하는 것이기도 합니다. 금강경이 부처님의 진실한 가르침이라는 것을 아무도 믿어주지 않았던 것이지요. 안 믿어줄 뿐 아니라 경멸과 천대까지 받았습니다.

그러자 제15분을 보면 금강경 저자들은 자신들이야말로 대승이며 최상승에 뜻을 둔 사람이라며, 기존 승단을 작은 법〔小法〕을 좋아하는 사람이라고 비난하고 있습니다. 그러면서 제16분에서는 당대의 세상을 말세라고까지 표현합니다. 그리고 보면 이 금강경이 얼마나 사회성이 강한 법문이며 당시로서는 얼마나 과격한 경전인지 알 수 있겠지요. 요샛말로 하면 완전한 불온서적인 셈이지요.

"다시 수보리야, 어떤 좋은 집안의 남자와 여자가 이 경을 받아 지니며 읽고 외우면 지금 시대의 불자나 대중들로부터 부처님의 말씀이 아니라고 업신여김과 천대를 받을 수 있다. 만약 이 경을 받아 지니고 읽고 외우기 때문에 남에게 업신여기고 천대를 당한다고 하자.
 이 사람은 여러 전생에 자기가 지은 죄업으로 마땅히 이번 생에서 악도에 떨어질 것이지만, 지금 사람들에게 업신여김과 천대를 당함으로써 전생에 지은 죄업은 모두 소멸되고 또 마땅히 아뇩다라삼먁삼보리를 얻게 될 것이다."

대부분의 금강경 해설자들에게는 제16분에 쓰여진 '이렇게 좋은 금강경을 읽는데 왜 업신여김을 받고 천대 등 비난을 받을까' 하는 것이 지금까지의 의문이었습니다. 그러나 제16분의 경천(輕賤)의 의미는 역사적 현실을 이해하면 금방 이해할 수 있는 문제입니다. 대승은 당대의 불교를 개혁하려는 하나의 운동이었던 것입니다. 당연히 기존 승단의 반발은 불을 보듯이 뻔한 일이고, 대승 초기에는 아예 무시당하거나 그 비난 정도가 이루 말할 수 없었을 것입니다.

그때에 수보리가 부처님께 여쭈었다.

"세존이시여! 이 경전을 무엇이라 이름하며 저희들이 어떻게 받들어 지녀야 하겠습니까?"

부처님께서 수보리에게 이르시되,

"이 경은 견고한 번뇌를 끊는 지혜의 완성(금강반야바라밀)이니 이 이름으로써 그대들은 마땅히 받들어 지녀야 한다."

부처님은 일찍이 '나와 나의 것'이 다 욕망에서 나온 것이라 허망하다고 하셨으니, 이것이 허망함을 아는 만큼 세존께 가까이 다가갈 수 있다고 가르치십니다. 이것을 모르면 모르는 만큼 부처님에게서 멀어진다고 하셨습니다.

역대 훌륭한 성인들은 탐·진·치, 즉 남의 것을 빼앗거나, 주지 않는 것을 빼앗기 위해 살생하는 등 탐욕과 폭력, 어리석음 등의 욕망을 사라지게 함으로써 깨달음을 얻은 것이지, 여래의 법을 많이 알고 실천해서 내가 그 보답을 얻었다는 생각을 갖고 성인이 된 것이 아니기 때문입니다. 그래서 어떤 불법을 읽고 외우고 실천하더라도 그것을 통해서 내가 뭔가를 얻어가고 지위가 높아진다고 생각하면 그것은 실제로 부처님의 가르침에서 멀어지는 것입니다.

우리가 수행을 하거나 보시를 하더라도 그 속에 자기보상에 대한 욕망, 자기수행이나 성취에 대한 교만 또는 내가 중생에게 어떤 기쁨을 채워줬다는 오만은 부처님의 길이 아니라는 겁니다. 여기에서 대승불교의 방편론이 나옵니다. 부처님의 법을 비유와 방편으로 보라는 금강경의 말씀은 당대 승단과 불자가 가지고 있는 법에 대한 인식을 비판하는 매우 심오한 역사적 의미가 있습니다. 법을 비유와 방편으로 이해할 때 비로소 법 속에서 권위와 복덕을 구하는 태도를 중지하고 자기를 살필 수 있기 때문이다.

이런 참 진리를 깨우쳐주고 번뇌를 끊는 참다운 길을 가르쳐주기 때문에 이 경이 바로 견고한 번뇌를 끊는 지혜의 완성, 즉 『금강반야바라밀경』이라는 것입니다.

금강경을 영역한 콘체 씨는 금강경이 원래는 바로 여기서 끝났던 것이 아닌가 보고 있습니다. 어쩌면 처음 형태의 금강경은 여기에서 끝날 수도 있었을 것입니다. 그러나 지금까지의 경에서 말씀한 내용은 기존 승단과 재가신도들의 불교현실을 비판하는 내용이라면, 이 뒤부터는 당대 승단이 경전을 가지고 어떻게 수행하고 있는가를 보여줍니다.

## 분석 속에는 깨달음이 없다

금강경의 저자들은 당대의 수행승들이 부처님의 가르침에서 멀어진 채 미세한 그 무엇을 보는 것이 깨달음인 양 추구하고 있다고 보았습니다.

예를 들어, 미세한 존재의 무상(無常)을 깊이 보면 부처님의 진리를 깨닫는다는 생각이지요. 무상을 깨닫기 위해 현실과 인간의 삶에서 끝없이 일어나는 소유의 욕망, 분노, 질투, 감각적 쾌락의 욕망을 보는 게 아니라, 사물을 분석하여 미립자와 세계의 변화에서 무상(無常)의 진리를 깨닫는 수행방법을 추구하였던 것입니다.

이런 수행에서는 자연히 관찰과 선정이 중요한 수행이 됩니다. 지금도 아비달마의 전통을 추구하는 태국과 미얀마 등 남방불교를 보면 미세한 호흡이나 오온(물질·느낌·지각·형성·의식)의 움직임을 놓치지 않고 관찰하는 상좌부의 수행방식을 따르고 있음을 볼 수 있습니다.

독자들의 이해를 돕기 위해 최근 남방의 한 스님이 한국에서 행한 법문을 게재한 불교계 신문의 내용을 그대로 인용해 보겠습니다.

"부처님께서는 빈틈없이, 항상 나타나는 대상을 알아차리고 있어야 한다고 말씀하셨습니다. 부처님의 가르침(Dhamma)은 바로 불방일(不放逸, appamada), 즉 마음챙김(sati)을 놓치지 않고 지키는 부지런함을 의미합니다. 이 불방일은 몸과 입과 마음으로 짓는 모든 번뇌를 제거하는 데 있어서, 그리고 통찰력을 얻는 데 있어서 아주 중요한 역할을 합니다."

바른 방법을 알고 실제 수행함으로써 마음이 한 단계 높게 향상된다는 이 스님은 "원칙대로 보고, 듣는 대로 모든 것을 알아차림으로써 마음이 청정해진다"면서 수식관(隨息觀)의 일종으로써 복부에 의식을 집중하고 알아채는 방법을 직접 따라해 보도록 했다.

"편안한 자세로 앉은 후 등을 90도로 펴고, 두 손을 살며시 얹고, 두 눈을 지그시 감으십시오. 마음을 배의 움직임에 집중해 주십시오. 호흡은 평상시처럼 들이쉬고 내쉬십시오. 숨을 들이쉴 때 배가 불러오면서 팽만해진 것을 볼 수 있습니까? 숨을 내쉴 때 공기가 나감으로 점점 꺼짐을 볼 수 있습니까? 이것은 풍대(風大)입니다. 자신이 이해하는 말로써 배가 불러오면 '일어남', 배가 꺼지면 '사라짐' 하고, 입으로가 아닌 마음으로 이름을 붙이면서 움직임을 보십시오. 알아차리기 위해서는 배에 일어남과 사라짐을 알아차리는 마음이 일치되도록 집중해서 주시해야 합니다. 일어남과 사라짐에 알아차림과 노력함이 있으면 마음이 가라앉아 조용해질 것입니다."

"마음 챙김은 대상으로 뛰어들어가야 하며, 완전하게 대상을 뒤덮어야 하고, 대상으로 파고 들어가서 그 대상의 생겨남과 지속함과 소멸하는 과정 전부를 한 순간도 놓쳐서는 안 됩니다. 만일 여러분의 마음챙김이 이러한 자질을 가지고 있다면, 수행에 빠른 진전이 보장될 것이며, 수행의 완성과 더불어 열반을 보게 되는 것이 확실하게 보장될 것입니다."

그러면 금강경에서 말하는 위빠싸나, 즉 바른 관찰은 어떤 것일까요? 예를 들어 필자가 불교시민운동가들과 함께 공부해오면서 '왜 사람들은 인색해지는가'에 관해 토론을 해본 적이 있습니다. 놀랍게도 그들은 인색에 관해 현장에서 느끼고 체험했던 다양한 견해를 보여주었는데 위빠싸나에 대한 문제를 제기한다는 생각에서 그대로 옮깁니다.

"시민운동단체가 급여가 적지 않습니까? 그런데 결혼하고 아기를 낳고 보니 생활의 어려움 때문에 많이 인색해지더군요."

"종교적 가치관 때문에 마음이 좁아질 때가 있습니다. 타종교인이 도움을 요청해오면 선뜻 마음이 나질 않습니다."

"노숙자의 주소를 만들어주기 위해 동사무소에 갔더니 공무원이 불친절하더군요. 높은 사람이 왔어도 그랬을까요? 인색은 지위 여하에도 달려 있는 것 같습니다."

"선의의 마음으로 빚 보증을 섰다가 두 번이나 책임을 뒤집어썼습니다. 이젠 누가 빚 보증을 서라 하면 마음이 닫혀집니다."

"무료급식을 하다보면 막무가내로 욕심을 부리는 사람을 봅니다. 이런 사람들에게는 오히려 잘해주고 싶지 않은 마음이 종종 일어나곤 합니다."

"보시를 하면서 상대방에 대해 윤리적 강요를 하지 않나 생각합니다. 예를 들어 노숙자가 계속 술을 마신다면 다시 보시하지 않겠다는 인색한 마음이 일어납니다. 그런데 이 경우 과연 현실적으로 조금 도와주었다고 노숙자가 자립할 수 있는 현실인가에 대해 깊이 생각하지 않고 이런 마음을 낸다는 것입니다."

여기 토론을 보면 인색을 부추기는 욕망이 심리적인 것에서부터 물질적인 것, 제도적인 것까지 다양하게 나타나는 것을 볼 수 있습니다. 현실을 이해하기 위해서는 우리 삶을 전체적으로 통찰하여야 한다는 것을 알 수 있습니다. 만약 우리 사회에서 요구하는 불합리한 보증제도가 없다면 돈을 빌리는 사람과의 관계도 나빠지지 않고 타인에 대한 인색함도 많이 줄어들지 않겠어요?

남방불교의 수행과 관찰을 보면, 너무 개인적·심리적인 것에 매몰되어 사회윤리적 실천이 나오기 어렵지 않나 생각됩니다. 오온을 아무리 들여다봐도 인색함을 극복하기 위한 개인적 일상을 넘어서 사회적 실천이 나오기 어려운 것입니다.

금강경이 보여주는 관찰은 마음을 관찰하되 인간과 사회적 삶까지 통찰하는 것입니다. 이런 통찰을 통하여 역사의 현장 속에서 사회적 실천을 이끌어내는 깨달음을 낳게 됩니다. 즉 관찰과 현실이 둘이 아니게 되며, 개인적 수행과 사회적 실천이 둘이 아니게 됩니다. 우리의 이러한 토론은 아직은 처음에 불과하여 부처님의 가르침에 직접 다가갔다고 말씀드리긴 어렵지만, 점차 심화하여 감에 따라 인간의 삶과 사회 전체를 통찰하는 바른 관찰이 나오리라 믿고 있습니다.

대승불교는 바로 이러한 문제의식을 경험한 역사적 사건입니다. 석법성 스님이 번역한 불설연도속업경(佛說演道俗業經, 운주사, 2000)에는 매우 중요한 부처님의 말씀이 나옵니다. 이 경은 이른바 당대 상좌불교와 대승불교의 차이를 아주 극명하게 밝혀 놓고 있습니다.

즉 성문학(聲聞學)과 대승학을 비교하고 있어요. 성문은 당대 상좌부 승단을 의미합니다. 대승을 주장하는 부처님의 제자들은 당대 상좌부 승단을 어떻게 바라보았을까요? 경전의 말씀을 요약해 봅니다.

"어떤 것을 성문이라 하는가? 고(苦)를 두려워하고 육체를 싫어하며, 사대(四大)를 독사 같이 오온(五蘊)을 도적으로 생각한다. 수식(數息) 안반(安般) 수의(守意)의 좌선을 하고 생사고통의 죄를 끊고자 무위열반의 즐거움을 추구하나, 단지 자기 자신을 위하고 중생을 생각하지 않는다. 항상 작은 자비에 집착을 하고 큰 슬픔에는 관심이 없다. 자신의 구제만을 추구하고 은혜로운 자비로 중생을 제도하지 않는다."

여기서 수식(數息)은 숨을 바르게 하기 위해 숨을 세는 것을 말합니다. 안반(安般)의 원어는 아나파나로서 아나는 들숨, 아파나는 날숨입니다. 그러므로 안반은 숨이 들어가고 나가는 호흡을 말합니다. 수의(守意)는 마음을 한 곳에 집중한다는 범어 사티를 옮긴 말입니다. 안반수의는 마음을 제어하여 무위의 경지를 얻는 것입니다(安般守意名爲御意至得無爲也-불설대안반수의경). 이 수행은 지금 남방불교에서 흔히 볼 수 있습니다.

다시 말해서 미얀마나 태국에서는 전통적인 상좌부 불교를 그대로 잇고 있는 것을 알 수 있지요. 이 불설연도속업경은 부처님께서 열반하신 지 500여 년 뒤에 당대 전통적 승단이 어떻게 수행을 했었는지 잘 보여주고 있습니다.

그러면 당대 승단이 부처님의 가르침을 올바로 이해하지 못하고 있다고 주장하는 대승불교는 부처님의 가르침을 어떻게 설명할까요? 불설연도속업경(佛說演道俗業經)에 나타나는 대승법을 정리합니다.

"무상정각에 발심하고 자신의 몸을 걱정하지 않고 다만 일체중생들을 널리 편안하게 하고자 한다. 자비희사(慈悲喜捨)의 사무량심(四無量心, 사랑·연민·남의 행복을 기뻐함·평정)을 받들고 은혜와 인자함을 베풀고 이로움으로 시방을 구제한다. 보시로써 일체 중생에게 행하며 삼계에서 비교할 수 없는 고통의 굴레를 오고가는 중생들을 관하고, 부모와 같이 자식과 같이 슬픔의 눈물을 흘리고 보시, 지계, 인욕 등을 행하여 위없는 불도에 들게 하되 대가를 바라지 않는다."

 이 말씀을 자세히 보면 대승이 일어난 역사적 이유, 또 금강경을 부처님의 본래 가르침으로 주장하는 분들의 현실의식을 잘 볼 수 있습니다. 금강경은 보시나 장엄의 법을 실천한다고 하여 공덕이나 미래의 수기를 바라거나, 수행을 한다고 하여 내가 성인(聖人)이 되어 해탈했다고 생각하는 당대 승단과 불자들의 수행과 실천을 비판하고 있지요.
 비판의 대상과 근거는 무엇일까요? 그 삶 속의 실천의식이 성찰 대상입니다. 성찰의 근거는 무아법(無我法)입니다. 즉, 그 실천의식 속에 탐욕과 분노, 교만, 권위 등 나와 내 것이 있는가를 살핍니다.

 진정한 무아법을 지키는 삶이란 무엇일까요? 중생을 부모형제와 같이 여겨 슬픔의 눈물을 흘리며 보살행을 실천해도 결코 대가를 바라지 않습니다. 또 오온(五蘊)을 관찰하고 수행했다고 하여 성인이 되었다는 생각이 나지 않으니, 이러한 깨침이 진정한 무아법(無我法)이라는 것이지요.

따라서 대승의 무아법은 무생법(無生法)을 의미합니다. 불법을 닦아 내가 공덕을 얻는다는 생각이 일어나지 않기 때문입니다. 이러한 무아법에 대한 대승의 통찰이야말로 심오한 부처님의 가르침이라 하지 않을 수 없습니다. 수행과 실천이 둘이 아닌 하나인 길을 말씀하고 있기 때문입니다.

참고로 쌍윳따니까야 1권 '인색함' 품을 보면 다음과 같은 시가 나옵니다.

"인색함을 반드시 이겨서
마음의 티끌을 극복하여 보시하세.
이러한 공덕은 저 세상에서
뭇 삶들에게 의지처가 되네."

다시 경전으로 돌아가서 말씀드리면, 모든 세계의 미세한 입자의 변화까지 보아야만 무상(無常)을 보고 무아(無我)를 깨닫는다고 생각하며 수행하는 사람들의 모습이 당대 승단의 일반적인 수행형태임을 금강경은 우리에게 보여주고 있습니다. 이러한 불교인식은 아비달마의 내용을 통하여 증명이 됩니다.

따라서 금강경은 이러한 부파불교 내에서 성행한 상좌부를 그 비판 대상으로 하고 있음을 짐작할 수 있습니다. 그래서 금강경은 제13분으로 끝나는 시점에 다시 당대 승단의 왜곡된 경전연구에 대한 비판을 시작하고 있는 것입니다.

이제부터 세존께서는 당대 승단의 경전연구 태도에 대해서 이야기를 시작하십시다.

 "수보리야, 네 뜻에 어떠하냐? 삼천대천세계에 있는 미립자가 많겠느냐?"
 수보리가 말씀드리되,
 "매우 많습니다. 세존이시여!"

 "수보리야, 모든 미립자를 여래는 미립자가 아니기에 미립자라 이르며, 여래는 세계도 세계가 아니기에, 세계라 이른다고 말한다.
 수보리가 네 뜻에 어떠하냐? 32상으로 여래를 볼 수 있겠느냐?"
 "아닙니다. 세존이시여! 32상으로 여래를 볼 수 없습니다. 왜냐하면 여래께서 32상은 곧 상이 아니기에, 32상이라 이른다고 말씀하시기 때문입니다."

 "수보리야, 만약 어떤 선남자 선여인이 항하의 모래 수와 같은 많은 목숨으로 보시를 했을지라도, 만약 또 어떤 사람이 이 경 가운데서 사구게라도 받아 지녀서 다른 사람을 위해 말한다면 그 복이 저 복보다 더 많다."

 세존께서 이렇게 말씀을 하자 장로 수보리가 눈물을 흘렸습니다. 왜일까요? 그것은 사물을 미립자로 나누듯이 분석하는 경전연구 태도에는 '나는 이만큼 자세히 분석했다. 나는 깊은 선정 삼매에서 이것을 관찰했다'고 생각했던 분석과 사변 속에 숨어 있는 오만과 권위를 본 것입니다.

여래께서 이야기하신 건 바로 이러한 당대 승단이 가지고 있는 경전연구의 방법론적 미망을 지적한 것입니다. 즉, 장로 수보리를 내세워 당대 승단의 수행방식의 미망을 상징적으로 보여주고 있는 것입니다. 그러한 분석적 연구방법으로는 곧 여래의 바른 깨침을 얻을 수 없으니, 그러한 연구방법 속에는 마음속에 '더욱 많은 분석을 하면 더욱 깊은 진리에 도달한다'는 권위의식이 있기 때문입니다.

아비달마의 이론을 보면 5온(五蘊, 물질·느낌·지각·형성·의식)의 무상을 관찰하는 방식과 내용이 적혀 있는데, 그 세밀함의 종류가 놀랄 정도로 매우 많은 것을 볼 수 있습니다. 또 욕계, 색계, 무색계의 마음을 90에서 120여 가지로 나누어 분석하고 있습니다. 더욱 많은 분석을 한다는 것은 곧 분석의 양을 따지는 수행이며, 이렇게 자세히 나누어 볼 때 부처님의 깨달음을 얻는다는 생각은 미립자로 분석할수록 내가 깊이 본다는 사고입니다.

이러한 태도는 분석 속에서 자기 자신의 권위가 일어나는 권위주의적 연구태도입니다. 부처님의 32상을 수행에 대한 보상으로 이해하는 사고방식과 다름이 없습니다. 그래서 미립자 분석에 대한 비판에 이어 32상을 말씀하십니다.

부처님께서 우리 자신을 형상·소리·향기·맛·감촉·생각의 대상이나 오온으로 분별하시고 우리의 마음을 여러 형태로 분석하신 것은 우리 마음속에 있는 탐욕과 폭력, 어리석음 등을 깨우치게 하기 위한 것이지, 분석을 위한 분석이 더구나 아니라는 것입니다.

세계와 미립자를 분석하고 종합한 것은 우리 자신의 탐욕을 성찰케 하기 위해 방편으로 말씀하신 것이라고 금강경은 말씀하고 있는 것입니다.

미립자(微塵)와 세계를 봄으로써 깨달음을 얻어간다는 연구태도가 바른 경전연구 방법이 아니라는 세존의 가르침에 수보리 존자가 눈물을 흘린다는 금강경의 묘사는 당대 승단이 얼마나 이러한 가르침에 매달려 있었던가를 말해 줍니다. 나아가 금강경을 내세우는 불제자들이 얼마나 이러한 생각을 잘못된 수행으로 지적하려는가를 반증하고 있습니다.

장로 수보리의 참회는 당대 승단이 금강경의 가르침을 듣고 참회하라는 대승의 뜻을 은유적 방법으로 말한 것입니다. 수보리 존자의 눈물은 교리만으로서는 공감이 되지 않으나, 금강경을 역사적이고 실천적인 삶의 관점에서 이해할 때, 그 의미를 좀더 가깝게 느낄 수 있다고 생각합니다.

그 다음 대목에 세존께서는 당대 보살이 실천하고 있는 인욕행의 한계를 이야기하면서 바른 인욕행이 무엇인가에 대해 말씀을 이어가십니다. 가리왕은 언어적으로는 고유명사로 이해하거나, 혹은 그냥 악한 왕의 뜻으로 해석하기도 합니다.

금강경은 당시 불자(佛子)들이 믿고 있는 부처님의 전생설화를 인용하고 있습니다. 부처님이 전생에 인내를 실천하고 있는 보살일 때의 이야기죠. 가리왕이 궁녀를 데리고 숲에서 놀다 흥이 다해 잠이 듭니다. 이때 궁녀들은 숲에서 선정에 잠겨 있는 보살을 만나게 되어, 보살에게서 설법을 듣게 됩니다. 잠에서 깨어난 왕은 이 광경을 보고 질투와 시기를 느끼게 되고, 마침내 왕은 보살이 참고 견디는 수행을 하는 자(인욕선인)임을 알고 인내를 시험합니다. 손과 발을 베고, 또 몸을 이리저리 자르고 고통을 주었으나 보살은 성냄을 일으키지 않고 왕이 깨달음을 얻을 것을 바라며 죽습니다.

금강경은 부처님 전생에 이러한 참고 견디는 수행을 500여 년 동안 했다는 당대 불자들의 신앙을 소개하고 인용하고 있습니다. 이러한 부처님의 전생설화는 감인종(堪忍宗)의 전생이야기로 자타카(본생경)에도 기록되어 있습니다. 감인(堪忍)이라는 말은 참고 견딘다는 뜻입니다. 인욕과 같은 뜻이지요.

부처님께서 수보리에게 말씀하시되,
"그렇다, 그렇다. 만약 어떤 사람이 이 경을 듣고 놀래지 않고 겁내지 않으며, 두려워하지 않으면 마땅히 알라. 이 사람은 심히 희유함이 된다.
왜냐하면, 수보리야, 여래는 제일바라밀이란 곧 제일바라밀이 아니기에 제일바라밀이라 이른다고 말한다."

"수보리야, 인욕바라밀도 여래는 인욕바라밀이 아니라고 말한다.
왜냐하면, 수보리야, 내가 옛적에 가리왕에게 신체를 낱낱이 베이고 잘릴 때에, 나는 그때에 나라는 생각이 없었으며, 성인(聖人)이라는 생각이 없었으며, 중생이라는 생각이 없었으며, 수명이라는 생각도 없었다. 왜냐하면, 내가 옛적에 마디마디 사지를 베일 때에, 만약 나라는 생각·성인이라는 생각·중생이라는 생각·수명이라는 생각이 있었으면 당연히 성냄과 원망을 내었을 것이다."

이어서 금강경은 올바른 수행에 대해서 부처님의 말씀을 전합니다. 이렇게 금강경은 그 논리전개가 매우 치밀하며 법문을 전개하는 과정에 뚜렷한 방향이 있습니다. '제일바라밀'의 제일은 최상(最上) 혹은 현장 법사의 번역대로 최승(最勝)의 뜻입니다. 콘체 씨는 영역을 하면서 highest perfection이라고 번역했습니다. 최고의 완성이라는 뜻이지요.

　여기서 최상의 바라밀, 즉 최고의 완성은 여섯 가지 완성, 즉 육바라밀 중 무슨 바라밀을 의미할까요? 영역과 구마라집 본에는 설명이 없으나 구마라집보다 200여 년 뒤의 현장 본에는 반야바라밀로 기재되어 있습니다. 그러나 여기서 무엇이 최고의 바라밀이냐를 논의하는 것은 전체 경전 속의 흐름에서 본다면 조금 어색합니다.

　금강경은 오히려 부처님의 깨달음의 본질을 밝히려 하고 있기 때문입니다. 즉 지혜를 완성했든 인욕행을 성취했든, 그 행 속에 내가 보시나 수행 등 무엇을 하여 성인의 경지나 복덕을 얻는다라는 생각이 없는 것이 모든 부처님의 깨달음이라는 놀라운 소식을 금강경은 우리에게 전하고 있어요. 모든 부처님들은 바로 '내가 중생을 제도하여 무엇을 얻는다'는 모든 생각들과 떨어져 있기에 부처님이라고 일컬어진다고 말씀합니다. 바로 경전 제14분에 나오는 '이일체제상 즉명제불(離一切諸相 卽名諸佛)'의 뜻입니다.

　금강경은 바로 이러한 역대 모든 부처님의 깨달음을 전하는 경전이기 때문에, 이 금강경을 읽더라도 놀라거나 두려워하지 않고 이해하여 받아들이고 지니는 사람은 바로 부처님의 깨달음과 같게 되니 최고로 희유한 일이 된다고 말씀하고 있습니다.

이 제14분에는 그래서 '드물다'는 뜻의 희유(希有)라는 말씀이 여러 번 나옵니다. 당대 대다수 불자들의 인식이 얼마나 부처님의 진정한 가르침과 멀어져 있는지를 짐작하게 됩니다. 금강경은 당대 불자에게 무엇이 모든 부처님들의 진정한 깨달음인가를 전하고 있습니다.

금강경은 최고의 바라밀을 인욕을 예로 들어 설명합니다. 내가 보시나 지계나 인욕을 실천함으로써 내게 뭔가 얻어지고 나아진다는 생각을 한다면 똑같이 수행의 미망에 빠진다고 세심하게 일러주고 계십니다.

내가 없다는 부처님의 가르침에서는 나에 대한 보상이라는 것은 없습니다. 당대 수행자들의 일반적 생각이었던 수행에 대한 보상으로서 얻어지는 깨달음을, 결코 올바른 수행으로 생각하지 않았다는 겁니다. 그 실상은 탐욕이라고 금강경은 보신 것입니다.

또 하나 중요한 점은 금강경의 제자들은 남을 위해 사랑과 연민을 베푸는 삶과, 자기의 것을 버리는 인욕행을 하나의 인식 속에서 이해하는 것을 올바른 수행으로 내세우고 있습니다. 즉, 그 실천과정 속에서 나의 것을 바라지 않는 보시를, 부처님이 가르치신 올바른 수행이며 보시라고 말씀하시고 있습니다. 이런 이타행(利他行)과 인욕행을 보상에 대한 욕망이 없이 실천하는 것이 올바른 부처님의 가르침이라는 것입니다.

욕망은 우리 인간이 살아가는 현실에서 일어나고 있습니다. 금강경은 수행의 영역이 특정 수행공간이 아니라, 우리 인간(중생)의 현실이라는 주장을 하고 있습니다. 수행의 공간은 우리 중생의 현실이며, 수행방법은 보시, 지계, 인욕 등 6바라밀입니다.

그러나 무엇보다 보상을 바라지 않는 보시와 지계, 인욕이 올바른 자비행임을 금강경은 강조하고 있습니다. 또 보시를 할 때, 마음이 보시물의 형상·소리·향기·맛·감촉 등에 집착하고 머무는 것이 있다면, 그것은 부처님의 가르침대로 머무는 것이 아니라고 말씀합니다. 그래서 중생에게 이익을 주기 위해 보살은 이와 같이 머무는 것이 없는 보시를 해야 한다고, 진정한 보시의 뜻을 결론지어 말씀합니다.

이것은 당대 승단이 사물을 분석하고 이를 위한 선정수행을 무상(無常)과 무아(無我)를 깨닫는 길이라고 생각하고 수행공간에서만 또아리를 틀고 있던 당시 승단의 삶을 놓고 생각해보면 매우 놀라운 주장입니다.

또 이 제14분을 유심히 보면 금강경은 당대 불자들이 가지고 있는 보시바라밀, 인욕바라밀, 반야바라밀 등의 의미를 올바로 해명하고 보살들의 실천의식을 성찰하려는 뜻을 읽을 수 있습니다. 그래서 금강경이 반야부 경전 중에서는 조금 늦게 나온 경이 아닌가 추측하는 학자도 있습니다. 그러나 역사적으로 보면, 금강경은 오히려 부처님의 처음 말씀으로 다시 돌아가자는 주장을 내놓고 있습니다.

우리가 초기경전을 볼 때 이런 게 있지 않습니까? 쌍윳따니까야 중에서 아수린다까 경을 보면, 어떤 바라문 한 사람이 부처님에게 귀의를 합니다. 요사이로 본다면 개종을 한 것이지요. 더군다나 그

때는 아직 불교가 미약하여 지금으로 본다면 아주 이름없는 신흥 종교인 셈이지요.

그 사건을 듣고 같은 종교인인 바라문 아수린다까는 굉장히 자존심이 상해서 세존께 다가와 무례하고 추악한 말로 비난하고 모욕을 했습니다. 그때 여래께서는 그 사람에게 당신의 교리와 나의 교리를 비교해서 토론하자고 하지 않았습니다. 여래는 바라문 아수린다까에게 이렇게 말씀하십니다.

"말로 거칠게 꾸짖으면서
어리석은 자는 이겼다고 생각하네.
그러나 인내가 무엇인가 아는 자에게
승리는 돌아가리.
분노하는 자에게 다시 분노하는 자는
더욱 악한 자가 될 뿐,
분노하는 자에게 더 이상 화내지 않는 것은
이기기 어려운 싸움에 승리하는 것이네.
다른 사람이 분노하는 것을 알고
주의 깊게 마음을 고요히 하는 자는
자신만이 아니라 남을 위하고
그 둘 다를 위하는 것이리.
자기 자신과 다른 사람
모두를 치료하는 사람을
가르침을 모르는 자들은
어리석은 사람이라고 생각하네."

이게 부처님의 입장입니다. 그러니까 초기경전에 보면 세존께서는 바라문하고 이야기를 할 때, 어떤 욕설과 비판이 오더라도 분노와 폭력으로 사고하고 행동하는 당신은 과연 행복한가를 묻습니다. 분노와 폭력이 진정 평화를 가져오고 마음의 평안을 가져오는 길인가?라고 다시 질문을 합니다. 이건 실천적 관점이 아니고서는 나올 수 없는 말씀입니다.

금강경에서도 기존 승단의 형이상학적 수행방식에 대응해 새롭고 세련된 논리를 동원해서 논쟁을 벌이는 게 아닙니다. 그런 삶을 사는 사람들을 실제 보니까 굉장히 많은 오만과 독선을 가지고 있다는 것입니다. 그래서 승단이 수행과 보상의 욕망에서 자유롭지 않고서는 진정한 참 진리를 깨닫지 못한다고 말한 것입니다.

금강경에서는 어떻게 하면 분노와 미움, 싸움, 논쟁 등 다툼이 없는 삶을 실천할 수 있는가? 어떤 수행이 진정 인간을 위한 길이며 불자가 실천해야 할 삶인가? 또 종교의 수행이 왜 인간에게 더 많은 오만과 탐욕과 분노를 가져오는가? 이런 실천적인 삶들을 가지고 고민하고 대화하고 있습니다.

금강경이 심오한 이유는 어려운 철학적 문자를 사용하고 해석했다는 것이 아니라, 당대의 삶 속에서 위선과 권위, 다툼의 모순을 파헤치고 부처님의 가르침을 새롭게 해석했다는 것입니다.

수보리가 욕심을 떠난 이욕(離欲) 아라한이라고 말하면서 다툼이 없는 무쟁(無諍)삼매에 들어 있다라는 금강경의 말씀은 매우 현실적인 의미를 지니고 있어요. 금강경에서는 당대 승단이 권위에 대한 욕망을 가지고 있다고 말합니다. 그런데 그 욕망이 다툼과 논쟁으로 나타난다고 말씀하시니, 이러한 승단 내의 다툼은 모두 "내가 이러이러한 수행을 했다"라는 권위의식에서 나오는 것을 금강경은 말씀하고 있습니다. 부처님의 말씀까지도 공덕을 얻는 정법(定法)으로서 해석하고 있는 승단을 비판하고 있습니다.

금강경은 따라서 진정한 부처님의 가르침은 내가 무엇을 얻는 법에 있지 않다고 합니다. 부처님의 법을 닦으면 내가 사라져야 하는데 오히려 법아(法我)라는 새로운 형태의 권위나 교만이 일어나는 당대의 수행현실을 보고 있어요.

공덕이나 수행의 경지를 얻는 방법을 부처님께서 말했다고 생각하는 경전해석 태도는 경전을 알지도 해석하지도 못하는 일반 대중에게 오만하게 군림하는 태도입니다. 또 그 가르침의 대가로 보상을 요구하고 권위에 도전하지 못하게 하는 승단의 모습이 숨어 있는 것입니다. 그래서 팔천송 반야경을 보면, 이를 마구니의 짓이라고 통렬하게 비판하고 있는 것입니다. 금강경을 통해서 우리는 당대 승단의 역사적 현실을 만날 수 있는 것입니다.

아시겠지만 금강경에서는 기존 승단의 경전연구 태도가 '옳다' 혹은 '그르다'며 따지지는 않습니다. 낱낱이 분석하는 경전연구 태도나 수행과 보시를 말하는 사람들이 실제 어떻게 살고 있느냐는 실천적 관심에서 이 경이 나왔다는 걸 알 수 있습니다.

진정한 사랑의 실천을 어떻게 해야 하느냐라는 선(善)과 행복의 테마를 가지고 이 금강경을 썼다고 볼 수 있지요. 그런데 금강경에 대해 교리적 혹은 형이상학적 관심을 가지게 되면 이 경을 전하신 분들의 의도와는 일치하지 않겠지요. 금강경을 형이상학적, 관념적, 이론적으로 보게 되는 가장 큰 이유는 이 경이 쓰여지게 된 현실적 배경에 대한 역사적 관심이 부족했기 때문이 아닌가 생각합니다.

## 2. 금강경 하편 강의

**하편은 상편의 단순한 반복인가?**

지금부터 말씀드릴 내용은 이 경의 하편에 해당합니다. 그런데 그 내용을 보면, 상편에 해당하는 제1분부터 제16분까지의 내용을 다시 한번 반복하고 있는 것을 볼 수 있습니다. 그러나 에드워드 콘체 씨가 추측하는 것처럼 우연히 흩어져 있던 전승을 기계적 관행으로 편집했다고 볼 수만은 없습니다. 분명히 집필자의 목적과 의도가 있는 것입니다.

상편은 문제제기로서 당대의 수행자와 재가자들의 잘못된 불교 이해와 현실을 비판하는 것이라면, 하편은 비판의 내용을 넘어 부처님의 가르침[法]을 재해석하면서 올바른 삶은 어떻게 해야 하는 것이고, 참다운 가르침은 무엇인가를 제시하는 내용으로 이루어져 있습니다. 금강경은 전체를 통하여 보시와 수행과 장엄이 실천되고 있는 현실과 삶을 일관되게 성찰하는 대단히 논리적인 내용을 갖추고 있습니다.

청중 : 금강경을 보면 지금까지 칠보로서 보시한다는 말이 수없이 나오는데 누구에게 보시한다는 것입니까? 가난한 사람에게 보시하는 겁니까?

여운 : 구마라집 번역에는 나와 있지 않지만 현장 본이나 영역본을 보면 여래들, 아라한들, 올바로 깨달은 사람들에게 보시한다고 되어 있습니다. 그러나 부처님이 가신 500년 뒤에는 보시를 받는 주체가 승단이라고 할 수 있습니다.

청중 : 그렇다면 사원에게 그 많은 재물을 보시할 수 있는 사람은 누구이며 그 동기는 무엇일까요? 당대 역사로 볼 때 그런 정도의 거대한 재물을 보시할 수 있는 사람은 왕족이나 대부호 또는 대토지 소유자가 아닐까요? 과연 이 사람들이 가난한 중생들을 마찬가지로 사랑했을까요? 오히려 자기의 복을 구하기 위해서 신통력이나 권위를 가진 존재에게 시주한 것은 아닐까요? 지금도 불교 시민단체에서 어려운 이웃을 위해 후원을 받으려면 매우 힘이 들지만, 복을 준다는 곳에는 어느 종교를 막론하고 돈이 많이 모이는 것을 봅니다.

여운 : 바로 이런 문제의식을 가지고 금강경을 읽어보면, 금강경은 모든 복덕을 구하는 마음 없이 중생을 이익되게 해야 바른 보시라고 말씀합니다.〔菩薩 爲利益一切衆生 應如是布施 - 제14분〕"보상 없이 보시를 하는 것이 중생을 이익되게 하는 것이다"라는 말씀은 당대 현실에서 볼 때 매우 의미있는 발언입니다. 어떤 사람이

보상을 바라지 않는다면 결국 이기심이 사라진 마음입니다. 이럴 때 그 사람의 보시는 어디로 향할까요? 복을 주는 곳일까요? 아니면 아픈 중생이 있는 곳일까요? 금강경이 중생회향사상을 가르치는 진정한 대승경전이라는 이유가 바로 여기에 있는 것입니다. 요사이 많이 행해지고 있는 거북이 방생을 어떻게 보아야 할까요? 하천과 호수의 생태계가 파괴되는데도 계속 거북이를 수입하여 방류합니다. 방생으로 복이 온다는 생각만 하지, 하천과 호수 그리고 그 거북이의 일생에 대해서는 무관심합니다.

제17분은 금강경 첫머리를 다시 반복하면서 시작합니다.
그러나 이 경 첫머리에서는 중생제도를 말씀하신 뒤, 곧 보시에 대한 말씀을 하셨으나, 여기에서는 부처님의 깨달음에 뜻을 일으킨 사람, 즉 보살에 대해 해명을 하고 있습니다. 그리고 기존 승단에서 지금까지 금과옥조로 알고 있고 믿고 있는 교리해석의 문제점을 지적하고 재해석합니다.

그때, 수보리가 부처님께 여쭈었다.
"세존이시여! 선남자 선여인이 아뇩다라삼먁삼보리(위없는 올바르고 완전한 깨달음)에 마음을 일으켰으면 어떻게 마땅히 머물며, 어떻게 그 마음을 항복 받습니까?"

부처님께서 수보리에게 이르시되,
"만약 선남자 선여인이 아뇩다라삼먁삼보리에 마음을 일으켰으면 마땅히 이와 같이, '내가 마땅히 일체 중생을 열반으로 제도하되, 일체 중생을 열반으로 제도하고 나서는 한 중생도 열반으로 제도함이 없다'라고 마음을 내어야 한다.
 왜냐하면, 수보리야, 만약 보살(아뇩다라삼먁삼보리에 마음을 일으킨 사람)이 나라는 생각(내가 모든 생명들을 제도한다는 생각), 성인(聖人)이라는 생각(성인의 여러 경지를 얻는다는 생각), 중생이라는 생각(모든 생명들에게 보시를 베풀면 내게 복이 온다는 생각), 수명이라는 생각(보시를 베푼 복덕이 나의 미래에 이어진다는 생각)이 있으면 곧 보살이 아니기 때문이다. 그 까닭은 무엇인가? 수보리야, 실로 아뇩다라삼먁삼보리에 마음을 일으켜야 할 법(내가 중생을 제도하면 성인이 되거나 여러 공덕을 얻는 법)이 없기 때문이다."

 "수보리야, 네 뜻에 어떠하냐? 여래가 연등불이 계신 곳에서 아뇩다라삼먁삼보리를 얻는 법(부처님을 공양하고 장엄하면 성인이 되는 법)이 있었느냐?"
 "아닙니다. 세존이시여!
 제가 부처님이 말씀하신 바 뜻을 이해하기에는 부처님이 연등불이 계신 곳에서 아뇩다라삼먁삼보리를 얻는 법이 없었습니다."

 부처님께서 말씀하시되,
 "그렇다, 그렇다.
 수보리야, 실로 여래가 아뇩다라삼먁삼보리를 얻는 법이 없었다. 수보리야, 만약 여래가 아뇩다라삼먁삼보리를 얻는 법이 있었다면, 연등불이 곧 나에게 수기를 주면서 '너는 내세에 마땅히 부처를 이루어서 호를 석가족의 성자라 하리라'고 하시지 않았겠지만, 실로 아뇩다라삼먁삼보리를 얻는 법이 없었으므로, 이런 까닭에 연등불께서 나에게 수기를 주면서 말씀하시되, '너는 내세에 마땅히 부처를 이루리니 호를 석가족의 성자라 하리라'고 하셨다.

왜냐하면, 여래(이와 같이 오신 분)라 함은 곧 모든 법(중생을 제도하거나 부처님을 공양하거나 장엄하는 등의 모든 법)에 '이와 같다는 것'을 뜻하기 때문이다."

먼저, 일반 불자가 가지고 있는 연등불 신앙을 재해석하고 있습니다. 부처님께서 전생에 보살로서 연등불 처소에 계실 때, 연등불에게 다섯 송이의 꽃을 바치고 또 자기의 머리로 연등불의 발에 묻은 흙을 닦아 드립니다. 이처럼 장엄과 공양을 잘 하시어 그 공덕으로 다음 생에 석가모니가 될 것이라는 수기를 연등부처님에게서 받았다는 연등불 설화를 인용합니다.

금강경이 이 연등불 설화를 인용하는 것은 매우 현실적인 의미가 있습니다. 당대의 연등불 신앙이 모든 보시와 탑 장엄을 하는 불자들이 가지고 있는 교리이자 신앙이기 때문이지요. 그러나 금강경은 오히려 세존께서는 연등불 처소에서 보살행을 할 때, 위없는 보리를 얻는다는 생각으로 장엄을 하여 공덕을 얻는 법(法)이 없었다는 청천 벽력같은 말씀을 하십니다. 이런 이유로 연등불에게서 장래 깨달음을 이루고, 또 석가족의 성자가 되리라는 수기를 받았다는 놀라운 말씀을 하고 계십니다.

즉 부처님의 전생보살은 장엄과 보시를 실천할 때, 자신이 보리를 얻기 위해 공덕을 닦아 얻는다는 생각이 없이 장엄과 보시를 했다고 금강경은 새롭게 연등불 신앙을 해석하고 있는 것입니다.

이 금강경 말씀은 당대 탑을 장엄하는 재가신도들에게는 매우 놀라운 비판입니다.

또 하나는, 여래를 "진리에 따라 '이와 같이' 오신 분"이라고 말할 때, '이와 같이'라는 것은 전생에 많은 공덕을 쌓아서 '이와 같이 오신 분'이라는 뜻이 아니라, 오히려 연등불 설화에서 보듯, 공덕을 쌓아 깨달음을 얻는 법이 없었기 때문에 '이와 같이 오신 분'이 되셨다고 여래를 재해석하고 있습니다. 여래는 글자 그대로 '이와 같이 오신 분'이라는 뜻입니다.

운허 스님의 불교사전에는 여래의 의미를 과거의 여러 부처와 같이 피안에 간 사람, 진리에 도달한 사람, 과거 여러 부처님과 같은 길을 걸어서 진리에 도달한 사람, 혹은 진리에 따라 이 세상에 온〔來現〕 사람 등 대략 네 가지로 설명하고 있습니다.

저는 '전생의 여러 부처님 혹은 성인들과 같은 길을 따라 이와 같이 오신 분'이라는 뜻으로 이해합니다. 따타가따(여래)는 부처님 당시 다른 종교에서도 성인(聖人)을 부를 때 쓰는 호칭이었습니다. '이와 같이 왔다'는 것은 장엄 공덕을 쌓아서 이와 같이 왔다는 것이 아니라, 공덕을 쌓는 법이 없어서 이와 같이 왔다고 하니 누가 이런 금강경의 말씀을 믿고 받아들이겠습니까?

이러한 금강경의 가르침은 거대한 보시나 장엄을 하면서 그 공덕으로 복덕이나 32상을 갖춘 성인의 과보를 얻게 된다는 것을 부처님의 가르침으로 알고 있는 당대 불자들을 통렬하게 깨우치시는 말씀입니다. 당대 불자들의 마음속에서 보상을 얻겠다는 탐욕이 장엄과 보시행의 동기임을 꿰뚫어 보셨기 때문이죠.

공덕을 얻는 법이 없었기 때문에 아뇩다라삼먁보리를 얻었다는 말씀은 당대의 연등불 신앙을 따르는 불자에게는 충격적인 말씀입니다. 금강경은 그러나 이 말이 보시와 장엄을 거부하거나, 보시와 장엄이 아무런 결과도 없어 헛되다는 것과 다르다고 말씀하시고 있어요. 즉 부처님께서 위없는 깨달음을 얻으신 그 속에는 실로 많은 보시와 장엄의 공덕이 있습니다. 그러나 그 속에는 내가 무엇을 얻기 위해 이 공덕을 쌓아 얻는다는 법이 없었다는 것입니다.

## 일체법(一切法)이 일체법이 아님

경문을 읽겠습니다.

"만약 지금 어떤 사람이 '여래가 아뇩다라삼먁삼보리를 얻었다'라고 하더라도, 수보리야, 실로 부처님이 아뇩다라삼먁삼보리를 얻는 법이 없었다. 수보리야, 여래가 아뇩다라삼먁삼보리를 얻은 바, 이 법 가운데에는 실다움도 없고 헛됨도 없느니라. 그러므로 여래가 '일체법이 다 불법이다'라고 말씀하셨으되,

수보리야, 일체법이라고 말씀한 바는 곧 일체법이 아니니, 그러므로 일체법이라 이르시는 것이다. 수보리야, 비유하건대 사람의 몸이 장대함과 같다."

수보리가 말씀드리되,
"세존이시여! 여래께서는 사람 몸의 장대함도 곧 큰 몸이 되

는 것이 아니기에, 큰 몸이라 이르신다고 말씀하십니다."

위없는 깨달음은 법을 바로 이해하여 얻어지는 것이니, 그러므로 보시와 장엄을 말씀하신 일체법이 모두 부처님의 법이라고 여래는 말씀합니다. 그러나 금강경은 일체법은 일체법이 아니라고 다시 말씀합니다. 왜냐하면, 부처님이 말씀한 일체법에는 그 속에 내가 장엄 등을 행하여 무엇을 얻는 것이 없기 때문이지요.

이 의미는 대승불교를 이해하는 데 매우 중요합니다. 금강경은 그 뜻을 다시 한번 비유로서 설명하십니다. 사람의 몸에 비유하여 "사람의 몸이 수미산처럼 크다고 말할 때, 이는 비유로서 현실에는 없다. 왜냐하면, 실제로 장대한 큰 몸이 되는 것이 아니기 때문이다"라고 말씀합니다. 이렇게 불법을 닦아서 내가 얻는 것이 없어야 하니, 이렇게 불법을 실천한다는 것은 불법을 어떻게 보는 것일까요?

대승에서는 불법, 부처님의 가르침을 방편과 비유로 보라고 말합니다. 이것은 단순히 부처님의 가르침을 달을 가리키는 손가락으로 여기라는 의미 이상으로 역사적, 현실적 심오함이 그 속에 있습니다.

불법을 닦는 이에게 어떤 공덕도 주지 않는 법은 어떤 법일까요? 불법을 닦아 보상을 바라는 이에게 이런 법의 존재가 과연 현실적으로 받아들여질 수 있을까요? 사람 몸이 수미산처럼 크다고 할 때 그것이 비유임을 알듯이, 불법도 이렇게 비유로 이해하고 받아들이라는 말씀입니다. 이것이 부처님이 말씀하시는 일체법의 의미입니다. 이처럼 금강경에서 비유와 방편으로 불법을 이해하라고 말씀하는 데에는 개인의 공덕의식을 비판하는 역사적 의미가 있습니다.

그러면서 이 경에 처음으로 무아라는 말이 나옵니다. 무아법은 내가 없는 법입니다. 여기서 통달무아법(通達無我法)이라는 것은 일체 부처님의 법에 내가 없는 것을 깊이 이해하라는 말입니다.
왜 깊이 이해하라고 할까요? 그것은 당대의 현실과 밀접한 관계를 가지고 있기 때문입니다. 본디 부처님 법은 '내다, 내 것이다' 하는 욕망을 버리고 없애는 법인데, 현실 승단은 수행의 업적을 쌓아가면서 자꾸 오만해지고, 또 보시와 장엄을 하는 불자들은 보상을 바라고 이기적 욕망에 사로잡혀 있는 것입니다. 부처님의 가르침에 대한 실천의식이 실제로는 반불교적으로 나타나는 거예요.
따라서 금강경에서 말하는 무아법에는 기존 승단의 수행과 기존 보살의 장엄관을 비판하는 매우 현실적인 메시지가 들어 있습니다.

그러면 여기서 잠깐 세존이 열반한 지 오백 년이 지난 뒤 대승불교 내에서 원래 이것이야말로 세존 말씀이다라고 한 내용이 무엇인가를 알 필요가 있습니다.
유념해야 할 부분은, 부처님이 계시던 당시의 역사적 삶을 깊이 이해할 때, 부처님의 삶과 그 가르침을 좀더 구체적이고도 현실적으로 이해할 수 있다는 것입니다. 그리고 경전 또한 그 속에서 놀라울 정도로 많은 역사적 진실을 보여주고 있다는 사실입니다. 그것을 알면, 이 내용을 좀더 깊이 이해할 수 있습니다.

## 무상(無常), 고(苦), 무아(無我)

이 가르침은 아함부나 대승 모두 인정하는 세존의 말씀입니다.

먼저 무상에 대해 설명드리겠습니다.
눈, 코, 귀, 입, 몸, 뜻 등의 인식기관으로 바라볼 때 좋은 것과 싫은 것이 있습니다. 즉 개인과 사회를 포괄한 인간의 삶 전체에서 형성되어 있는 조건에 따라서 즐거워지고 싫어지는 것, 쾌(快)·불쾌(不快)가 있습니다. 쾌·불쾌 이것이 끝없이 바뀌어지는 것을 무상(無常)이라고 합니다.

일반적으로 알려진 모든 만들어진 것이나 생명 있는 것은 영원하지 않고 유한하다는 뜻으로 쓰여진 것과는 조금 다르죠. 눈, 코, 귀, 입, 몸, 뜻 등의 감촉과 생각으로 쾌·불쾌가 끝없이 일어나는 것이 무상(無常)입니다.

일하다 보면 좋은 일도 있고 나쁜 일도 있습니다. 그것은 어떤 조건에 의해서 일어납니다. 원인과 조건, 바로 이 원인과 조건이 계속 바뀌기 때문에 나에겐 끝없이 쾌와 불쾌가 일어납니다. 그럼 이 원인과 조건이 어떤 것이 있겠습니까?

우선 사회적 관습과 감각적 쾌락이 있습니다. 이것은 우리의 모습을 보면 쉽게 알 수 있습니다. 그리고 또 뭐가 있을까요? 소유와 견해(생각의 차이) 때문에 쾌와 불쾌가 일어납니다. 이런 원인과 조건으로 쾌와 불쾌가 끝없이 반복되어 일어나는 것을 바로 무상(無常)이라고 합니다.

고통의 인과관계에 대한 성찰은 원인과 결과에 대한 연기법적 성찰로 시작하여 후대에 12연기에 이르러 완성되었다고 합니다. 즉, 무명(無明)이 12인연에서 고통의 처음으로 설정되어 있으나 무명의 뿌리는 우리가 사는 이 사회, 즉 인간 삶의 관계의 번뇌에서 나옵니다. 따라서 무명은 현실의 제반 조건 속에서 이해하여야 하는 것임을 알 수 있습니다.

그러나 이것을 도식적인 연결고리로 이해하여 무명을 인간존재의 본질 혹은 우주적 실존의 무지(無知) 등으로 이해하게 되면, 현실적 삶을 이해하는 길이 불가능합니다. 따라서 구체적 삶의 조건에서 실천 가능한 행동이 일어나지 않으며 관념적 해석만이 난무하게 됩니다. 후대의 관념적 주석가들에게서 이러한 해석경향을 볼 수 있습니다.

고통의 원인이 무엇이냐고 물을 때, '욕망이다'라고 무책임하게 말하는 건 불교적 사유가 아닙니다. 그것은 도식적 지식입니다. 예를 들어 시험을 잘 보면 '쾌'가 오지만 못 보면 '불쾌'가 옵니다. 왜 그렇습니까? 그건 시험이라는 경쟁적 사회제도 때문입니다. 경쟁이 없다면 일어나지 않습니다. 그렇습니다. 사회적 관습인 시험제도 때문에 시험을 잘 봐 쾌가 왔을 때는 기쁨을 느끼지만, 시험을 못 보면 부모님에게 혼날 생각이 앞서 불쾌가 오는 것입니다.

시험을 잘 보면 나에게 신분상승 등 명예와 물질적 보상이 오고 격려, 칭찬이 오기 때문에 다음 시험 때도 잘 보기를 바랍니다. 그러면서도 두려움이 일어납니다. 못 보면 어떻게 하나 하고 말입니다. 때문에 시험제도 자체에 대한 혐오가 생기게 됩니다.

이런 사회적 관습 아래서 공부 못하는 아이들이나 집단에 대한 혐오가 일어나고 사회적으로는 공부 못하는 계층은 빈곤과 불이익을 당하며, 사회의식 속에는 증오가 일어납니다. 바로 이 속에서 탐(貪)·진(瞋)·치(癡)가 일어납니다.

초기경전을 보면 부처님은 탐욕과 성냄 그리고 어리석음은 개인의 문제이자 사회적 문제이며, 본질적으로 인간의 문제로 인식하고 있음을 볼 수 있습니다.

그럼 왜 쾌·불쾌에서 탐·진·치가 일어날까요?

이론으로 보지 말고 자신의 삶 속에서 생각해봐야 합니다. 공부나 시험과정 속에서 일등을 하겠다는 마음과 앞으로 또 일등을 계속 하겠다는 생각이 듭니다. 이때 무엇이 일어납니까? 미래에 대한 불안한 마음이 일어납니다. 이 '마음'이 일어날 때 '시간'이라는 굉장히 중요한 인식이 일어나는 것을 보게 됩니다.

또 뭐가 있을까요? 내가 일등을 해야 하지 않습니까? 일등을 해야 하는 당위의 존재가 있습니다. 그 마음에 시간과 존재가 일어나고 있습니다. 그래서 탐·진·치가 일어납니다. 탐·진·치는 현실의 고통 속에서 미래를 생각하고 두려움을 느낄 때 일어나는 것입니다.

수능시험 성적이 나빠 자살한 학생의 마음이 어떠했을까요? 세상과 자신에 대한 분노, 미움, 절망이 가득 차 있지 않았을까요? 이를 잘 헤아려보시면 쾌·불쾌에서 탐·진·치가 일어남을 금방 알 수 있을 것입니다.

또 하나가 당위(當爲)입니다. 예를 들어 집에서 부인을 바라볼 때, 마음을 헤아려 보면 '이렇게 해야 하는데 왜 저렇게 할까', '왜 일찍 일어나지 않고 그럴까' 하는 마음이 생기면서 미움이 일어납니다.

세존께서 말씀하시는 것은, 우리 사람들 마음에 사랑과 평화가 일어나야 할텐데 '당위'가 존재하는 한 마음의 칼을 들고 다닌다는 겁니다. 부인이 일을 안 하는 건 몸이 아파서 안 할 수도 있지 않습니까? 그런데 이 '당위'라는 것 때문에 부인이 놀고 있는 것이 보이면 미움이 일어난다는 겁니다. 그러니까 마음속에 시간과 존재가 당위의 형태로 있으면 두려움과 미움과 성냄과 폭력이 일어나는 겁니다. 부처님은 이러한 과정을 갈애(渴愛)로 표현하셨습니다.

쾌와 불쾌가 마음속에 있으면 나는 이래야 한다는 존재와 시간과 당위가 있습니다. 이 당위는 어디서 온 거죠? 사회적 관습, 감각적 쾌락, 소유, 견해에서 오는 겁니다. 일찍이 부처님께서 네 가지 집착[欲取 見取 戒禁取 我語取]을 폭력과 미움, 분노, 슬픔, 근심, 불안을 낳는 고통의 원인으로 말씀하십니다. 감각적 쾌락에 대한 집착[欲取]은 공덕 쌓기와 고행 속에 숨어 있는 집착입니다. 이것은 전쟁과 살생 등 남의 것을 빼앗는 행위와 잘못된 음란행위의 원인입니다.

견해에 대한 집착[見取]은 자기의 이론으로 남과 시비, 우열, 평가하는 집착입니다. 여기서 오만과 미움, 분노, 슬픔이 일어납니다.

미신과 타부에 대한 집착[戒禁取]은 제사나 고행, 진언 외우기 등 불합리한 규범이나 맹목적 고행을 낳는 금기에 대한 집착입니다. 이런 집착이 있으면 선과 행복을 낳는 합리적인 규범이 나올 수 없기 때문입니다.

참고로 합리적인 규범으로 부처님은 열 가지 착한 길〔十善道〕을 제시합니다. 십선도는 ① 죽이지 않고〔不殺生〕, ② 빼앗지 않고〔不偸盜〕, ③ 음란하지 않고〔不邪淫〕, ④ 거짓 증언하지 않고〔不妄語〕, ⑤ 이간질 않으며〔不兩口〕, ⑥ 욕하지 않고〔不惡口〕, ⑦ 허튼 말 등 꾸미는 말을 하지 않고〔不綺語〕, ⑧ 탐욕을 부리지 않고〔不貪欲〕, ⑨ 성내지 않으며〔不瞋恚〕, ⑩ 삿된 견해를 멀리하는 것〔不邪見〕 등입니다.

마지막으로, '나'라는 이론에 대한 집착〔我語取〕은 제사가 공덕을 가져온다는 생각의 뿌리인 아트만 등 자아이론 등에 대한 집착입니다. 모두 당대 현실 속에 문제되고 있는 인간의 욕망 전체를 다루고 있는 것을 알 수 있습니다.

이렇게 부처님의 깨달음은 역사와 현실사회에서 일어나는 인간의 고통과 욕망을 관찰(위빠싸나)하는 데서 나온 것임을 알 수 있습니다. 이런 네 가지 집착이 탐욕과 성냄, 어리석음을 일으키며, 현실에서 폭력, 미움, 질투, 살생, 약탈, 전쟁 등으로 나타납니다.

이러한 인간의 집착과 사고의 결과로 일어나는 탐욕·성냄·어리석음에 대한 부처님의 이해는 참으로 심오한 통찰이라 아니할 수 없습니다. 탐·진·치는 매우 흔하게 회자되고 있으나, 살아갈수록 참으로 심오한 개념임을 절감하게 됩니다.

두려움을 자극하면 미움이 일어납니다. 즉 시간과 존재가 무엇을 꼭 바라고 가져야 된다고 생각하는 순간, 그것이 안될 때 생기는 두려움과 혐오, 미움, 좌절이 일어납니다. 따라서 우리 마음속에 어떤 당위가 일어나는지를 잘 살펴봐야 합니다. 이 당위가 깊이 이해되지 않으면 아무리 욕망을 버려라, 미워하지 말라 하는 말을 해도 그것은 행동을 낳지 못하는 도식적(圖式的) 인식에 불과합니다.

세존께서는 이런 욕망의 과정, 즉 눈·귀·코·혀·몸·의식에서 일어나는 쾌·불쾌에서 갈애와 당위가 일어나는 과정을 보셨습니다. 또한 탐욕과 혐오, 증오 그리고 성찰 없이 일어나는 살생과 폭력의 과정을 보시고, 이러한 과정에서 뭔가 의지할 만한 '나와 나의 것' 등 아트만의 존재가 없다고 보신 겁니다. 부처님께서는 욕망과 갈애가 내가 아니고 나의 것이 아님을 깨달으셨다고 경전은 전하고 있습니다. 매우 깊은 사색과 성찰이 요구되는 말씀입니다.

세상의 고통에 진지한 사람이라면, 당장 해야 할 일은 이 과정을 이해해서 이런 과정으로 가는 것을 멈추는 일입니다. 욕망을 기피하고 욕망을 멈추는 것, 깊이 자신의 조건을 이해하고 욕망을 버리는 것, 이러한 성찰의 길이 가능한 것은 우리의 욕망의 형성과정을 깊이 관찰하는 데서 나오는 것입니다. 바로 이러한 자각이 무아(無我)의 진리입니다.

그러니까 무아(無我)의 진리가 의미하는 것은 물리적 존재나 그 구성요소 속에서 아(我)가 없다는 것이 아닙니다. 인간이 탐욕과 분노 등 고통에서 벗어나는 길은 욕망을 버려야 한다는 진실 이외에는 다른 것이 없다는 결론을 각성하는 것입니다. 욕망의 본질이

자기의 소유를 구하는 것이라는 사실을 자각할 때 무아의 진리를 인류를 구하는 깨달음으로 받아들이게 됩니다.

세존께서는 인간이 갈애 속에 시간과 존재를 일으키어 탐욕의 소유욕이 일어나고, 이러한 과정에서 미움, 증오, 폭력 등이 현실에서 일어난 것을 보신 분입니다. 이런 과정을 보시고, 사람이 욕망을 버리면 이 모든 것이 바꾸어질 수 있다고 보았습니다. 그러나 사회적인 제도나 관습이 윤회의 법칙에서 객관적으로 존재하고 있다고 본다면, 내가 아무리 욕망을 버리더라도 고통이 사라질 수 없습니다. 곧 무아의 관찰이 일어나지 않고 있습니다.

"이것이 있을 때 저것이 있으며,
이것이 생겨나므로 저것이 생겨난다.
이것이 없을 때 저것이 없게 되며
이것이 소멸하므로 저것이 소멸한다."

이것이 연기(緣起)의 진리입니다. 갈애와 탐욕이 있을 때 폭력·미움·슬픔·절망이 있으며, 갈애와 탐욕이 없으면 폭력·미움·슬픔·절망이 사라진다는 말씀입니다. 고통의 원인과 해탈의 길을 말씀하신 진리이지요. 이 연기법을 사물의 물리적 형성과정으로 해석해서는 안될 것입니다. 폭력·미움·슬픔·절망이 사라지기 위해서는 갈애와 탐욕이 없어져야 하는데, 그 방법은 무엇인가? 여기에 대한 부처님의 말씀이 곧 팔정도입니다.

그러나 부처님 당시의 전통종교는 제사와 주문을 행복을 얻는 길로 믿고 따랐던 것입니다. 반면에 이러한 행위 속에 쾌락, 탐욕 등 위선을 본 당시의 새로운 사상가들[六師外道]은 오히려 고행(苦行)을 행복의 길로 제시했었습니다. 그런데 부처님은 처음에 이 육사외도와 같은 새로운 사상가들에게서 배우셨지만, 뒤에는 이분들을 떠났습니다. 왜냐하면 이분들의 고행 속에서도 역시 탐욕과 권위, 위선이 숨어 있었던 것을 보았기 때문이지요. 부처님이 제시한 팔정도는 당대의 현실 속에서 볼 때 그 의미를 발견할 수가 있다고 생각합니다.

우리들이 살다보면 끊임없이 자기 욕망이 일어나고 미움이 일어납니다. 이것의 원인은 번뇌입니다. 번뇌는 삶의 현장 속에서 나오는 것입니다. 현대는 광고에 의해 상품소비에 대한 욕망이 일어나며 이러한 번뇌를 부추기는 것은 무분별한 자본주의적 이익추구 방식입니다.

무분별하게 욕망을 일으키는 삶의 형식 속에서 욕망의 무명이 일어나며, 이 무명이 조건이 되어 우리 안에 형성되고[行], 그 형성된 것이 우리가 대상을 만날 때 우리를 욕망에 매이게 합니다. 욕망을 부추기는 광고에 의해서 갖고 싶다는 무명이 일어나고, 이런 어두움이 우리 마음속에 머물러 의도(意圖)가 형성되니 신체적·정신적 또는 언어적인 의도가 형성됩니다. 이러한 의도가 욕망의 대상에 쏠리는 의식[識]을 일으키니, 우리가 대상을 만날 때 그 대상으로 의식이 일어나게 됩니다.

12인연에서는 이것을 무명, 행, 식, 명색, 육입(六入) 등의 순서로 설명합니다. 무명은 우리 삶에서 일어나는 고통, 12연기의 맨 앞에 있는 도식적인 것이 아니라 우리 삶에서 끊임없이 고통을 일으키는 삶의 조건을 무명이라고 합니다. 따라서 초기경전에서는 무명 앞에 번뇌를 두기도 합니다. 괴로움을 일으키는 부조리한 현실에서 무명이 일어나는 것을 의미합니다.

따라서 무명은 12연결고리의 맨 처음의 독자적인 존재가 아니라, 부조리한 현실의 번뇌를 조건으로 일어납니다. 무명은 형이상학적 깨달음을 얻어서 사라지는 것이 아니라, 현실에서 번뇌가 일어나는 원인과 조건을 이해할 때 무명을 없앨 수 있는 길이 열려집니다.

## 무아법을 깊이 이해하면

제18분을 보도록 하죠.

먼저 법안과 불안이 나오죠. 본래 법안(法眼)이란 부처님 법을 바로 해석하는 것을 말하는 것으로 더 이상의 바른 가르침은 없는 것입니다. 그런데 금강경 집필자들은 굳이 법안을 넘어 부처님의 눈, 즉 불안(佛眼)이라는 단어를 사용합니다.

왜일까요? 이 역시 부처님께서 열반하신 지 500여 년이 지난 당대의 역사적 안목으로 보아야 하지 않을까요? 그것은 지금 승단이나 탑을 장엄하는 사람들은 인과법(因果法)을 해석하되, 보시를 베풀면 그 복덕이 나에게로 돌아오며, 또 그 공덕이 과거·현재·미래를 통하여 나에게 이어진다고 주장하며, 이렇게 인과법을 이해하는 것이 가르침을 보는 법의 눈[法眼]이라고 주장하고 있습니다.

이러한 주장에 대해 금강경은 일체 짓는 업이나 중생들의 마음 속에는 나의 것을 얻을 수 없으니, 불법을 닦아 나에게 복덕이 돌아온다는 생각은 다 욕망과 탐욕이며, 탐욕은 내가 아니라고 말씀하고 있는 것입니다.

이렇게 보는 것이 곧 부처님의 눈이요, 교리를 해석할 때 따라야 할 최고의 기준임을 주장하시고 있는 거죠. 금강경은 무아법(無我法)이 부처님의 눈[佛眼]이며, 이 부처님의 눈이야말로 모든 법의 눈 위에 있다는 것을 강조하고 있습니다.

경멸과 천대를 받는 소수세력의 입장에서 '일체법에 내가 없으며, 얻을 수 있는 공덕이 없다'는 근거로서 법안보다 더 높은 불안을 들고 나온 것입니다. 이는 부처님 가르침에 대한 해석의 문제로서 제17분의 문맥과 일치하지 않습니까?

"**과거심 불가득**(過去心 不可得), **현재심 불가득**(現在心 不可得), **미래심 불가득**(未來心 不可得)"

예로부터 유명한 화두지요. 과거·현재·미래의 마음을 얻을 수 없다. 무슨 뜻이죠? 문자로 보지 말고 당대의 현실 속에서 이해해야 하지 않을까요? 생활의 물적 기반을 안정적으로 유지하기 위해서는 수행승단과 탑을 지키는 불자들은 보시와 장엄을 유도해야 하고, 이를 가장 쉽게 달성하기 위해서는 반드시 보상이 따른다고 가르쳐야 합니다.

특히 당대에는 보시가 일반대중보다는 여래나 아라한, 올바로 깨달은 분에게만 제공되었다는 의미로 많이 쓰여지고 있었다는 것을 감안하면 현실은 더욱 명백해집니다.

그러나 금강경은 과거·현재·미래의 마음들을 모두 얻을 수 없다고 말씀하십니다. 과거·현재·미래의 마음을 얻을 수 없다는 말씀은 "내가 누구에게 무엇을 베풀면 과거·현재·미래의 시간을 따라 그 공덕이 나에게로 온다"는 생각이 다 헛되고 거짓이라는 말씀입니다. 보시와 장엄을 하면 과거·현재·미래에 걸쳐서 그 복덕이 나에게 따라온다고 하는 생각이 곧 수명에 대한 생각입니다. 이 수자상(壽者相)은 탐욕이 일으킨 생각이며, 올바르게 불법을 해석하는 것이 아니라고 말씀하고 있는 것입니다.

쉽게 말하면 '기존 승단과 재가불자들이 보시와 수행과 장엄을 통해 무엇을 얻을 수 있다고 생각하는 것은 모두 탐욕인 것이다, 그렇게 해서 과거·현재·미래에 얻을 수 있는 것은 없는 거다, 다 허망한 것이다'라는 것입니다. 철학적으로 과거도 비어 있고 현재, 미래 모두 비어 있다는 뜻이 아니라 그게 다 탐욕의 산물이라는 것이죠.

금강경은 이렇게 당대 승단의 보시와 장엄에 대한 인식을 무아법(無我法)의 가르침 속에서 거짓과 탐욕으로 규정하고 있습니다. 그러면서 제19분에서는 칠보로 보시하는 일반 신도들의 탐욕을 얘기하고 제20분에서는 여래를 32상으로 보는 기존 승단의 수행의 문제점을 지적하고 있습니다. 나아가 제21분에서는 부처님께서 보시와 장엄으로 얻는 공덕의 법을 말한 바 있다면 이는 부처님을 비방(誹佛)하는 것이라고까지 말하고 있습니다.

이는 법을 실천한다고 하면서 당대의 현실 속에 숨어 있는 탐욕과 권위, 소유의 욕망을 통박하고 있는 것입니다. 그러면서 자연스럽게 결론을 내립니다. 설법할 때는 욕망을 사라지게 하는 것이 설법이지 닦아서 무엇을 얻는다 하는 것이 설법이 아니라는 것입니다.

그때에 혜명(존자) 수보리가 부처님께 여쭈었다.
"세존이시여! 미래세에 이와 같은 법문을 듣고서 믿는 마음을 낼 중생이 조금이라도 있겠습니까?"
부처님께서 말씀하시되,
"수보리야, 저들은 중생이 아니며 중생 아님도 아니니 무슨 까닭인가?
수보리야, 중생 중생이라 함은 여래가 말씀하되 중생이 아니기에 중생이라고 이른다."

수보리 존자는 복덕과 보상(報償)이 없는 가르침을 현실적으로 어떤 중생이 따르겠으며, 그렇게 되면 미래세에 어떻게 이 법이 이어질 수 있을까를 고민하고 있습니다. 수보리 존자는 중생을 욕망을 추구하는 이기적 존재나 대상으로 이해하고 있었기 때문이죠.

금강경은 중생이라는 존재도 내가 없다는 것을 일깨우고 있습니다. 욕망을 충족시키는 과정은 불법을 믿고 따르는 것과는 다르다는 말씀이지요.

8천송 반야경을 보면, 성문과 벽지불승은 많지만(기존 승단을 의미합니다), 적은 사람들만이 아뇩다라삼먁삼보리의 마음을 배울 수 있고, 그 가운데 더 적은 사람만이 말한 대로 행할 수 있고, 행한 사람 가운데 더 적은 사람만이 반야바라밀을 따라 배울 수 있고, 따라 배운 사람 가운데 아주 적은 숫자만이 물러남이 없는 보살의 지위를 얻을 수 있다고 쓰여 있습니다. 이는 그만큼 금강경의 가르침이 생소했다는 것을 알 수 있고, 소수세력이었다는 것을 반증하고 있습니다.

## 높고 낮음이 없는 법

이어서 제22분을 보면 '내가 무엇을 얻는 법'으로서는 위없는 부처님의 깨달음을 얻을 수 없다고 말씀하십니다. 그러면 깨달음에 이르는 진정한 법은 과연 무엇인가? 어떤 법을 닦아야 깨달음을 얻을 수 있는가?

"다시 또 수보리야, 이 법(깨달음을 얻는 모든 선한 법)은 평등하여 높고 낮음이 없으므로, 이를 아뇩다라삼먁삼보리라고 부른다. 나도 없고 성인도 없고 중생도 없고 수명도 없이 일체 선한 법을 닦으면 곧 아뇩다라삼먁삼보리를 얻는다.
수보리야, 선한 법을 말씀한 바는 여래가 곧 선한 법이 아니기에 선한 법이라 이른다고 말한다."

제23분을 보면 이 부처님의 깨달음, 즉 아뇩다라삼먁삼보리를 얻는 법은 평등하여 높고 낮음이 없는 법이라고 말씀하고 있습니다. 이는 성인의 경지를 수다원, 사다함, 아나함, 아라한 등으로 위 아래를 나누거나, 보시 장엄의 공덕에 높고 낮음이 있는 법이 권위와 오만을 낳고, 싸우고 경쟁하고 물질적 혜택의 차이로 나타나는 현실을 비판하고 있는 것입니다.

이러한 원인은 기존 승단이 늘 다른 사람들의 허물을 찾아내고〔常求他過〕자신의 몸은 높이고〔自高其身〕다른 사람을 얕잡아 보는 데서〔卑下他人〕오는 것이라고 8천송 반야경은 말하고 있습니다. 이런 법으로 어떻게 완전한 부처님의 깨달음을 얻을 수 있겠느냐는 것이지요.

진정한 깨달음에 이르기 위해서는 이렇게 높고 낮음이 없는 법이라야 된다는 것입니다. 부처님의 깨달음을 '위없는 올바르고 완전한 깨달음'이라고 부르는 것은 그것에 이르는 법이 높고 낮음이 없는 평등한 법이기 때문이라는 것이지요. 이 평등한 법을 닦아 얻기 때문에 부처님의 깨달음을 위없는 올바른 깨달음이라고 부른다는 말씀을 하십니다. 참, 놀라운 말씀입니다.

그러면 높고 낮음이 없는 법을 어떻게 닦을까요? 금강경은 나·성인·중생·수명이라는 생각이 없이 선한 법을 닦아야만 위없는 부처님의 깨달음을 얻을 수 있다고 말씀하십니다. 부처님 당시 빈자일등(貧者一燈)의 예를 잘 생각해보시길 바랍니다.

가난하더라도 정성을 다해 부처님에게 바친 등불 하나가 부귀한 사람들이 바친 만 개의 등불보다 공덕이 크다는 것은, 탐욕을 구하는 많은 보시(布施)보다도 이웃을 위해 자비와 이타행을 하는 참다운 마음과 정성이 소중하다는 것이죠.

지금까지 금강경을 논리적으로 보면 불자들의 보시, 장엄과 기존 승단의 수행을 비판하였습니다. 이제 보시와 수행에 대한 대안이 나와야겠지요? 제24분을 보면 세상에서는 거대한 재물로 승단이나 탑에 보시하지만, 그 속에 감추어진 마음으로서는 결코 평안과 해탈을 얻을 수가 없다는 것입니다. 탐욕이 그 속에 있기 때문입니다.

따라서 진정으로 부처님이 가르치신 평안을 가져올 수 있는 것은 이 경에 있는 뜻을 널리 알려야 한다는 것입니다. 보시에 대한 성찰이 주된 말씀임을 강조하고 있습니다.

제26분에는 수행에 대한 대안이 나옵니다. 기존 승단이 중생을 제도하기 위해 수행과 보시를 권하고 그 결과로 32상 등의 복덕과 지혜를 얻는다고 말하고 있으나, 실은 부와 권력을 갖춘 전륜성왕이 되고 싶은 욕망이 있다는 것이죠. 그러한 사람은 사도(邪道)라는 것입니다. 당대의 현실이 오죽 심각했으면 말로도 아니고 글로써까지 사도라고 표현했을까요? 그리고 그것을 외워 전파하라고까지 했을까요?

한편 제25분을 보면 내가 없다는 무아의 진리가 바른 길인 줄 모르고 오히려 불법 속에서 보상과 권위를 구하고 있는 기존 승단을 덜 떨어진 사람[凡夫]이라고까지 표현하고 있습니다. 사실 범부라는 표현을 속인도 아닌, 권위와 명예를 갖춘 당대 승단에게 사용한 것은 모욕도 엄청난 모욕일 수밖에 없습니다.

## 참다운 복 짓기와 인내의 체득

그러자 제27분에서 이어지듯 수보리 존자가 의문을 갖습니다. 여래를 32상으로 볼 수 없고 수행에서 얻은 것이 아니라면 아무 것도 하지 말아야 되는 것입니까? 단멸상(斷滅相), 즉 허무주의이지요. 이는 금강경을 향한 기존 승단의 반박을 대변하는 것이기도 합니다. 이에 대해 금강경은 제28분에서 수복(修福), 즉 복을 닦는 길을 무아법과 인내의 체득으로 다시 설명하고 있습니다.

"수보리야, 만약 보살이 (여래들, 아라한들, 올바로 깨달으신 분들에게) 항하의 모래 수와 같은 세계에 가득 찬 칠보를 가지고 보시를 베풀더라도, 만약 또 어떤 사람이 일체 법에 내가 없음을 알아서, 인내를 얻어 이루면 이 보살은 앞의 보살이 얻은 공덕보다 낫다."

일체 부처님의 법에 내가 없음[無我法]을 아는 사람은 중생을 위해 복을 짓되, 모든 어려움과 괴로움을 참고 견디어 인내를 체득해야 한다고 말씀하십니다. 여기서 인내를 말씀하시는 금강경의 뜻을 깊이 생각해 보아야 하지 않을까요? 관념적이거나 사변적인 태도로서는 인내라는 말의 실천적 의미가 드러나지 않을 것입니다.

금강경은 특히 복을 짓는 삶, 즉 보살의 삶 속에서 이 말씀을 하고 계십니다. 당대 역사 속에서 이 말씀을 생각하면 좀더 구체적으로 그 말씀하신 뜻이 보여집니다. 중생세계와 멀어져 사변과 분석으로 부처님의 깨달음을 추구하는 당대 승단이나, 보시를 하며 그 복덕을 기대하는 불자에게는 매우 천둥같은 말씀이 아닐까요?

그러면 참고 견뎌내야 하는 모든 어려움과 괴로움은 구체적으로 무엇일까요?

그것은 중생을 이익되게 하는 일입니다. 곧 보시, 공양, 장엄, 수행, 설법 등 모든 보살행을 의미합니다.

"수보리야, 모든 보살은 복덕 지은 바를 마땅히 탐내고 집착하지 않으니 이런 까닭으로 복덕을 받지 않는다고 말한다."

가령 아이들이 뛰어 노는 운동장에 깨진 유리가 있어 다칠까봐 유리를 치웠다고 합시다. 유리를 치운 사람의 이익은 없지만 수많은 아이들이 오랜 세월 동안 계속해서 다치지 않고 놀 수 있기 때문에 아이들에게 돌아가는 공덕은 이루 말할 수 없이 큽니다.
그러면 이 사람은 자기의 이익이 없기 때문에 아무 의미가 없는 일을 했나요? 또 아무런 행위도 하지 말아야 되나요? 또 내가 유리를 치웠다고 교만하게 자랑을 하고, 또 힘든 일을 했다고 해서 거기에 대한 보상을 요구해야 하나요? 아니죠. 바로 여기에서 대승불교의 중생회향사상을 볼 수 있습니다.

대승의 보살은 결코 모든 것이 허무하다고 말하는 자도 아니며, 또 복덕을 지으면서 32가지 거룩한 모습이나 전륜성왕과 같은 부귀와 권세를 탐내거나 집착하지도 않는 자입니다. 보살은 꾸준히 세상을 위해 복덕을 짓되, 그 부처님 법에도 내가 없다는 것〔無我法〕을 알아 그 과정에서 일어나는 모든 어려움과 괴로움을 참고 견디는 사람입니다.

인내를 얻되 무아법을 깊이 이해하라는 금강경의 말씀은 새길수록 심오함을 느끼게 됩니다. 인내를 실천하되 보상을 구하지 않으니, 그 속에 실천한다는 내가 일어나지 않기 때문입니다. 중생을 위해 복덕을 행하되, 복덕을 지은 바에 탐착하지 않아 복을 받지 않는다는 금강경의 말씀은 복덕과 권위를 보상으로 얻고자 하는 당대 승단이나 재가자의 현실 속에서 이해할 때 그 의미가 극명하게 드러나고 있습니다.

이러한 중생을 위해 복덕을 짓되 일체 부처님의 법에 내가 없는 무아법을 알아 모든 어려움과 괴로움을 참고 견디어 인내를 얻어야 한다는 금강경의 말씀은, 사물의 생성 소멸을 세밀하게 관찰해야 깨달음이 얻어진다는 기존 상좌부 교단의 생각과는 아주 다르다는 것을 알 수 있어요. 이 인식의 차이는 결국 부처님의 삶이나 불교적인 삶을 어떻게 보느냐에 달려 있습니다.

## 여래는 무아를 실천하시고 인내를 완성하신 분

"수보리야, 만약 어떤 사람이 '여래는 오기도 하고 가기도 하며 앉기도 하고 눕기도 한다'라고 말한다면, 이 사람은 나의 말한 바 뜻을 이해하지 못한 것이다.

무슨 까닭인가? 여래(이와 같이 오신 분)라는 뜻은 어디서 온다고 하는 바도 없으며, 또한 간다고 하는 바도 없으므로 여래라 이름하는 것이다."

제29분을 보면 금강경의 논리가 수미일관하게 진행되고 있는 것을 알 수 있습니다. 그것은 여래 또한 오고 가심에 자기가 뭘 얻는다는 욕망이 없이 이타행을 하신 분이다라는 것이죠. 오고 감이 없다는 것을 관념적으로 바라봐서는 안 되는 것입니다.

부처님은 여러 전생을 지내시면서 몸을 바치거나 잘리고 가루가 되는 고통을 감내하시며 중생을 위해 보살행을 실천하셨으며, 또 모든 중생들을 완전한 열반에 이끄시는 분입니다. 부처님은 무소유의 삶을 선택하셨으며 세상에서 가장 고통스러운 탁발로써 목숨을 이어가신 분입니다. 집 없이 나무 밑에서나 동굴에서 앉으시거나 주무셨으며, 끝없이 오가시며 온갖 어려움 속에서 중생들에게 진리를 설하여 그들을 괴로움에서 건지신 분인 것입니다.

이렇게 금강경은 중생을 위해 오고 가며 설법을 하거나 복을 짓되, 그 행동 속에 공덕을 얻는다는 의도가 일어나지 않는 삶이야말로 올바른 불제자의 길임을 강조하고 있습니다.

여래를 무아법과 인내를 체득한 분으로 보아야 한다고 금강경은 말씀합니다. 위없는 깨달음을 얻으신 여래는 무아법을 아시고 인내를 체득하셨으나, 그 속에 내가 온갖 고난을 이겨냈다던가, 혹은 중생을 제도했다는 생각을 볼 수 없습니다.

중생을 위해 오고 가시며 고난을 실천하며 인내를 이루신 부처님은 어떤 의도도 그 속에 없다는 제29분의 말씀은, 깨달음을 얻으시고 인내를 완성하신 부처님을 어떻게 보아야 하는가에 대한 심오한 말씀입니다. 여기에 무아법의 깊은 통찰이 있습니다.

그런데 부처님을 따르는 수행 승단은 어떻게 수행하고 있을까요? 제30분에서 다시 금강경은 당대 승단의 아비달마적 경향을 비판하고 있습니다. 그러나 금강경은 분석과 관찰 행위 자체를 비판하지 않고 있으며, 오히려 미립자와 세계를 분석하고 종합하는 출가 승단의 수행 속에서 감추어져 있는 오만과 집착을 꿰뚫어 보고 있습니다.

탐욕을 버리기 위해 사물을 분석 이해하는 것이 아니라, 사물을 분석하는 것이 많을수록 자신의 삼매가 남보다 더욱 깊다고 생각하는 오만을 꿰뚫어 보고 있어요. 이런 통찰은 절대 관념적 추론이 아닙니다. 금강경은 당대 현실을 관찰하고 있는 것입니다.

그리고 어리석은 사람[凡夫]들이 곧 당대 승단의 수행승인 것을 분명하게 말씀하시고 있습니다. 싼스크리스트어에서 말하는 범부는 아직 성숙치 않은 사람이란 뜻입니다.

그러면 부처님께서는 사물을 분석하지 않았느냐는 의문이 들 법도 하지요? 예, 부처님께서도 사물을 분석하여 분별하셨습니다. 그러나 그 속에는 나의 수행이라거나, 수행의 높고 낮음이라는 생각이 없으셨습니다. 수행의 초점이 분석과 분별이 아니라 욕망을 잘 성찰하여 이를 극복하는 것이라고 말씀하시는 것입니다.

그래서 제30분에서 당대 승단을 비판하며 세계가 미립자가 합해져 있다는 생각은 사실로써 검증할 수 없다고 합니다. 그런데도 어리석은 범부가 분석하는 일에 탐욕과 집착을 가지고 있다고 말씀하십니다.

여래께서는 중생을 위해 제도행을 하면서 오고 가시되, 그 속에 모든 탐욕과 집착이 없으셨습니다. 이렇게 여래는 무아를 체득하고 인내를 완성하였으나 그 속에 어떤 의도가 없는 분으로 보라는 제29분의 말씀에 이어, 제30분을 말씀하는 금강경의 뜻을 생각해 보아야 할 것입니다.

그러면 제31분의 법상(法相)도 자연스럽게 해석이 됩니다. 불법에 대해 자기의 이기적인 생각을 가지고 받아들일 때, 이런 태도를 법상이라고 합니다. 즉 법상은 '법이라는 생각'이니, 법을 대할 때 무엇을 구하는 생각을 말합니다.

부처님께서 제자들에게 일찍이 말씀하시되, 보시를 닦고 수행을 하여 성인의 지위를 얻으라고 말씀을 하셨으니, 이것은 부처님 당신이 곧 내가 모든 생명들을 제도한다는 생각, 성인들의 여러 경지를 얻는다는 생각, 모든 생명들에게 보시를 베풀면 내게 복이 온다는 생각, 보시를 베푼 복덕이 나의 미래에 이어진다는 생각을 이미 견해로서 가지고 계신 것이 아닌가 하는 질문에 대한 것입니다. 이 경우 견해는 이런 모든 생각의 뿌리입니다. 즉 이런 견해를 가지고 있으니까 나라는 생각이나 성인이라는 생각을 내게 되는 것이 아닙니까 하는 물음이지요.

"수보리야, 만약 어떤 사람이 말하기를 '부처님이 나라는 견해·성인이라는 견해·중생이라는 견해·수명이라는 견해를 말하였다'(내가 모든 생명들을 제도하면 성인들의 여러 경지를 얻고, 모든 생명들에게 보시를 베풀면 보시를 베푼 복덕이 나의 미래에 이어진다는 이런 생각들이 나오는 견해를 부처님이 말하였다) 한다면 네 뜻에 어떠하냐? 이 사람은 나의 말한 바 뜻을 이해했느냐?"

"아닙니다. 세존이시여!
그 사람은 여래께서 말씀하신 뜻을 알지 못합니다."

그러나 부처님은 그런 말씀을 하셨으되, 그 속에는 나·성인·중생·수명이라는 견해가 없이 그런 말씀을 하셨다고 합니다. 따라서 부처님의 말씀을 대할 때 이런 여러 가지 탐욕과 집착을 가지고 해석하거나 받아들여서는 안 된다는 것입니다.

부처님의 마음속에 탐욕이 있는 것이 아니라, 법을 실천하고자 하는 불자들의 의식 속에 탐욕과 권위의식이 숨어 있다는 것을 말하고 있습니다. 지금까지 당대의 불자들이 법을 잘못 해석한 이유가 곧 법에 대한 이런 견해를 가지고 법을 해석하고 따랐기 때문이라는 것을 밝히며 금강경은 지금까지의 법에 대한 논의를 정리합니다.

즉 법상(法相)이란 바로 불법을 실천하면 내가 성인이 되고, 중생을 제도하여 복을 얻고, 그 복이 다음 생에 이어진다는 생각을 가지고 불법을 대하는 생각입니다.

본래 자기 종교나 종파의 가르침을 가지고 권위나 소유를 구할 때 법상이 일어납니다. 일반종교에서 지금도 수행하는 사람들이 몇 파로 나뉘어 서로 옳다고 싸우고 미워하는 것을 봅니다. 수행을 할수록 욕망을 버리고 사랑과 자비를 실천해야 하는데 거꾸로 미움과 증오가 일어난다면, 이는 욕망을 성찰하지 못하고 있는 것입니다.

자기가 따르는 도덕을 지키는 것이 곧 고통에 빠진 중생을 사랑하는 길일까요? 자기가 얻은 수행의 경지를 확인하기 위하여 남을 위하는 것이 사랑일까요? 자기의 성취를 확인하거나 자기 만족이 사랑일까요? 마음속에 이런 법상이나 도덕적 의도가 있을 때 과연 중생의 고통이 바로 보이고 사랑과 연민이 일어날까요? 도덕에 대한 지식이나 해석이 사랑을 낳을 수 있을까요? 오히려 권위를 보게 되지 않을까요?

외국인 노동자나 노숙자를 도울 때, 우리가 그분들을 우리가 믿는 종교로 귀의시키는 것이 문제의 해결일까요? 과연 이러한 태도가 문제를 해결하는 핵심일까요? 그분들의 고통을 있는 그대로 바라볼 때, 진정한 사랑이 일어날 수 있지 않을까요? 외국인 노동자를 개종시키는 것이 그 사람들의 고통을 해결하는 길일까요? 또 주거비가 턱없이 비싼 현실은 누구나 노숙자가 될 수 있으며 모두에게 두려움을 일으킵니다.

이 모두가 인간이 만드는 현실입니다. 우리가 외국인 노동자나 노숙자 문제를 바로 이와 같이 볼 때 올바른 행동이 일어나지 않을까 생각합니다.

세상의 고통이 인간의 탐욕과 폭력, 무지에 의해서 일어나는 것을 보는 보살은 인간으로서의 무한한 책임을 느끼게 됩니다. 유마힐소설경 제1장 불국품(佛國品)에는 보살은 청하지 않는데도 기꺼이 좋은 벗이 되어 편안하게 해주는 사람이라고 말씀합니다.(衆人不請 友而安之) 이러한 인식은 마음속에 법상이 없을 때 일어나게 되니, 그 실천의식의 근거로서 대승불교는 고통에 대한 직접적 인식을 강조합니다. 기존 승단의 인식이 자기 만족적인 보시에 그치고 오히려 세상의 고통을 외면하기 때문입니다. 대승불교의 이념인 보살의 자비는 인간으로서의 무한한 책임감에서 나오며, 그 근거는 세상의 고통을 법상이 없이 있는 그대로 만나고 보는 데서 나옵니다.

모든 종교인들이 법상을 버린다면 종교간의 갈등은 사라지고 인류평화의 시기는 그만큼 앞당겨지지 않겠나 소박한 생각을 해봅니다. 법상(法相)에 대한 금강경의 사색은 경 전체를 통해서 매우 심오하게 전개되고 있습니다.

## 올바른 설법

드디어 금강경 여행의 마지막 제32분입니다. 우선 금강경 제일 마지막 구절에 신수봉행(信受奉行)이라는 말이 나옵니다. 불자들이 일반적으로 경전의 첫 구절인 여시아문(如是我聞)은 잘 알고 있으면서도 행(行)이라는 단어에 소홀하지 않았나 하는 생각이 듭니다.

우리가 지금까지 배웠던 부처님의 모든 말씀도 실천이 따르지 않는다면 결국은 아무런 의미가 없는 것입니다. 그것은 그저 지식

자랑일 뿐이고, 자비행과 이타행은 없이 권위만 추구하는 금강경 당대의 시대로 돌아가는 것이나 마찬가지인 것입니다.

이제 금강경은 이 경을 읽고 널리 사람들에게 말해줄 것을 당부하면서 부처님의 가르침을 어떻게 전할 것인가에 대해 설법의 올바른 의미를 새로 해석하고 있습니다. 그것은 제31분에서 법상(法相)이 바로 잘못된 법 인식임을 밝힌 이상, 당연한 경의 마무리이기도 합니다.

법상을 일으키지 않고 어떻게 설법을 할까?

"어떻게 남을 위해 자세히 설명하는가?
생각(내가 법을 실천하면 공덕을 얻는다는 생각)을 가지지 말고, 마음을 고요히 하여 움직이지 말라. 이렇게 남에게 설법하여야 한다."

법을 설하는 법사는 수행과 보시와 장엄의 공덕을 얻는다고 말하는 것이 불법을 설하는 것으로 생각하고, 듣는 사람은 부처님의 가르침을 배우면서 수행과 보시와 장엄을 하면 자기가 32 구족상을 얻어 깨닫게 되거나 전륜성왕과 같은 부귀와 권세가 온다고 생각하고 있습니다.

이런 불법은 오히려 사람의 마음을 흔들리게 하고 있지요. '내가 불법을 실천하면 공덕을 얻는다'는 생각을 가지지 않으면, 공덕을 얻는다는 생각이 일어나지 않아 마음이 고요하여 움직이지 않게 되니, 이렇게 남에게 설법을 해야 한다는 금강경의 말씀은 당대 역사적 현실에서 이해할 때 그 실천적 의미가 진지하게 드러날 것입니다.

이렇게 법을 설하면 가르침이 없이 가르치는 것이 아닐까요? 싼스크리스트 본이나 현장 역에는 모두 '설법하지 않는 것으로 설법한다'고 쓰여 있습니다.

숫타니파타 제1장 사품 '밭을 가는 바라드바자' 품에는 설법에 관한 부처님의 말씀이 나옵니다.

"바라문이여, 시를 읊어(설법을 말함) 얻은 것을 나는 먹을 수 없습니다. 이것은 바르게 보는 사람들(눈뜬 사람들)의 하는 일이 아닙니다. 시를 읊어 생긴 것을 눈뜬 사람들은 받지 않았습니다. 바라문이여, 법도에 따르는 이것이 눈뜬 사람들의 생활태도입니다."

끝으로 금강경은 석가세존께서 일찍이 일러주신 게송을 인용하며 이 경의 말씀을 마치십니다.

"모든 탐욕과 집착이 일으키는 것(유위법)은,
꿈과 같고 환상과 같고 물거품과 같고 그림자 같으며,
이슬과 같고 번개와도 같으니
마땅히 이와 같이 보아야 하리."

구마라집 법사가 번역한 유위법(有爲法)은 현장 법사는 제화합소위(諸和合所爲)로 번역하였고, 콘체 씨는 'what is conditioned'로 번역하였습니다. 글자 그대로 '모든 조건지어 이루어진 것'이라는 뜻입니다. 따라서 유위법은 구체적으로 탐욕과 집착에 의해 이루어진 것을 의미합니다. 생로병사를 거치는 우리 삶에서 일어나는 고통이 욕망에 의해 조건지어진 것이라는 뜻이지요. 사물의 물리적 생성법칙과는 무관하지요.

부처님께서는 욕망을 깊이 이해할 때, 고통에서 벗어나는 길이 보인다고 말씀하십니다. 꿈, 환상, 물거품 등 탐욕과 집착에 대한 이러한 부처님의 비유는 여러 초기경전에 흔히 인용되어 있는 말씀입니다.

유위법(有爲法)은 초기경전을 자세히 보면 탐·진·치를 의미합니다. 그리고 부처님 당대의 이 탐·진·치는 관념이 아니라 현실이었습니다. 전쟁이나 제사를 위해 사람과 짐승을 함부로 죽이는 폭력과 살생·남의 기름진 농토를 빼앗거나 제사를 지낸다는 명목으로 남의 재물을 훔치는 행위·남녀관계를 소유나 폭력으로 맺는 잘못된 성(性)적 행위·법정에서의 거짓[僞證]·이간질·욕설·꾸미는 말 등 중생에게 고통을 가져오는 이러한 잘못된 행위 속에 바로 탐욕, 성냄, 어리석음이 있었다는 것이지요.

그러나 부처님께서 열반하신 지 500여 년 뒤에 나타난 금강경에서는 유위법의 현실이 다릅니다. 불법을 실천하면서 그 실천의식 속에 은폐되어 있는 나라는 생각, 내가 성인의 경지를 얻는다는 생각, 보시를 하면 내가 복을 얻는다는 생각, 이런 복덕이 나의 미래에 이어진다는 생각 등이 모두 유위법이라는 것이지요. 이런 생각이 가져오는 탐욕, 권위, 다툼, 미움, 원한, 오만의 당대 불교현실을 금강경은 비판하고 있습니다.

여기에 기존 승단이 보유하고 있는 아함부 경전과는 다른 금강경만의 고유한 현실적 문제의식이 있습니다. 금강경은 불법을 실천하면서 마음속에서 일어나는 이러한 법아(法我)를 폭로하고, 법아의 본질도 결국 탐욕과 성냄과 어리석음이라는 추상같은 부처님의 법문을 전하고 있습니다. 즉 수행과 현실이 둘이 아닌 금강경의 성찰이지요.

후세의 주석가가 꿈, 이슬, 물거품 등 그 비유의 의미를 하나하나 자세히 분석하여 해석하는 것을 볼 수 있습니다. 그러나 필자는 오히려 이 말씀을 그대로 두는 것이 좋다고 생각합니다. 금강경의 말씀에서 배우듯, 탐욕과 집착은 그것이 일으키는 역사와 현실 속에서 구체적으로 이해할 때, 그 위험을 알아채고 버릴 수 있는 실천이 나올 수 있기 때문입니다.

다만 이 사구게를 금강경의 뜻으로 살펴보면, 꿈이나 환상은 공덕에 대한 탐욕과 집착을 가지고 불법을 대할 때 곧 꿈이나 환상에 취해 있는 것과 같으니, 이렇게 비유하신 것으로 보입니다. 또 나라는 생각(내가 모든 생명들을 제도한다는 생각), 성인이라는 생각(성인들의 여러 경지를 얻는다는 생각), 중생이라는 생각(모든 생명들에게 보시를 베풀면 내게 복이 온다는 생각), 수명이라는 생각(보시를 베푼 복덕이 나의 미래에 이어진다는 생각) 등 불법에 대한 여러 생각들이 모두 탐욕과 집착에서 나온 것이니 거짓임을 물거품과 그림자로 비유하고 있습니다.

이슬과 번개는 무상(無常)을 의미하지요. 부처님은 일찍이 우리의 물질·느낌·지각·형성·의식 등을 통하여 무상(無常)하게 일어나는 욕망이 괴로움이며, 이것이 내가 아님을 말씀하셨습니다.

　불멸 500년 뒤에 나타난 금강경은 당대의 현실에서 다시 부처님의 말씀을 전합니다. 즉, 보시와 장엄과 수행을 말한 부처님의 법도 '일체법에 내가 없다는 무아법(無我法)'의 눈으로 보고 실천할 것을 말씀하고 있습니다.

　부처님의 가르침에 따라 보시, 수행, 장엄, 분석 관찰 등 무엇을 실천하더라도 불법을 실천하여 내가 얻는 것이 있다면, 그 어떤 것도 모두 탐욕과 집착이며, 무상하고, 내가 아니라는 금강경의 말씀은 당대 불자들에게는 벼락같은 법문입니다. 비록 불법을 닦더라도 내가 얻는 것이 있는 한, 부처님께서 말씀하신 중생에 대한 진정한 자비는 일어날 수 없기 때문입니다.

　이토록 금강경은 경 이름 그대로 당대 불자들이 가지고 있는 단단하고 교만한 생각들을 끊는 지혜의 경입니다. 그리고 무아(無我)와 자비가 둘이 아님을 석가모니 부처님의 깨달음으로 전하고 있습니다.

# 제3부

## 금강경 역해

### 금강경 말씀을 누가 믿겠습니까

# 1. 금강경 상편 역해

## 法會因由分 第一

如是我聞 一時 佛 在舍衛國祇樹給孤獨園 與大比丘衆千二百五十人
俱 爾時 世尊 食時 着衣持鉢 入舍衛大城 乞食 於其城中 次第乞已
還至本處 飯食訖 收衣鉢 洗足已 敷座而坐

이렇게 내가 들었다.
  한때 부처님께서 사위국 기수급고독원에 큰 모임인 1,250명
의 비구들과 함께 계셨다.
  그때 세존께서 밥을 드실 때가 되어, 겉옷을 입으시고 동냥그
릇을 드시고 사위성에 들어가시어 밥을 비시었다. 그 성안에서
차례로 밥을 비시고 나서 다시 기수급고독원에 돌아오시어 음식
을 드셨다. 음식을 드신 뒤 옷과 밥그릇을 물리시고 발을 씻으
신 뒤 자리를 펴고 앉으시었다.

    ✽ 1,250분이 모인 것은 모든 비구들이 빠짐없이 모인 큰 자리

임을 의미한다. 그래서 이 경전은 모든 비구들이 함께 들은 말씀이다.

역사적으로 볼 때, 반야부 대승경전이 세상에 처음 나온 시기는 기원전 1세기에서 기원후 1세기 사이로 보고 있다. 금강경 본문에서도 500년 뒤를 말하는 구절이 있는데, 이것은 부처님이 돌아가신 뒤 500여 년경을 의미한다고 볼 수 있다. 이렇게 금강경이 세상에 나온 때가 뒤늦었기 때문에 기존 승단에서 외워 내려오는 경전 속에는 이런 경전이 있을 수가 없었다.

이런 점에서 금강경은 당대 사회에서 부처님 말씀으로서 정통성 시비를 일으킬 수 있었다. 금강경을 전하시는 제자들은 이 때문에 1,250분의 비구들이라는 문구를 썼다. 1,250분의 비구들이 모였다는 것은 모든 제자들이 빠짐없이 이 경전의 말씀을 들었다는 것을 뜻한다. 즉 1,250인이라는 표현을 통해 이 경이 분명히 부처님께서 말씀하신 것임을 강조하고 있다.

## 善現起請分 第二

時 長老須菩提 在 大衆中 卽從座起 偏袒右肩 右膝着地 合掌恭敬 而白佛言 希有 世尊 如來 善護念諸菩薩 善付囑諸菩薩 世尊 善男子 善女人 發阿耨多羅三藐三菩提心 應云何住 云何降伏其心 佛言 善哉 善哉 須菩提 如汝所說 如來 善護念諸菩薩 善付囑諸菩薩 汝今諦請 當爲汝說 善男子 善女人 發阿耨多羅三藐三菩提心 應如是住 如是降伏其心 唯然 世尊 願樂慾聞

그때 장로 수보리가 대중 가운데 있다가 자리에서 일어나, 오른쪽 어깨에 옷을 벗어 메고, 오른쪽 무릎을 땅에 꿇고 두 손을 모아 공경히 부처님께 아뢰었다.

"세존이시여! 여래께서 모든 보살들을 잘 보호하고 생각하시며, 모든 보살들에게 잘 분부하고 맡겨 주시는 것은 참으로 드문 일입니다."

❀ 수보리 존자는 부처님께서 보살들을 보호하고 생각한 것과 보살에게 그 법을 맡겨주신 것은 일찍이 들어보지 못한 일이라고 말한다. 금강경이 나온 당대 승단이 지녔던 경전 속에서는 이런 말씀을 담은 경전을 발견할 수 없기 때문이다.

"세존이시여! 좋은 집안의 남자와 여자가 위없는 올바르고 완전한 깨달음(아뇩다라삼먁삼보리)을 향해 마음을 내고는 마땅히 어떻게 머물러야 하며, 어떻게 그 마음을 다스려야 합니까?"

부처님께서 말씀하셨다.

"보살을 위해 여래가 행한 드문 일을 말하며 이렇게 묻는, 그대의 말은 참으로 훌륭하다. 수보리야, 그대의 말과 같이 여래는 모든 보살들을 잘 생각하고 보호해 주며 모든 보살들에게 나의 가르침을 잘 분부하고 맡긴다. 그대는 지금 자세히 들어라. 마땅히 그대를 위하여 말하겠다."

"좋은 집안의 남자와 여자가 위없는 올바르고 완전한 깨달음을 향해 마음을 내고는 마땅히 이와 같이 마음을 머물고, 이와 같이 그 마음을 다스려야 한다."

"예, 그렇습니다. 세존이시여! 듣고자 원합니다."

❊ 앞에서 살폈듯이, 금강경은 부처님께서 세상을 떠나신 500여 년 뒤에 나왔다. 이때는 불교가 교단뿐만 아니라 사회적, 정치적으로 강성할 때였다.

교리도 성숙한 시기라고 볼 수 있는데, 왜 금강경은 보살이 위없는 올바르고 완전한 깨달음을 얻는다는 주제를 놓고 경을 시작할까? 아뇩다라삼먁삼보리라는 표현은 불교를 모르는 외부인에게 포교하기 위해 만든 용어일까? 아니면, 금강경이 나온 당대 기존 승단이나 재가불자가 실천하는 부처님의 가르침이 온전한 부처님의 법이 아니라는 것을 주장하기 위해서 만든 용어일까? 그렇다면 당대 기존 승단이 생각하는 부처님의 위없는 진리는 어떤 내용일까?

금강경은 경 전체를 통하여 '위없는 올바르고 완전한 깨달음'의 의미를 기존 승단과 재가신도들이 가지고 있는 인식과 비교하며 밝히고 있다. 따라서 금강경을 읽는 우리는 기존 승단이 부처님의 진리에 대해서 어떻게 이해하고 있었는지를 간접적으로 살필 수 있다.

한편, 금강경에서 말씀하시는 아뇩다라삼먁삼보리를 이해하기 위해서는 오늘 우리 자신이 가지고 있는 선입견을 살펴볼 필요가 있다. 금강경이 출현한 때가 앞에서 말했듯이 부처님이 돌아가신 500여 년 뒤이며 역사적으로 B.C 1세기에서 A.D 1세기로 보고 있다.

그러므로 이 시기 뒤에 성립한 중기 대승불교사상인 유식이나 여래장사상, 밀교, 또는 남방 상좌불교나 중국에서 형성된 선종의 사상 등으로 금강경을 해석하는 것은 금강경을 올바로 보는 데 장애가 될 수 있다. 금강경을 내놓은 분들의 역사적 문제의식을 고려하지 않고 해석할 위험이 있기 때문이다.

금강경은 전편에 걸쳐 뚜렷한 문제의식을 가지고 일관되게 부처님의 말씀을 전하는 경전이다. 이러한 필자의 인식은 역사적인 관점에서 당대 불자들의 삶을 이해하는 태도이다.

❖ 금강경은 위 경전에서 분명히 말씀하듯, 부처님의 올바른 진리에 뜻을 둔 모든 사람들이 읽고 배우는 경전이다. 결코 수행을 오래 한 전문 수행자만 읽는 경전이 아니다.

## 大乘正宗分 第三

佛告須菩提 諸菩薩 摩訶薩 應如是 降伏其心 所有一切衆生之類 若卵生 若胎生 若濕生 若化生若有色 若無色 若有想 若無想 若非有想非無想 我皆令入無餘涅槃 而滅度之 如是滅度 無量無數無邊衆生 實無衆生 得 滅度者 何以故 須菩提 若菩薩 有 我相人相衆生相壽者相則非菩薩

좋은 집안의 남녀가 위없는 깨달음을 향해 마음을 내는 것은 곧 보살이 되는 것을 의미한다. 보살이 된다는 것은 모든 중생을 이익되게 하고 제도하는 데 뜻을 두고 실천할 때 가능하다. 깨달음은 중생을 이익되게 하는 보살행에서 나오기 때문이다. 그런데 어떻게 중생을 제도해야 올바른 보살이 될까? 보살의 길에 뜻을 둔 사람의 마음가짐을 중심으로 논의가 시작된다.

부처님께서 수보리에게 말씀하셨다.
"모든 보살의 길에 뜻을 둔 사람들은 마땅히 이와 같이 마음을 다스려야 한다.
'알에서 태어난 것이나, 태에서 태어난 것이나, 습한 기운에서 태어난 것이나, 생각의 변화로 태어난 것이나, 형상이 있는 것이나, 형상이 없는 정신적인 것이나, 지각이 있는 것이나, 지각이 없는 것이나, 지각이 있는 것도 아니고 지각이 없는 것도 아닌 것이나 일체 생명을 가진 종류에 속해 있는 것들을, 내가 다 남음이 없는 완전한 열반(평안)에 들게 하고 열반으로 제도하리라 하되, 이와 같이 헤아릴 수 없고 셀 수 없고 끝이 없는 뭇 중생들을 열반으로 제도하더라도, 실로 제도를 받은 중생은 하나도 없다'라고 마음을 다스려야 한다."

"왜냐하면, 수보리야, 만약 보살이 이와 같이 중생들을 제도하면서 여러 가지 생각, 즉 나라는 생각(내가 모든 생명들을 제도한다는 생각)·성인이라는 생각(성인들의 여러 경지를 얻는다는 생각)·중생이라는 생각(모든 생명들에게 보시를 베풀면 내게 복이 온다는 생각)·수명이라는 생각(보시를 베푼 복덕이 나의 미래에 이어진다는 생각)들이 마음속에 일어나면 올바른 보살이 아니기 때문이다."

❦ 금강경이 나온 때는 이미 불교가 정치 경제적으로 상당한 외호와 후원을 받고 있을 때였다. 심지어 불교 교단에 바쳐지는 공양과 권위, 존경, 생활의 편의를 누리기 위해 다른 종교인들이 불교에 위장 귀의하는 수가 많아 교리에 혼란이 일어나는 일이 있을 정도였다. 이런 혼란 때문에, 경전을 새로 결집해야 하는 일이 있기도 하였다. 이렇게 교단의 세력이 강성한 상황에서 금강경이 나온 까닭은 무엇일까?

우선 금강경은 당시의 불자들이 보살이 되는 길을 어떻게 이해하고 있었는지를 보여준다. 깨달음은 일체 중생을 제도해야 얻을 수 있다는 부처님의 가르침에 따라 모든 중생이 열반(욕망이 사라진 마음의 평안)을 얻도록 중생 제도에 노력하고 있었음을 알려준다. 또한 이런 실천 속에는 다양한 물질적 보시(남에게 베푸는 행위)가 포함되어 있었다. 아울러 이 과정에서 남을 제도하거나 보시를 베풀면 내가 그 복덕을 반드시 받는다는 생각을 당대의 불자들이 가지고 있었다는 사실도 알려준다.

그러한 생각이 곧 내가 모든 생명들을 제도한다는 생각·성인(聖人)들의 여러 경지를 얻는다는 생각·모든 생명들에게 보시를 베풀면 내게 복이 온다는 생각·보시를 베푼 복덕이 나의 미래에 이어진다는 생각 등이었다. 당시의 불자들은 이것을 부처님께서 친히 가르치신 '보살이 되어 중생을 제도하는 법(法)'이라고 이해하고 있었다. 이러한 생각을 가지고 있는 승단과 재가 불자들은 구체적으로 어떤 삶을 살고 있었을까? 그들의 삶은 과연 부처님께서 말씀하신 해탈과 평안의 삶이었을까?

금강경은 당대 불자들의 이러한 생각과 현실을 문제삼고 대화를 시작하고 있다. 내가 중생을 평안으로 제도하거나 보시를 베풀 때 성인의 경지 중 어느 하나를 얻게 되고, 그 복덕이 계속 나의 미래에 이어진다는 생각을 가지게 될 때, 내 삶은 어떤 길을 걸을까? 이런 생각 속에 감추어진 의식의 본 모습은 무엇일까? 이런 길을 걸을 때 과연 위없는 깨달음을 얻을 수 있을까?

금강경은 첫머리에서부터 이런 생각으로 중생을 제도하면 올바른 보살이 아니라고 말씀한다. 이 문제는 상상이나 교훈의 문제가 아닌, 금강경이 당대 역사 현실에서 만나고 있는 문제이다.

❈   필자는 금강경에 자주 강조되는 네 가지 생각[四相], 즉 아상·인상·중생상·수자상을 다음과 같이 해석한다.

아상(我相) : 나라는 생각(내가 모든 생명들을 제도한다는 생각). 불법(佛法), 즉 부처님의 가르침에 따라 내가 중생을 제도한다는 생각을 뜻한다.

인상(人相) : 성인(聖人)이라는 생각(성인들의 여러 경지를 얻는다는 생각). 내가 중생에게 보시를 베풀거나 제도를 하면 그 복덕으로 성인의 지위를 얻거나, 내생에 좋은 집안에 사람으로 태어나 세상의 공양과 존경을 받는 성인이 된다는 생각이다. 즉 성인의 경지를 얻고자 하는 것이 내가 보시나 수행을 실천하는 동기이다. 인상(人相)의 인(人, 사람)은 싼스크리스트어로 pudgala(補特伽羅)이다.

초기 불교에서는 수행에 따라 얻어지는 여러 '고귀한 사람들(聖人: 수다원, 사다함, 아나함, 아라한)'을 표현할 때 '사람'이라는 뜻으로 이 표현을 썼다. 그러므로 사람이라는 생각에는 '고귀한 사람'이 된다는 의미가 숨어 있다. 이 금강경에서는 보살에 대한 문제를 제기하고 있으므로 인상을 '고귀한 보살이 된다는 생각'으로 볼 수도 있다. 그러므로 금강경에 나오는 인상의 인(人)은 수다원에서 아라한까지 포함하는 여러 성인들과 보살을 포함하는 고귀한 사람을 의미한다고 본다.

따라서 필자는 인상(人相)을 '성인(聖人)이라는 생각'으로 번역하고, 뜻으로는 '성인들의 여러 경지를 얻는다는 생각'으로 풀이한다. 인상(人相)을 문자의 뜻대로 '사람이라는 생각'으로 번역하면 우리의 정서에 비추어 그 뜻이 잘 통하지 않기 때문이다.

중생상(衆生相) : 중생이라는 생각(모든 생명들에게 보시를 베풀면 내게 복이 온다는 생각). 불법에 따라 중생에게 보시를 베풀면 나에게 복이 온다는 생각으로 중생을 보는 관념을 뜻한다.

수자상(壽者相) : 수명이라는 생각(보시를 베푼 복덕이 나의 미래에 이어진다는 생각). 불법을 실천하여 얻은 복덕이 미래의 나에게 돌아온다는 생각을 뜻한다.

싼스크리스트 원본이나 현장 역본에 보면 위 사상(四相)의 순서가 아상·중생상·수자상·인상 순으로 나열되어 있다. 이 순서로 뜻을 새겨보면, '내(아상)가 중생을 제도하면(중생상), 그 복덕이 나에게 이어지며(수자상), 이 복덕으로 장차 내가 사람으로 태어나 성인(인상)이 되어 깨달음을 이룬다'로 해석되어, 문맥상 의미의 흐름이 자연스럽다.

그러나 원본과는 달리 아상·인상·중생상·수자상으로 배열한 것은 구마라집 법사가 중국말로 번역할 때, 운율에 맞춰 읽기 쉽게 하느라 이렇게 배치했다는 의견이 있다.

한편 구마라집 법사의 번역 순서를 원본의 순서로 그대로 받아들일 경우, '내(아상)가 보살이나 성인(인상)이 되기를 서원하여 중생(중생상)을 제도하면, 그 복덕이 미래의 나(수자상)에게 이어진다'로 해석된다.

금강경이 보살의 올바른 깨달음을 얻는 것을 주제로 말씀하는 것을 볼 때, 이렇게 인상(人相)이 중생상 앞에 나오는 것은 상당한 의미가 있다. 이 경우 인상(人相)은 위에서 설명했듯이 '보살이라는 생각', 즉 보살의 지위를 얻는다는 생각을 의미한다. 어느 경우

든 모두 고귀한 사람, 즉 성인이라는 생각을 뜻한다.

금강경에 나타나는 이 네 가지 생각〔四相〕에 대한 해석은 매우 다양하다. 기존의 해석들을 보면, 대략 세 가지로 나눌 수 있다.

우선 이 사상(四相)을 나라는 씨앗이 과거·현재·미래에 소멸하지 않고 흘러간다는 견해이다. 즉 아상은 나(我)라는 존재가 세계와 따로 존재한다는 생각이며, 중생상은 뭇 생명이 과거에서 지금까지 이어온다는 생각, 수자상은 내가 죽을 때까지 존재한다는 생각, 인상은 죽은 후 육도(六道)에 다시 태어난다는 생각 등을 말한다.

다음은 사상(四相)을 심리적으로 보는 해석이다. 아상은 나의 오만이나 자만으로 보고, 중생상은 나의 가족 혹은 국가 사회나 환경에 대한 욕망으로 보는 견해이다. 한편 인상은 인간으로서의 오만, 지위 또는 명예로 보고, 수자상은 죽은 뒤 나의 영혼이 미래에 계속 이어지리라는 생각 등으로 해석하는 견해이다.

마지막으로 아상은 나라는 견해로 보되, 아상을 제외한 나머지 세 견해를 각기 당시 외도(外道)들의 견해(수명상이나 중생상 등을 자이나교 등 외도들의 견해)로 보는 해석이다.

이런 세 가지 류의 해석이 의미가 없는 것은 아니다. 하지만 필자는 금강경을 전체적으로 이해하는 데는 문제가 있다고 생각한다.

우선 사상(四相)이 외도(外道)의 견해를 비판하는 것이라면, 보살이 중생을 제도할 때, 왜 하필 외도의 견해를 가지고 했느냐에 대해 답변이 궁색해진다.

또 사상(四相)을 무착(無着)의 게송에 나오는 것처럼 시간의 흐름에 따라 여러 형태의 나라는 존재로 해석할 경우, 논리적으로는 매우 설득력이 있겠다. 그러나 이런 해석은 금강경이 탑에 대한 공양, 승단의 권위, 복덕을 구하는 재가신도의 태도 등 당대 불교 현실 전반에 대해 비판하는 현실인식을 설명하기에는 너무 추상적이고 관념적인 해석일 수 있다. 역사적으로 대승불교는 당대 기존 승단을 소승으로 비판하는 데서 출현하였기 때문이다.

마지막으로 사상(四相)을 오만이나 욕망의 다양한 형태로 보는 해석인데, 가장 일반적인 해석이라고 할 수 있다. 그러나 이 해석은 금강경의 논리 전개 과정에서 보면 설명하기 어려운 점이 있다. 특히 마지막 결론 부분에 해당하는 금강경 31장에서 수보리 존자가 다시 부처님께 사상(四相)에 대한 견해가 부처님 자신에게 있는지 묻는 것을 볼 수 있다. 결론 부분에서 갑자기 이런 질문을 하는 것은 문맥의 전개로 보아 자연스럽지 못하다.

금강경은 처음부터 사상(四相)에 대한 문제제기를 다양하게 논의해왔기 때문에, 결론에서 반복해서 부처님께 오만이나 욕망에 대한 질문을 한다는 것은 매우 비논리적이기 때문이다.

여기서 필자가 강조하고 싶은 것은 이 사상(四相)이 매우 역사적인 개념이라는 것이다. 이 사상(四相)은 부처님께서 세상을 떠나신 500여 년 뒤 금강경이 나왔을 때, 그 당시 승단과 재가불자들이 가지고 있었던 불법(佛法)에 대한 일반적 생각이나 이념들로 보아야 한다.

　사실 이때는 역사적으로 불교가 매우 강성했고 이론적으로도 발달하던 시기였다. 따라서 이 사상(四相)은 오늘날 우리에게 알려져 있듯이 잘못된 욕망이나 비도덕적 관념일 수 없다. 당대의 불자들이 스스로 잘못된 생각이라는 것을 알면서도, 그러한 생각을 가지고 불교를 실천했다고는 상상할 수 없기 때문이다.

　오늘날 우리가 자기중심주의 또는 이기적인 생각이라는 뜻으로 쓰고 있는 아상(我相)이라는 개념도 금강경 등 여러 대승경전이 널리 알려지면서 형성된 것으로 추측해볼 수 있다. 오늘 이 시점에서 금강경을 읽을 때, 처음부터 이 네 가지 생각[四相]이 잘못이거나 집착이라는 생각으로 해석해서는, 금강경이 전달하는 다양한 문제의식을 일관되게 이해할 수 없다.

　금강경은 당대의 불자들이 가지고 있는 불교에 대한 여러 생각들(내가 보살이 되기를 서원하여 일체 중생을 제도하고, 중생에게 보시를 베풀면 내게 복이 오고, 그 복덕이 나의 미래로 이어지고, 이렇게 쌓여진 공덕으로 훌륭한 집에 고귀한 사람으로 태어나 마침내 깨달음을 얻어 성인이 된다는 생각)을 살피면서, 그런 생각들과 실제 불자들이 삶 속에 가지고 있는 의식 사이에 나타나는 괴리와 혼돈, 위선과 갈등을 성찰하고 있다.

　금강경은 따라서 이러한 사상(四相)에 대한 구체적인 비판을 풍부하게 담고 있다. 비판방법은 먼저 사상(四相) 등 불법을 받아들이는 당대 불교계의 명분과 실천의식을 살핀 뒤, 부처님의 말씀을 재해석한다.

　예를 들어, 누가 '법을 잘 지키자' 또는 '부자 아빠가 되자'고 말하면, 그 명분 자체는 비난의 여지가 없다고 할 수 있다. 그러나 오늘 이 시대의 불공정한 경제 상황이나 무전유죄(無錢有罪) 유전무죄(有錢無罪)라고 일컬어지는 사회 속에서 이해한다면, 그 말은 쉽게 실천할 수 없는 말임을 알 수 있다. 생존을 위해서는 법을 지킬 수 없는 사람들, 또 공정한 기회가 주어지지 않아 부자 아빠가 되기 어려운 상황에 있는 사람들, 이런 사람들은 이 말을 어떻게 이해할까? 이런 상황에서 법을 잘 지키는 사람이나 부자가 된 사람은 가난하거나 법을 못 지키는 사람들을 어떻게 보게 될까?

　금강경은 바로 한 시대를 지배하는 허위의식과 실천 사이에 일어나는 모순과 갈등, 괴리를 살피고 있다. 이렇게 금강경에는 불자들이 처해 있는 당대 현실에 대한 깊은 성찰과 심오한 사색이 담겨져 있다. 금강경은 당대 역사와 현실 속에서 일찍이 사랑과 자비의 길을 보여주신 부처님과 그 가르침의 진정한 의미를 다시 묻고 있는 것이다.

## 妙行無住分 第四

復次須菩提 菩薩 於法 應無所住 行於布施 所謂不住色布施 不住聲香味觸法布施 須菩提 菩薩 應如是布施 不住於相 何以故 若菩薩 不住相布施 其福德 不可思量 須菩提 於意云何 東方虛空 可思量不 不也 世尊 須菩提 南西北方四維上下虛空 可思量不 不也 世尊 須菩提 菩薩 無住相布施福德 亦復如是 不可思量 須菩提 菩薩 但應如所敎住

❈ 앞에서 내가 누구에게 보시를 베푼다는 생각이 지금(금강경이 나타난 때의) 현실에서는 무엇을 의미하는지에 대해 토론했다. 여기에서는 보시를 베푸는 그 물건을 어떻게 인식하고 있는지 살핀다. 이로써 보시를 베풀 때 일어나는 '누가, 누구에게, 무엇을'이라는 생각이 현실 속에서 무엇을 의미하는지에 대해 부처님과 수보리의 대화가 이어진다.

"또한 수보리야, 보살은 마땅히 모든 중생을 제도하면 성인이 되거나 여러 공덕을 얻는다는 법(法)에 생각(마음)을 두지 말고 보시를 베풀어야 한다. 이른바 형상에 생각을 두지 말고 보시를 베풀어야 한다. 소리와 향기와 맛과 감촉과 생각의 대상에도 생각을 두지 말고 보시를 베풀어야 한다."

"수보리야, 보살은 마땅히 이와 같이 보시를 베풀되 '내가 성인의 경지를 얻는다거나, 중생에게 보시하면 그 복덕이 나의 미래에 이어진다'라는 생각에 머물지 말아야 한다."

"왜냐하면, 만약 보살이 이러한 생각에 머물지 않고 보시를 베풀면 그 복의 결과를 가히 헤아릴 수 없기 때문이다."

❦ 여기서 말씀하는 상(相)의 개념은 단순히 떠오르는 생각이라기보다 오히려 부처님의 가르침〔佛法〕에 대해 굳게 믿는 이념이나 학습된 생각, 관념을 의미한다.

부처님이 말씀하신 중생제도의 법에 따라 보시를 베풀 때에 형상, 소리, 향기, 맛, 인식대상 등에 생각을 두고 베푸는 것은, 베푸는 물건에 가격을 매기는 것과 다르지 않다. 베푸는 물건의 가치를 생각하며 보시하는 사람은 현실이나 미래에서 보상을 바란다.

현실적으로 베푸는 물건에 값을 생각할 수 있는 보시는 상당한 재력가의 보시이다. 가난한 사람이 적은 것을 보시할 때는 상대적으로 그 물건의 가치가 낮은 것을 염려한다. 가치있고 비싼 물건을 보시하는 사람이 그 가격과 가치를 염두에 두고 보시한다면, 욕망의 소멸을 바라기보다 보상에 대한 기대가 더 큰 것이 아닐까? 값이 적은 것을 보시하는 사람도 상대적으로 보상에 대해 마음이 편치 않게 된다.

"수보리야, 그대는 어떻게 생각하느냐? 동쪽에 있는 허공을 헤아릴 수 있겠느냐?"

"헤아릴 수 없습니다. 세존이시여!"

"수보리야, 남쪽과 서쪽과 북쪽의 네 방향과 동남 남서 서북 북동의 네 사이 방향과 위아래에 있는 허공을 헤아릴 수 있겠느냐?"

"헤아릴 수 없습니다. 세존이시여!"

❀ 인도인들은 우리와 달리 동남서북의 순서로 방향을 가르킨다. 아리안족들이 인도로 내려온 방향이라는 말도 있다.

"수보리야, 보살이 '내가 성인의 경지를 얻는다거나, 중생에게 보시하면 그 복덕이 나의 미래에 이어진다'는 생각에 마음을 두지 않고 보시를 베푸는 복의 결과도 또한 이와 같아서 가히 헤아릴 수 없다. 수보리야, 보살은 꼭 이렇게 가르쳐 준 대로 마음을 머물러야 한다."

❀ 불자가 '내가 성인의 경지를 얻거나, 중생에게 보시하면 그 복덕이 나의 미래에 이어진다'는 생각을 가지고 중생을 제도하거나 보시를 베풀면, 그 속에 보상에 대한 탐욕이 숨어 있다고 금강경은 말씀한다.

금강경은 당대의 현실을 그대로 보여주고 있다. 부처님은 보시를 베풀 때에 보상에 대한 생각이 없이 보시를 해야 그 복덕이 헤아릴 수 없다고 말씀하신다. 그렇다고 해서 이 말씀이 보상을 구하지 않는 보시가, 보상을 구하는 보시보다 그 복덕이 양적으로 더욱 많기 때문에 따르라는 뜻은 아니다. 그것은 또 다른 탐욕이기 때문이다. 그래서 보살은 단지 부처님께서 가르치신 것에 마음을 머물러야 한다고 이르신다.

그러나 가치있고 비싼 물건을 보시하는 당대의 불자들은 현실적으로 무엇을 바라는가? 보상과 복덕은 종교적인 것인가, 아니면 탐욕인가? 가치에 따라 보상의 차별이 있으면, 그 평가의 기준은 종교적인가, 오히려 세속적인가? 당대의 불자들이 생각한 최고의 보상은 어떤 형태였을까?

## 如理實見分 第五

須菩提 於意云何 可以身相 見 如來不 不也 世尊 不可以身相 得見 如來 何以故 如來所說身相 卽非身相 佛告 須菩提 凡所有相 皆是虛妄 若見 諸相 非相 則見如來

❧ 내가 누구에게 보시를 베풀어서 받게 되는 복덕은 무엇일까? 여래는 32가지 훌륭한 몸 모양을 갖추고 계신다. 예를 들어 발바닥이 판판함, 손바닥에 수레바퀴 같은 무늬가 있음, 손가락이 가늘면서 긴 것, 온몸이 황금빛인 것, 몸에서 솟는 광명이 한 길이 됨, 몸이 곧고 단정함, 혀가 길고 넓음, 정수리에 살상투가 있음 등의 모두 32가지 훌륭한 특징을 갖추셨다.

그런데 여래가 여러 전생에 걸쳐 많은 고통을 겪으면서, 중생들에게 수많은 보시를 베푼 복덕으로 훌륭한 몸 모습을 얻었다고 한다면, 여래를 올바로 본 것일까? 여래의 훌륭한 몸 모양을 보면서 우리는 어떤 보상을 기대하게 될까?

"수보리야, 그대는 어떻게 생각하느냐? 신체적인 모습으로써 여래를 볼 수 있겠느냐?"

"아닙니다. 세존이시여! 그러한 32가지 신체적인 모습으로써 여래를 볼 수 없습니다. 왜냐하면, 여래께서 32가지 신체적인 모습을 말씀하신 바는 곧 신체적인 몸의 모습이 아니기 때문입니다."

❀ 여래가 많은 보시를 베풀어 32가지 찬란하고 원만한 몸 모습을 얻었다는 생각으로 여래를 보는 것은 옳지 않다. 사람들은 여래의 모습을 32상으로 보지만, 여래는 내가 중생을 모두 제도한 복덕으로 32상을 얻었다는 생각이 없다. 그래서 몸 모습을 갖추었다는 생각이 없다.

부처님께서 수보리에게 말씀하시었다.
"32가지 갖추어진 몸 모습으로 여래를 본다고 하는 말은 무엇이나 모두 헛된 거짓이다. 만약 32가지 갖추어진 모습〔諸相〕으로 여래를 보는 것이 다 헛된 거짓이고, 여래는 몸 모습이 아니라는〔非相〕 것을 가려보면 곧 여래를 올바로 보는 것이다."

❀ 세상을 지배한다는 전륜성왕에게도 32가지 모습이 갖추어져 있다. 32가지 모습으로 여래를 보는 것은 보시를 행하여 부귀와 권세를 갖춘 전륜성왕과 같은 복덕을 여래에게서 바라는 것과 같다.
금강경에서는 32가지 몸 모습 자체가 허망한 것이 아니라, 여래가 보시를 해서 이런 몸 모습을 복덕으로 얻었다는 그 생각이 곧 허망한 거짓이라고 말씀하시고 있다. 따라서 이렇게 32가지 모습을 여래가 얻은 모습이라고 보는 거짓된 견해를 버리고, 여래는 이런 모습이 아닌 것으로 보는 올바른 견해로 볼 때만이 부처님을 바로 볼 수 있다.

당대 불교를 따르는 신도들은 여래는 전생에 보시를 실천한 공덕으로 모든 32가지 훌륭한 몸 모습을 갖추고 있다고 생각했다. 그러나 이러한 생각 속에 자신의 부귀와 권세를 구하는 탐욕이 감추어져 있음을 금강경은 꿰뚫어 보고 있다. 32상이 보시에 대한 대가나 보상이라는 생각이 있는 한, 탐욕이 보시의 동기이다.

이러한 탐욕을 가진 불자는 현실을 어떻게 살까? 그는 탐욕과 성냄, 어리석음으로부터 자유로울까? 금강경은 불법을 따르며 중생을 열반으로 제도하고자 하는 보살이 오히려 탐욕을 가지고 있는 현실의 모순을 드러내고 있다.

## 正信希有分 第六

須菩提 白佛言 世尊 頗有衆生 得聞如是言說章句 生實信不 佛告須菩提 莫作是說 如來滅後後五百歲 有持戒修福者 於此章句 能生信心 以此爲實 當知是人 不於一佛二佛三四五佛而種善根 已於無量千萬佛所 種諸善根 聞是章句 乃至一念 生淨信者 須菩提 如來悉知悉見 是諸衆生 得如是無量福德 何以故 是諸衆生 無復我相人相衆生相壽者相 無法相 亦無 非法相 何以故 是諸衆生 若心取相 則爲着我人衆生壽者 何以故 若取法相 則着我人衆生壽者 若取非法相 即着我人衆生壽者 是故 不應取法 不應取非法 以是義故 如來常說 汝等比丘 知我說法 如筏喩者 法尙應捨 何況非法

> 보시를 베풀어도 복덕과 이익이 없다고 말하는 종교를 누가 따를 것인가? 더구나 부처님처럼 32가지 훌륭한 모습도 얻은 게 아니라는 가르침을 어떻게 받아들일 수 있을까? 보시를 베풀면 복덕이 돌아온다는 가르침은 부처님이 일찍이 하신 말씀이 아니던가.

그렇다면 부처님의 가르침에 따라 얻어지는 열반은 복덕을 얻는 것과 어떻게 다른가? 금강경은 32상처럼 공덕을 얻는 법이 곧 불법이라는 생각을 부정하고 있다.

수보리가 부처님께 말씀드렸다.

"세존이시여! 이와 같은 말씀이나 경전을 듣고서 진실한 믿음을 낼 중생이 조금이라도 있겠습니까?"

부처님께서 수보리에게 이르시되,

"그런 말을 하지 말아라. 여래가 가신 후, 제2 오백 년에 계율을 지니고 복을 닦는 자라면 이러한 경전의 말에 믿는 마음을 내어 이 말을 진실이라고 받아들일 것이다."

"마땅히 알라. 이 사람은 한 부처님이나 두 부처님이나 셋, 넷, 다섯 부처님께 착한 공덕을 심었을 뿐만 아니라, 이미 헤아릴 수 없는 천만 부처님께 모든 착한 공덕을 심었다. 그러므로 이 경전의 말을 듣고서는 다만 한 생각이라도 깨끗한 믿음을 내는 사람이다."

"수보리야, 여래는 이 경전의 말에 믿는 마음을 내는 모든 중생들이 이렇게 헤아릴 수 없는 복덕을 얻으리라는 것을 다 알고 본다. 왜냐하면, 이 모든 중생들은 다시 내가 모든 생명들을 제도한다는 생각 · 성인들의 여러 경지를 얻는다는 생각 · 모든 생명들에게 보시를 베풀면 내게 복이 온다는 생각 · 보시를 베푼 복덕이 나의 미래에 이어진다는 생각이 없으며, 이런 것이 불법이라는 생각이 없다. 그렇다고 수행과 보시가 아무 소용이 없다는 비법이라는 생각도 또한 없다."

"왜냐하면, 이 모든 중생이 이 경전의 말씀에 믿는 마음을 내고 사실로 받아들이더라도, 만약 마음이 '내가 공덕을 얻는다'라는 생각에 집착하면, 나 · 성인 · 중생 · 수명에 집착하는 것이 된다. 또 만약 32상과 같은 공덕을 얻는 것이 불법이라고 생각하여 집착하면, 곧 나·성인·중생·수명에 집착함이며, 또 수행과 보시가 아무 결과가 없다는 비법이라는 생각을 가지더라도 곧 나·성인·중생·수명에 집착함이 되기 때문이다."

"마땅히 이런 까닭으로, 불법에 집착하지 말아야 하며, 공덕이 없다는 비법도 집착하지 말아야 한다. 이런 뜻으로 여래가 항상 그대들 비구에게 나의 설법을 강을 건너면 버려야 할 뗏목과 같이 생각하라고 말하였다. 내가 말한 법도 오히려 버려야 하거늘, 어찌 하물며 원인과 결과를 무시하는 비법이겠는가?"

✽ '32상이 불법을 닦아 얻는 것이 아니다'라는 가르침이 불자들에게 외면 당하더라도, 후세에 조금이라도 올바르게 부처님의 법을 생각하는 자가 있다면 반드시 이 법을 받아들일 것이라고 금강경은 확신한다. 이런 사람들은 헤아릴 수 없이 많은 복덕이 있을 것이라고 부처님은 말씀하신다. 왜냐하면, 이 사람들은 다시 내가 모든 생명들을 제도한다는 생각·성인(聖人)들의 여러 경지를 얻는다는 생각·모든 생명들에게 보시를 베풀면 내게 복이 온다는 생각·보시를 베푼 복덕이 나의 미래에 이어진다는 생각이 없으며, 공덕을 닦아 얻는 것이 불법이라는 생각도 없으며, 그렇다고 수행과 보시를 해도 아무 복덕이 없다는 비법이라는 생각도 또한 없기 때문이다.

그러나 이 사람들이 이 경에 있는 말을 받아들이고 믿는 마음을 내더라도, 만약 '내가 누구에게 베푼다'라는 생각에 집착하거나, 공덕을 얻는 것이 불법이라고 집착하거나, 혹은 공덕도 인과도 없다는 비법이라는 생각을 하게 되면, 곧 나·성인·중생·수명에 집착함이 된다. 오직 마음속에 자신의 보상을 바라는 탐욕만 있기 때문이다.

32상을 얻는다는 생각은 곧 자기 자신의 이기적 보상을 구하는 길이지만, 당대의 보살은 도리어 이 길이 불법을 실천하는 길이라고 잘못 생각하고 있었다. 이렇게 되면 불법을 실천할수록 탐욕과 집착의 삶을 살게 된다. 금강경은 뗏목에 대한 비유를 들어 불법을 잘못 받아들이는 위험을 경계하고 있다.

❀ 이 뗏목에 대한 비유는 이미 중아함경에 나와 있는 말씀이다. 부처님께서는 일찍이 법을 가지고 논쟁하는 사람은 강을 건너 언덕에 도착한 후에도 계속 뗏목을 이고 다니며 뗏목을 자랑하는 사람과 같다고 말씀하셨다. 수행과 실천을 강조하시기 때문이다.
그런데 부처님 가신 500여 년 후에 금강경은 왜 다시 이 뗏목에 대한 비유를 제기할까? 그것은 당대 역사 속의 승단이 부처님의 법을 지키거나 수행하면서 오히려 권위와 복덕을 구하기 때문이다. 복덕과 보상을 불법에서 구하는 한, 이는 뗏목을 머리에 이고 가는 태도이니, 올바른 수행태도가 아니다. 뗏목의 비유를 보고 알 수 있듯이, 금강경을 전하신 주체는 기존 승단에서 전해오는 전통적 아함부 경전에 대해 깊은 이해를 가지신 분들이다.
금강경은 부처님의 가르침을 따르는 실천 속에서 오히려 탐욕을 일으키는 당대 불교계의 현실을 문제삼고 있다.

🌸 법(法, dhammā)과 비법(非法, adhammā) : 법(法)과 비법(非法)에 대한 말씀은 한글대장경 중아함경 제200 '아리타경'과 남전 중아함경(맛지마니까야) 제22 '뱀에 대한 비유의 경'에 나온다.

이 경에 보면, 아리타 비구는 부처님의 법(가르침)을 들었으나 배운 법을 가지고 남을 비난하거나 남과 논쟁만 하고 있었다. 여러 비구들이 이 사실을 부처님께 고하자, 부처님께서 아리타 비구에게 법만 알고 욕망은 버리지 못하는 것은 부처님의 가르침이 아니라고 꾸짖으신다. 이어서 "법도 버려야 하거늘 하물며 비법이겠는가?"라는 말씀을 하신다.

그런데 이 경전에 인용된 법(法)과 비법(非法)에 대한 해석이 다양하다. 맛지마니까야를 영역(英譯)한 비구 보디(Bodhi)는 법을 훌륭한 경지(good states)로 설명하며, 멈춤〔止〕과 관찰〔觀〕을 갖춘 훌륭한 수행경지로 해석하고 있다. 그리고 비법은 나쁜 상태(bad states)로 번역하며, 지관을 갖춘 훌륭한 경지를 얻겠다고 오히려 집착하는 것으로 해석한다. 훌륭한 경지에 대한 집착도 욕망이라고 말씀한 다른 경전 속의 부처님 법문을 근거로 이렇게 해석한다고 비구 보디는 쓰고 있다.

그러나 필자는 법과 비법에 대한 해석을 '아리타경'의 전체적인 문맥에서 살펴야 한다고 생각한다. 이 경에 보면, 부처님께서 비구들에게 법을 뗏목에 비유하고는 법을 버릴 뿐만 아니라 비법도 버릴 것을 말씀하신다. 이어 잘못된 법(가르침)을 일일이 설명하며 이런 가르침이 근심, 슬픔, 교만을 낳는다고 말씀하신다. 즉 오온(五蘊, 물질·느낌·지각·형성·의식)이 각각 나의 것이라든가, 나라든가, 나 자신(영역은 myself, 한역 및 한글대장경은 神이라고 번역)이라는 가르침이 모두 잘못된 가르침〔法〕이라고 말씀하신다.

따라서 이 경은 아리타 비구가 외도로 기우는 것을 부처님께서 경책하신 법문으로 볼 수 있다. 이렇게 보면 비법(非法)은 법답지 않은 것, 즉 올바르지 못한 외도의 가르침을 의미한다. 또 이런 외도의 법이 잘못된 것이라고 여래가 말씀하더라도, 만약 부처님께서 허무나 단멸(斷滅)을 가르친다고 생각하면 이 또한 잘못된 생각이라고 말씀하신다.

금강경에서는 당대 기존 상좌부 승단의 불교인식을 비판하며, 보시와 장엄, 수행 등의 법(法)에 관해 부처님의 올바른 뜻을 논하고 있다. 따라서 필자는 비법(非法)을 글자 그대로 비법으로 옮긴다. 비법은 올바르지 못한 법이라는 뜻이며, 그 의미 내용은 보시나 장엄을 해도 아무 소용이 없다는 법(가르침)으로 해석한다. 금강경 제27 무단무멸분에 '위없는 올바르고 완전한 깨달음에 마음을 낸 사람은 불법에 단멸(斷滅)을 말하지 않는다'는 말씀이 있기 때문이다.

만약 비법(非法)을 '법 아닌 것'으로 옮길 경우, 제7분에 나오는 비비법(非非法)을 '법 아닌 것도 아니다'라고 해석하여 자칫 논리적으로 부정에 부정을 거듭하여 다시 법을 의미하는 것으로 오해할 여지가 있기 때문이다.

한편, 운허 스님은 비법상(非法相)을 법이란 고집이 없어지고 진리가 나타나는 것을 고집하는 것으로 해석하시고 있다.(금강반야바라밀경, 홍법원, 1970) 금강경오가해 육조주(六祖註)에는 법이라는 것은 반야바라밀이고 비법(非法)이라는 것은 천상에 태어나는 것 등을 의미한다고 풀이하고 있다.

## 無得無說分 第七

須菩提 於意云何 如來得阿耨多羅三藐三菩提耶 如來有所說法耶 須菩提言 如我解佛所說義 無有定法 名阿耨多羅三藐三菩提 亦無有定法 如來可說 何以故 如來所說法 皆不可取 不可說 非法 非非法 所以者何 一切賢聖 皆以無爲法 而有差別

앞에서 복덕과 보상을 불법(佛法)에서 구하는 한, 부처님을 볼 수 없다고 말씀하셨다. 그렇다면 부처님은 무엇으로 위없는 올바르고 완전한 깨달음을 얻었는가? 위없는 올바르고 완전한 깨달음을 얻은 것은 공덕을 닦아 얻는 법이 있기 때문이 아닌가? 보시와 중생제도의 법이 곧 깨달음을 얻게 되는 정해진 법이 아닌가? 부처님도 이렇게 깨달음을 얻으신 것이 아닌가?

이제 금강경은 여래가 32가지 특징을 갖춘 공덕으로 '위없는 올바르고 완전한 깨달음'을 얻었다는 생각에 대해 토론한다.

"수보리야, 그대는 어떻게 생각하느냐? 여래가 어떤 법을 닦아서 위없는 올바르고 완전한 깨달음을 얻었는가? 여래가 위없는 올바르고 완전한 깨달음을 얻게 되는 어떤 법에 대해 말한 바가 있는가?"

수보리가 말씀드리되,

"제가 지금까지 부처님의 말씀하신 뜻을 이해하기에는, 위없는 올바르고 완전한 깨달음이라고 이를만한 그것에 이르는 정해진 법이 없으며, 또 그것을 이렇게 하면 얻게 된다고 여래가 말씀하신 정해진 법도 없습니다. 왜냐하면, 여래께서 법을 말씀하신 바는 다 내 것으로 가질 수 없고, 말할 수도 없으며, 법도 아니며, 그렇다고 공덕도 인과도 없다는 비법도 아니기 때문입니다. 그 까닭은 무엇입니까? 모든 현명하신 성인들께서 세상과 다른 점은 모두 다 얻거나 가지겠다는 탐욕이나 집착의 욕망을 떠났기 때문입니다."

※ 금강경은 보살행 등 불법을 실천해서 공덕을 '얻는다는 것'이 과연 무엇을 의미하는지 그 당대 현실의 실상을 자세히 보여준다. 불법 속에는 자신의 소유를 구하는 길이 없다. 이것이 불법에 대한 바른 이해이다. 그러나 당대의 불자들은 불법을 통하여 자신의 복덕을 구하고 있다. 나아가서 부처님도 이런 법을 닦아서 얻은 공덕 법으로 위없는 깨달음을 얻었다고 생각하고 있었다. 그러나 부처님은 스스로 얻으신 위없는 깨달음이, 불자들이 생각하듯, 어떤 공덕을 얻는 법을 실천해서 얻은 것이 아니라고 말씀하신다.

이러한 말씀은 당대 불자들을 천둥같이 놀라게 하는 말씀이다. 만약 부처님의 깨달음이 중생제도나 값비싼 보시를 베풀어 얻을 수 있다고 생각한다면, 그러한 생각은 이기적인 탐욕과 오만의 길이니 탐욕과 집착, 성냄을 일으키는 세속의 삶과 다름이 없다는 것이다.

모든 성인들이 세상 사람들과 다른 점은 모두 다 얻거나 가지겠다는 탐욕과 성냄, 어리석음을 버렸기 때문이다. 위없는 진리인 부처님의 깨달음은 내가 쌓아 얻은 공덕으로 얻는 것이 아니라, 오히려 탐욕을 버려서 얻는 것이라는 것을 금강경은 강조하고 있다.

부처님의 법은 쌓아 얻는 법이 아닌 욕망이 사라지는 법이니, 무위법에는 공덕을 얻는 법이나 비법이 없다.

무위법(無爲法)은 탐욕과 성냄, 어리석음이 사라진 것을 말한다. 이 무위법은 일찍이 부처님께서 하신 말씀이며 초기경전에서도 강조되어 있다.

성인(聖人)이란 수다원, 사다함, 아나함, 아라한 등의 성인들을 뜻한다. 이렇게 불법을 실천한다는 불자들의 의식 속에 존재하는 탐욕을 폭로하는 금강경은 당대 불자들에게 중생제도와 보시의 진정한 의미를 말씀하고 있다.

## 依法出生分 第八

須菩提 於意云何 若人 滿 三千大千世界七寶 以用布施 是人 所得福德 寧爲多不 須菩提 言 甚多 世尊 何以故 是福德 卽非福德性 是故 如來 說福德多 若復有人 於此經中 受持乃至四句偈等 爲他人說 其福 勝彼 何以故 須菩提 一切諸佛 及諸佛阿耨多羅三藐三菩提法 皆從此經出 須菩提 所謂佛法者 卽非佛法

❦ 지금까지 부처님과의 대화를 통해 보시의 진정한 의미를 이해하게 되었다. 이런 말씀을 담은 이 경은 기존 승단이 전하고 있는 경전과 어떤 관계가 있을까? 이러한 깨달음은 우리 삶에 어떤 의미가 있을까?

"수보리야, 그대는 어떻게 생각하느냐? 만약 어떤 사람이 여래들, 아라한들, 올바로 깨달으신 분들에게 삼천대천세계에 가득한 일곱 가지 보석을 보시한다면, 이 사람이 복덕을 얻는 바는 얼마나 많겠다고 생각하느냐?"
수보리가 말씀드리되,
"심히 많습니다. 세존이시여! 왜냐하면 이 복의 결과는 곧 덩어리로 쌓여져 있는 것이 아니므로 여래께서 복의 결과가 많다고 말씀하신 것입니다."

🕮 이 복의 결과는 복이 쌓여 보상으로 이어지는 것도 아니고, 내가 가질 수 있는 것도 없다. 부처님은 이렇게 내가 가질 수 없다는 의미에서 복이 많다고 말씀하신 것이다.

"만약 다시 어떤 사람이 이 경 가운데 단지 네 구절의 게송만이라도 받아 지녀서 다른 사람을 위하여 말해준다면 그 복이 저 앞의 복보다 낫다. 왜냐하면, 수보리야, 모든 여러 부처님과 여러 부처님들의 위없는 올바르고 완전한 깨달음의 법이 모두 이 경으로부터 나오기 때문이다."
"수보리야, 그러나 이렇게 부처님이 가르침(불법)이라고 말한다고 해도 그것은 곧 불법이 아니라고 해야 한다."

🕮 금강경은 중생을 제도하고 보시를 베푼다는 생각 속에 오히려 자신의 복덕을 바라는 욕망이 숨어 있음을 밝혀냈다. 그리고 이런 생각이 탐욕임을 깨닫는 것이 곧 모든 부처님들의 올바른 가르침이라고 일깨워준다. 보시에 대한 복덕으로 복이 쌓여진다고 생각하는 사람들은 복덕을 덩어리로 생각하고 있다. 부처님이 복덕 쌓음이 많다고 말씀하신 것은 보상으로서 내가 받는다는 뜻에서 하신 말이 아니라고 강조하고 있다.

아무리 값비싼 보석을 보시로 베풀더라도, 쌓인 복덕은 자기가 얻어 가질 수 있는 것이 아니라고 말하는 금강경은 어떤 현실에서 누구에게 이런 말을 하고 있는 것일까? 자기에게 오는 복덕이 없다면 과연 그렇게 많은 보석을 여래나 아라한, 부처님에게 바칠 사람이 있을까?

또 부처님이 돌아가신 500여 년 뒤에 여래들이나 아라한들 또는 깨달은 이들에게 엄청난 재물로 보시하던 불자들은 금강경의 이런 말씀을 어떻게 받아들였을까?

한편, 금강경은 놀랍게도 이 금강경이야말로 모든 부처님들(깨달은 이들)과 깨달음에 이르는 법이 나오는 경이라고 분명히 선언하고 있다. 이 선언은 바로 대승불교운동을 일으킨 분들의 외침이 아닐까? 이 선언은 현실적으로 이미 경전을 지니고 있는 당대 승단의 권위에 대한 심각한 도전이 아닐 수 없기 때문이다.

참고로 이 금강경에는 사구게로 된 게송이 모두 두 개가 있으니 다음과 같다. 이런 사구게의 시가 당대의 불자들에게 어떻게 들렸을까?

"만약 형상으로써 나를 보거나
음성으로써 나를 구하면
이 사람은 사도(邪道)를 행함이니
결코 여래를 볼 수 없으리."

"모든 탐욕과 집착이 일으키는 것은
꿈과 같고 환상과 같고 물거품과 같고 그림자 같네.
이슬과 같고 번개와도 같으니
마땅히 이와 같이 보아야 하리."

중생을 제도하면 32가지 신체적 특징 등의 공덕을 내가 얻거나, 내가 얻어 가지게 된다는 법(法)은 깨달음에 이르는 법이 아니다. 이런 생각으로 불법을 받아들여서는 안 되기 때문에 금강경에서는 "불법이라고 말한 바는 불법이 아니라"고 말씀하신다. 불법 속에는 '내가 무엇을 얻을 수 있는 것'이 없기 때문이다.
　왜 금강경은 모든 부처님과 깨달음에 이르는 법이 이 금강경에서 나온다는 말씀을 할까? 당대 기존 승단의 삶은 어떠했을까? 그들은 불법을 닦으면서 어떤 생각을 했을까?

　❁　어떤 사람이 삼천대천세계에 가득한 칠보로써 보시한다고 할 때, 누구에게 보시하는 것일까? 구마라집 역에는 나타나 있지 않지만, 현장 역이나 싼스크리스트 영역 본에는 모두 여래들, 아라한들, 깨달은 이들에게 보시한다고 적혀 있다. 모두 복수로 적혀 있으니 당대의 상황 속에서 이 의미가 해명될 필요가 있다.

## 一相無相分 第九

須菩提 於意云何 須陀洹 能作是念 我得須陀洹果不 須菩提 言 不也 世尊 何以故 須陀洹 名爲入流 而無所入 不入色聲香味觸法 是名須陀洹 須菩提 於意云何 斯陀含 能作是念 我得斯陀含果不 須菩提 言 不也 世尊 何以故 斯陀含 名一往來 而實無往來 是名斯陀含 須菩提 於意云何 阿那含 能作是念 我得阿那含果不 須菩提 言 不也 世尊 何以故 阿那含 名爲不來 而實無(不)來 是故 名阿那含 須菩提 於意云何 阿羅漢 能作是念 我得阿羅漢道不 須菩提 言 不也 世尊 何以故 實無有法名阿羅漢 世尊 若阿羅漢 作是念 我得阿羅漢道 卽爲著我人衆生壽者 世尊 佛說我得無諍三昧 人中 最爲第一 是第一離欲阿羅漢 我不作是念 我是離欲阿羅漢 世尊 我若作是念 我得阿羅漢道 世尊 卽不說須菩提 是樂阿蘭那行者 以須菩提 實無所行 而名須菩提 是樂阿蘭那行

❀ 지금까지 보살이 보시의 가르침을 실천하는 것 속에 오히려 탐욕이 숨어 있음을 보았다. 그리고 또 부처님의 가르침을 잘못 받아들이고 있는 현실을 두루 살폈다. 부처님의 깨달음도 무엇을 얻는 법을 실천해서 얻어지는 것이 아니기 때문이다. 또 그런 법을 정해서 말씀하신 것도 없었다.

이제 금강경은 당대 현실에서 출가 승단이 어떤 생각을 가지고 수행하는지 말씀한다. 수행승은 불법을 수행하면 그 수행의 과보로 여러 성인의 경지를 얻는다고 생각하고 있다.

"수보리야, 그대는 어떻게 생각하느냐? 수다원의 경지를 얻은 사람이 '내가 수다원의 과보를 얻었다'고 생각할 수 있느냐?"

수보리가 말씀드리되,

"아닙니다, 세존이시여! 왜냐하면, 수다원은 '성인의 경지에 들어감(입류)'이라는 뜻이지만 들어가는 바가 없습니다. 수다원과는 형상, 소리, 향기, 맛, 감촉, 생각의 대상 등에 들어가는 수행으로 얻는다고 하지만, 오히려 이런 것에 들어가지 않았으므로, 이를 수다원(성인의 경지에 들어감)이라고 부릅니다."

"수보리야, 그대는 어떻게 생각하느냐? 사다함이 '내가 사다함의 경지를 얻었다'고 생각할 수 있느냐?"

수보리가 말씀드리되,

"아닙니다, 세존이시여! 왜냐하면, 사다함은 그 이름이 '한번 이 세상에 돌아옴'(일왕래)이되 '돌아옴'을 얻는 법이 없었으므로 사다함이라고 부릅니다."

"수보리야, 그대는 어떻게 생각하느냐? 아나함이 '내가 아나함의 경지를 얻었다'고 생각할 수 있느냐?"

수보리가 말씀드리되,

"아닙니다. 세존이시여! 왜냐하면, 아나함은 그 이름이 '이 세상에 오지 않음'(불래)이라 하오나 실로 '오지 않음'을 얻는 법이 없었으므로 아나함이라고 부릅니다."

"수보리야, 그대는 어떻게 생각하느냐? 아라한이 '내가 아라한에 들어서는 길을 얻었다'고 생각할 수 있느냐?"

수보리가 말씀드리되,

"아닙니다. 세존이시여! 왜냐하면, 실로 제가 아라한이라 불리도록 수행을 얻는 법이 없었기 때문입니다. 세존이시여! 만약 아라한이 '내가 아라한에 들어서는 길을 얻었다'고 생각한다면, 곧 나·성인·중생·수명에 집착함입니다.

세존이시여! 부처님께서 저를 다툼이 없는 삼매를 얻은 사람 가운데에서 제일이라 하시며 '이 사람이야말로 제일 뛰어난 욕망을 떠난 아라한이다'라고 하십니다. 그러나 저는 '내가 욕망을 떠난 아라한이다'라는 생각을 하지 않습니다. 제가 '아라한에 드는 길을 얻었다'고 생각한다면, 세존께서는 곧 '수보리는 고요한 행을 즐기는 자'라고 말씀하시지 않겠지만, 제가 참으로 고요한 행을 얻는 법이 없었으므로, 수보리는 '고요한 행을 즐기는 자'라고 이름하셨습니다."

✿ 수행자가 닦아 얻는 수행의 법으로 내가 성인(聖人)의 경지를 얻는다는 것은 부처님의 가르침이 아니다. 그것은 재가 신도가 보시를 해서 복덕이나 32상을 얻는다는 생각과 같기 때문이다. 부처님은 어떤 닦아 얻는 법을 수행하여 깨달음을 얻으셨거나, 그런 깨달음을 얻는다고 설하신 정한 법이 없다고 이미 말씀하셨다. 수다원, 사다함, 아나함, 아라한도 수행자가 법을 실천하여 얻는 것이 아니며, 그것을 내가 얻었다는 생각도 없다. 이것이 불법을 닦는 수행승이나 성인(聖人)들의 진정한 태도라고 금강경은 말씀한다.

수보리 존자가 얻은 아라한 도(道)는 '아라한에 들어서는 길을 얻었다'는 것을 의미한다. 도(道)는 입문(入門)을 의미하고, 과(果)는 얻은 후의 경지를 말한다. 수행자가 성인(聖人)의 과보(果報)를 얻었다는 생각 속에는 무엇이 있는가? 금강경은 '내가 아라한에 들어서는 길을 얻었다'는 생각 속에 내가 이런 법을 닦아 얻었다는 수행의 교만과 권위가 있음을 드러내고 있다. 교만과 권위는 다툼을 가져오고, 미움·증오 등 시끄러운 분란을 일으킨다.

금강경은 수보리 존자가 얻은 삼매를 '다툼이 없는 삼매'로, 행하는 바는 '아란나행(고요한 행)'으로 설명하시고 있다. 이 말씀은 수보리 존자 개인이 성취한 수행을 설명한 것이거나 혹은 도덕적 훈계에서 나온 말씀이 아니다. 그보다 당시 승단이 어떻게 수행을 했었는지 아주 구체적으로 보여 주는 금강경의 현실인식으로 이해할 필요가 있다.

부처님께서 세상에 계실 때에는 수행에 따라 그 성취한 성인(聖人)의 경지를 네 단계(수다원, 사다함, 아나함, 아라한)로 나누어 설명하셨다. 그 목적은 제자들이 한층 더 깊은 정진을 격려하기 위해서였다. 그러나 세월이 흐름에 따라, 성인들의 네 단계 경지가 오히려 수행 과보의 위·아래를 구분하여 권위와 오만, 경쟁과 분란을 낳고 있었다.

역사적으로 승단에서는 이미 아라한에 대한 정의를 가지고 혼란과 분쟁을 경험하였다. 당대 승단은 성인(聖人)의 경지를 추구하면서 오히려 실제의 삶은 다툼과 혼란이 일어나고 있었으니, 금강경은 이러한 출가 승단의 현실이 일반신도가 보시를 행하면서 가지고 있는 이기적 탐욕의 현실과 조금도 다를 바가 없다고 비판하시고 있다.

금강경은 수행의 진정한 의미는 내가 불법을 실천하여 얻은 수행 공덕으로 성인이 되었다는 법이 없는 것이며, 또 내가 무슨 경지를 얻었다는 생각이 없는 것이라고 말씀하시고 있다.

금강경은 먼저 재가신도의 삶을 살피고 이어서 승단의 삶을 살피고 있으니, 이렇듯 금강경은 재가신도나 승단이 어떤 삶을 사느냐를 그 구체적 삶과 의식 속에서 성찰하시고 있다.

❀ 네 가지 성인들(수다원, 사다함, 아나함, 아라한) : 4쌍8배는 수행의 깊고 얕음에 따라 수행의 단계를 객관적으로 표현하는 전통적 방식인데, 4쌍은 수다원〔預流 혹은 入流〕, 사다함〔一來〕, 아나함〔不來〕, 아라한을 의미하고 각 단계마다 입문을 의미하는 도(道) 또는 향(向)과 그 경지를 완전히 얻은 과(果)가 각각 있어 8배라고 한다.

한글대장경 잡아함경(동국역경원, 1967) 제26권 수타원경과 제29권 사문법사문과(沙門法沙門果)경에 보면 수다원과는 세 가지 번뇌〔身見, 戒取見, 疑見〕가 끊어진 성인이며, 사다함과는 세 가지 번뇌가 끊어지고 탐욕, 성냄, 어리석음이 엷어진 지위이다.

아나함과는 욕계의 다섯 가지 번뇌〔五下分結〕가 다한 지위이다. 욕계의 다섯 가지 번뇌는 탐욕〔貪結〕, 성냄〔瞋結〕, 몸에 대한 집착〔身見結〕, 계율에 대한 집착〔戒取見結〕, 의심〔疑結〕의 번뇌이다. (불교사전, 운허 스님, 동국역경원)

아라한과는 탐욕·성냄·어리석음이 다하고 일체번뇌가 다한 성인이다. 이어 사문법사문의(沙門法沙門義)경에는 사문이 지켜야 할 법은 팔정도(八正道)이며 사문의 도리는 탐욕·성냄·어리석음을 모두 끊고 일체 번뇌를 모두 없애는 것으로 설명하고 있다.

모든 성인들을 팔정도(바른 견해, 바른 사유, 바른 언어, 바른 행위, 바른 생계, 바른 노력, 바른 새김, 바른 집중)를 실천함으로써 탐욕, 성냄, 어리석음을 없애는 분들로 소박하게 정의하고 있음을 볼 수 있다.

남전(南傳) 잡아함경 쌍윳따니까야(전재성 역, 한국빠알리성전협회, 1999) 제2권 인연쌍윳따 장자의 품 주석을 보면 성인(聖人)의 단계인 4쌍8배에 대하여 이렇게 정리하고 있다.

먼저, 진리의 흐름에 든 경지를 향하는 자[預流向]와 흐름의 경지에 도달한 자[預流果]를 첫째, 흐름에 든 자[預流者]라고 한다. 이들은 열 가지 결박 가운데 ① 자기가 있다는 환상[有身見], ② 모든 일에 대한 의심[疑], ③ 미신적 관습[戒禁取]에서 벗어나게 된다.

둘째, 천상에 갖다가 한 번 돌아와 해탈을 하는 경지로 향하는 자[一來向]와 한 번 돌아오는 경지에 도달하는 자[一來果]는 한 번 돌아오는 자[一來者]로 불리며 열 가지 결박 가운데 위의 세 가지와 더불어 ④ 감각적 쾌락에 대한 욕망[欲貪], ⑤ 마음의 분노[有對]를 거의 끊게 된다.

셋째, 천상에 가서 해탈하므로 이 세상에 돌아오지 않는 경지를 향하는 자[不還向]와 돌아오지 않는 경지에 이른 자[不還果]는 돌아오지 않는 자[不還者]라고 불린다. 이들은 위의 다섯 가지를 완전히 끊은 자이다.

넷째, 거룩한 이를 향하는 자[阿羅漢道 혹은 阿羅漢向]와 거룩한 이의 경지에 도달한 자[阿羅漢果]는 거룩한 이[阿羅漢]라고 불린다. 이들은 위의 다섯 가지 결박은 물론 ⑥ 형상에 대한 욕망[色貪], ⑦ 무형상에 대한 욕망[無色貪], ⑧ 자만하는 마음[慢], ⑨ 자기 정당화[掉擧惡作], ⑩ 진리를 모르는 것[無明]을 벗어났거나 완전히 벗어난 자이다.

콘체(E. Conze) 씨는 수다원은 나라는 생각(the view of individuality), 계율과 관습에 대한 집착(the contagion of the rule and ritual), 의심(doubt or perplexity) 등 3가지 장애를 제거하는 성인이며, 일래과(사다함)는 감각적 쾌락(ensuous greed)과 악의(ill will)를 제거하려고 노력하는 지위, 불래과(아나함)는 일래과에서 없애려는 감각적 쾌락과 악의를 제거하게 되는 성인이라고 설명한다.

또 아라한과는 더 높은 장애를 제거하니, 형상계에 대한 욕망(greed for the world of form), 무형상계에 대한 욕망(greed for the formless world), 흥분(excitedness), 자만(conceit), 무지(ignorance) 등을 없애는 성인의 지위로 설명하고 있다(The Diamond Sutra, Harper & Row, 1958).

위 분류는 열 가지 장애를 중심으로 수행의 경지를 네 단계로 분류한 것이다.

그러나 초기경전을 보면 이 네 가지 수행단계가 처음부터 있었던 것이 아님을 알 수 있다. 부처님이 처음 깨달음을 이루신 후 먼저 다섯 비구를 깨우치셨는데, 이때 이 세상에 있는 아라한의 수가 부처님을 포함하여 여섯 명이라고 전하고 있다. 이렇게 초기경전으로 갈수록 누구나 수행하면 아라한(거룩한 이, 공양 받을 만한 이)이 된다는 소박한 인식이 있었음을 알 수 있다.

또 재가신도들이 집에서 청정한 생활을 못하였어도 부처님·불법·승단 등 삼보에 믿음만 가져도 수다원이 된다고 부처님이 말씀하는 것을 볼 수 있다. 따라서 이 네 가지 성인의 경지는 처음부터 엄격한 조건으로 분류가 되어 있었던 것이 아님을 알 수 있다.

중아함경에 보면 부처님께서 이 수행단계를 분류하신 것은 오로지 수행에 격려와 이익을 주기 위해 만든 것이었다고 한다. 구사론에서 보듯, 후기 상좌불교에 와서는 이 네 가지 단계를 여러 겁을 닦아서야 얻어지는 고도로 복잡한 조건으로 설명하고 있다. 이 역시 수행단계에 대한 인식이 고도로 기술적이고 권위적인 형태로 변화되어 왔음을 보여 주고 있다.

## 莊嚴淨土分 第十

佛 告須菩提 於意云何 如來 昔在然燈佛所 於法 有所得不 不也 世尊 如來 在然燈佛所 於法 實無所得 須菩提 於意云何 菩薩 莊嚴佛土不 不也 世尊 何以故 莊嚴佛土者 則非莊嚴 是名莊嚴 是故 須菩提 諸菩薩摩訶薩 應如是生清淨心 不應住色生心 不應住聲香味觸法生心 應無所住 而生其心 須菩提 譬如有人 身如須彌山王 於意云何 是身 爲大不 須菩提 言 甚大 世尊 何以故 佛說非身 是名大身

❀ 금강경은 앞에서 당대 출가 승단이 불법을 닦아서 얻은 수행공덕으로 수다원, 사다함, 아나함, 아라한과 등 여러 성인들의 경지를 얻었다는 생각이 있으면 올바른 수행이 아니며, 이러한 생각이 오히려 권위에 대한 집착과 다툼을 일으킨다고 말씀하셨다. 내가 닦아서 성인의 경지를 얻는다는 법을 가지고 하는 수행은, 올바른 수행이 아니기 때문이다.

금강경은 나아가 또 하나의 당대(부처님 열반 500여 년 후) 현실을 문제삼으니 바로 사원이나 불탑을 장엄하는 신앙이다. 지리적으로 불탑은 승원 밖에 위치하고 있었는데, 승단과는 별도로 재가신도가 관리하고 있었다. 이 부처님의 사리를 모시는 탑에 대규모의 장엄이 성행하였던 것을 역사는 우리에게 보여 주고 있다. 이처럼 탑에 대한 대규모의 장엄이 가능했던 것은 통일된 국가의 왕권과 해상 무역과 산업이 대규모로 발전된 당대 역사적 상황을 반영하고 있다.

탑은 물론 가난한 재가신도도 장엄하였겠지만, 역사적 유적에서 보여지듯, 탑의 엄청난 규모를 볼 때 현실적으로는 왕권과 재력이 있는 재가신도들에 의하여 주도되었다고 하지 않을 수 없다. 당시 승단에 바쳐진 광대한 땅, 규모가 큰 사원이나 탑을 짓는 데 들어간 재화와 인력은 제도적으로는 왕과 귀족 그리고 부유한 장자들이 제공하였다. 그러나 실제로 재화를 생산하고 엄청난 사원과 탑을 짓는 데 노동력을 제공한 사람은 당대 수많은 백성들이다.

백성들이 만든 재화와 노동력이 왕·귀족·장자를 통하여 탑이나 사원으로 들어간 정치적, 경제적 과정은 어떠했을까? 거기에 강제나 수탈은 없었을까? 그에 따른 눈물, 슬픔, 폭력, 증오는 없었을까? 승단에 보시나 장엄을 베푸는 유력자들이 얻는 복덕은 구체적으로 무엇을 의미할까?

금강경은 이러한 대규모의 호화로운 장엄을 베푸는 불자들 사이에 연등불 신앙이 있다는 것을 보여 주고 있다.

연등불 신앙은 부처님께서 연등불이 계신 처소에서 장엄을 한 공덕에 의해 32상이나 부처가 될 수기(예언이나 언약)를 얻으시고, 다음 생에 카필라국에서 왕자로 태어나 아뇩다라삼먁삼보리의 위 없는 진리를 얻으셨다는 생각이다. 이러한 연등불 신앙에는 아라한의 경지는 금생에서 얻을 수 있더라도, 그보다 더 높은 부처님의 깨침은 이미 연등불에서 행한 장엄으로 그 공덕에 의해 얻어진 것이라는 생각을 담고 있다.

　금강경은 여기서 불탑 장엄에 대한 생각과 그러한 신앙을 현실에서 실천하고 있는 불자들의 실천의식을 성찰하신다. 금강경은 이것을 어떻게 보고 계실까?

　부처님께서 수보리에게 이르시되,
"그대는 어떻게 생각하느냐? 여래가 옛적에 연등불 아래 계시면서 위없는 올바르고 완전한 깨달음을 얻기 위해 많은 공양과 장엄을 하였다. 그때 위없는 보리를 얻기 위해 공양과 장엄 등 불법을 실천하여 얻은 공덕(수기)이 있었느냐?"
"아닙니다. 세존이시여! 여래께서 연등불 아래 계실 때 불법을 닦아 얻은 공덕(수기)이 없었습니다."
"수보리야, 그대는 어떻게 생각하느냐? 보살이 법을 닦아 얻은 수기가 없었다면, 불국토를 장엄했다고 할 수 있느냐?
"아닙니다, 세존이시여! 왜냐하면 불국토를 장엄한다는 것은 곧 장엄이 아니기에 장엄이라고 이릅니다."

　❀ 부처님께서 전생에 보살로서 연등불 처소에 계실 때 아뇩다라삼먁삼보리를 얻기 위해 장엄과 연등불에 대한 공양 등 불법을 실천하였으나 그로 인해 얻은 수기 등 공덕이 없었다고 부처님은 말씀하시고 있다.
　위없는 부처님의 진리는 '내가 불법을 실천하여 얻은 공덕'으로는 얻을 수 없기 때문이다. 얻은 것이 없었다면 장엄한 공덕은 어디에 있는가? 부처님은 장엄을 해도 '누가 장엄을 하고 또 그 장엄으로 무엇을 얻는다'는 장엄은 장엄이 아니라고 말씀하신다. 이 말씀은 연등불 신앙을 가진 당대의 불자들에게 벼락같이 하시는 말씀이다. 장엄은 장엄이 아니라는 금강경의 말씀은 논리적이나 교리적인 측면이 아닌, 당대의 현실 위에서 이해될 필요가 있다.

금강경은 장엄을 하는 재가 불자들의 의식 속에 어떤 동기가 있는지를 묻고 있다. 장래 32상의 부귀 권세나 미래를 보장하는 수기를 얻고자 하는 동기를 가지고 사원이나 탑을 장엄하는 불자는 갖가지 호화호운 형상, 소리, 향기 등으로 장엄하고 있다. 이러한 동기를 가지고 여래의 전생을 이해하는 한, 보살이 전생에 행한 장엄을 이해할 수가 없다고 금강경은 말씀하신다.

여래께서는 '내가 무엇을 얻기 위해 장엄을 한다'는 것이 이기적 욕망임을 알아서 모두 버리셨기 때문이다. 위없는 부처님의 진리는 더더욱 이런 법으로는 얻지 못한다. 만약 누가 장엄을 한 것이 있다고 한다면, 겉으로는 부처님의 행적을 따르는 것이라고 말할 수 있어도, 그 속에는 값있는 것을 세속적으로 따지고, 그 베푼 만큼 보상을 얻는다는 세속적 기대가 탐욕으로 숨어 있다. 대규모의 장엄을 하는 당대의 재가 불자들의 삶 속에서 금강경은 과연 무엇을 보았기에 이런 말씀을 하시고 있는가?

"이런 까닭으로 수보리야, 보살의 길에 뜻을 둔 모든 사람은 마땅히 이와 같이 공양과 장엄의 불법을 실천하는 데 깨끗한 마음을 낼지니, 마땅히 형태에 머물러서 마음을 내지 말며, 마땅히 소리, 향기, 맛, 감촉, 생각의 대상 등에 머물러서 마음을 내지 말 것이다. 마땅히 (공양이나 장엄의 법에) 머문 바 없이 그 마음을 내어야 한다."

    ❀ 보살은 이와 같이 '내가 장엄을 하여 그 공덕으로 장차 성인(聖人)의 지위를 얻는다'라는 생각이 없이 장엄행을 해야 올바른 장엄을 행하는 것이다. 이렇게 장엄법을 실천한다면 어떻게 하는 것일까?

    부처님께서는 마땅히 형태에 생각을 두고 마음을 내지 말 것이니, 소리·향기·맛·감촉·생각의 대상 등에 생각을 두고 보시를 하지 말라고 하신다. 이런 보시는 세속적 계산을 하거나 값을 매겨서 장엄을 하는 것이기 때문이다. 이렇게 해야 깨끗한 마음에서 한 것이니, 금강경은 당대 불자가 자신이 행하는 장엄이 깨끗한가, 더러운가를 묻고 있다. 당대 불자는 내가 무엇을 장엄했다고 할 때, 자신의 복덕이 수미산만큼 커진다는 부처님의 말씀을 기억하고 있다.

    이 생각 속에 무엇이 있는가? 그 말씀이 내가 복을 얻는다는 말일까? 자신의 복덕을 구하는 태도는 탐욕과 어떻게 다른가? 탐욕은 현실에서 무엇을 가져올까?

    금강경은 위없는 부처님의 깨달음에 뜻을 두고 있는 좋은 집안의 남자와 여자에게 이 말씀을 하고 있는 것을 알 수 있다. 따라서 청정심(淸淨心)은 철학적 개념이나 수행의 개념으로 이해되지 않고 있다. 장엄의 동기가 오히려 자신의 복덕을 구하는 탐욕이라는 것을 자각했을 때, 탐욕이 버려진 마음이 청정심이라고 금강경은 말씀하고 있다.

❀ 공양과 장엄을 하는 불법에 집착함이 없이 마음을 낸다는 것은 어떻게 한다는 것일까? 금강경은 공양과 장엄의 법(法)을 어떻게 이해해야 할지 비유로 설명하시고 있다. 법을 닦는 공덕이 수미산만큼 크다고 할 때 실제 내 몸이 수미산만큼 커진다는 의미가 아니다. 부처님의 법 속에는 나의 것을 구할 수 없기 때문이다. 불법을 실천하며 불법 속에서 자기의 복덕이나 권위를 구한다면 불법을 올바로 이해한 것이 아니다.

금강경은 당대 불자들이 공양과 장엄법을 잘못 이해하고 있으며 그 실천의식이 청정하지 않다는 것을 깨우치고 있다. 부처님의 법을 비유와 방편으로 보라는 금강경의 말씀은 당대 승단과 불자가 가지고 있는 법에 대한 인식을 비판하는 매우 심오한 역사적 의미가 있다.

법을 비유와 방편으로 이해할 때 비로소 법 속에서 권위와 복덕을 구하는 태도를 중지하고 자기를 살필 수 있기 때문이다.

"수보리야, 이것을 비유하자면, 그대는 어떻게 생각하느냐? 몸이 수미산만큼 아주 큰 어떤 사람이 있다면, 그 몸이 크다고 하겠느냐?"

수보리가 말씀드리되,

"매우 큽니다. 세존이시여! 왜냐하면 부처님께서 큰 몸이라 말씀하시는 것은 큰 몸이 아니기에, 큰 몸이라 이르시기 때문입니다."

※ 연등불 설화에 관하여 : 이 연등불 설화는 상좌부에서 전승하는 마하바스투(Mahavastu)에 기록되어 있다. E. 콘체 씨의 인용(Buddhist Scriptures, Penguin Books, 1959)을 요약하면 이러하다.

"부처님은 오랜 전생에 메가라는 이름의 바라문 학생이었다. 베다를 학습한 후, 스승에게 드릴 학비를 마련하기 위해 여러 도시를 다니다가 그 나라 왕이 있는 수도를 찾게 된다. 마침 그날은 연등불(디팡카라 여래)이 오시는 날이었다.

연등불은 그 나라 왕의 아들이며 출가하여 깨달은 이, 즉 부처님이 되신 분이다. 연등불은 왕의 귀의와 호위를 받으며 또 온 중생의 존경을 받으며 불법을 굴리고 있다. 여기에서 32상과 80가지 부처님의 특징을 갖추신 거룩한 모습의 연등불을 만난 젊은 바라문은 환희심을 느끼고 미래에 부처가 될 것을 서원한다.

바라문은 부처님께 바치기 위해 그 동안 모은 돈 5백 냥으로 어떤 바라문 처녀에게서 연꽃 다섯 송이를 사게 된다. 이때 메가는 이 처녀와 세세생생 부부의 연을 맺는다. 메가는 마침내 처녀와 함께 꽃을 연등불에게 뿌린다. 그런데 연등불의 신통력에 의해 이 꽃은 다른 사람이 뿌린 꽃과 함께 땅에 떨어지지 않고, 모두 공중에서 차양처럼 연등불의 머리 위를 화려하게 장엄하게 된다.

이 장엄한 광경을 본 젊은 바라문은 더욱 환희심을 느끼고는 자기의 사슴가죽 옷을 벗어 땅에 깔고는 연등불 발아래 엎드려 자신의 머리카락으로 연등불의 발에 묻은 흙을 닦아드린다. 연등불 여래는 인연이 무르익음을 보시고는, 젊은 바라문에게 장차 먼 후 겁에 카필라국 석가족에 태어나 자신과 같은 부처님이 될 것이며, 사람들이 석가족의 성자(석가모니)라 부르게 되고, 또 진리의 수레바퀴를 굴리며 모든 중생을 제도할 것이라는 수기를 준다."

이 설화에는 장엄과 공양이 잘 설명되어 있다. 젊은 바라문이 자기가 가지고 있는 5백 냥을 모두 들여 다섯 송이의 꽃을 사서 부처님이 계신 곳을 화려하게 꾸미니 이것을 장엄으로 인식하고 있다. 또 머리카락으로 부처님의 발에 묻은 흙을 닦아드린 것이 부처님에 대한 공양이다.

이 설화를 보면, 인도의 기존 종교인인 바라문이 부처님께 귀의하는 것을 보여 주고 있다. 또 연등부처님은 왕의 귀의를 받고 있으며 동시에 온 백성들로부터 귀의와 존경을 받고 있어, 권세와 부귀 위에 모든 지복과 존경을 누리고 있음을 볼 수 있다. 그런데 이 설화는 일반 재가자가 설혹 바라문이라도 부처님을 공양하고 장엄하면, 그 인연으로 다음 생에 이러한 큰 복덕을 받을 수 있다는 것을 암시하고 있다.

연등불 설화는 전체적으로 장엄과 공양의 복덕을 강조하고 권하고 있으며, 동시에 바라문 등 외도들의 귀의를 권하고 있는 내용이다. 금강경은 당대 불자들 사이에서 이런 설화가 신앙이 되어 공양과 장엄이 매우 성행한 것을 보여 주고 있다.

이와 비슷한 내용이 불본행집경(고려대장경) 제3~4권과 과거현재인과경(혜원스님 역, 민족사, 1999)에도 기록되어 있다. 과거현재인과경에는 다만 바라문이 꽃을 비싸게 산 까닭은 오직 자신만이 보광여래(연등불을 말한다)에게 공양하려는 왕의 명령에 의해 시장에서 거래가 금지된 까닭이라 한다. 또 부처님의 전생인 선혜보살이 머리카락으로 발의 흙을 닦아드린 것이 아니라 땅이 질어서 자신의 사슴가죽 옷으로 진 땅을 메우기에는 모자라 머리카락으로 마저 깔아드렸다는 설명이 조금 다르다.

고려대장경 불본행집경에는 꽃을 바친 바라문이 운(雲)이라는 이름의 16세 소년〔童子〕으로 기록되어 있다. 연등불이 연화성에 오실 때, 항원왕(降怨王)이 꽃을 독점하여 구할 수 없으므로 운동자(雲童子)가 푸른 옷을 입은 처녀에게서 꽃(우발라화)을 5백 냥을 주고 사서 연등불에게 바친다. 또 머리를 풀어 연등불이 진 땅을 건널 수 있게 하였다고 전한다.

금강경오가해 규봉스님의 설명에 의하면, 항원왕이 연등불을 청하여 성에 들어오심에 성중의 모든 사람이 들어올 때 길이 질퍽거리므로 선혜동자가 머리를 풀어서 펴시니 연등부처님이 수기를 주셨다고 한다.

❈ 금강경은 당대 불교계에 존재했던 불자들의 삶을 세 가지로 나누어 성찰하시는 것을 볼 수 있는데, 그 대상은 중생을 제도하고 보시를 베푸는 보살과, 성인의 여러 경지를 추구하며 수행하는 출가 승단, 마지막으로 불국토를 장엄하는 생각을 가지고 사원이나 탑을 장엄하는 불자들이다. 금강경은 이렇듯 당대 현실에 서 있으며, 왜곡되어 있는 당대 불교의 현실을 부처님의 본래 가르침으로 다시 성찰해야 한다는 역사의식을 가지고 있다.

## 無爲福勝分 第十一

須菩提 如恒河中所有沙數 如是沙等恒河 於意云何 是諸恒河沙 寧爲多不 須菩提 言 甚多 世尊 但諸恒河 尚多無數 何況其沙 須菩提 我今實言 告汝 若有善男子善女人 以七寶 滿爾所恒河沙數三千大千世界 以用布施 得福 多不 須菩提 言 甚多 世尊 佛 告須菩提 若善男子善女人 於此經中 乃至受持四句偈等 爲他人說 而此福德 勝前福德

&#x273D; 연등불 신앙을 가지고 사찰이나 탑에 장엄보시를 하는 불자에게, 금강경은 부처님께서 연등불 처소에 계실 때 수많은 장엄을 하셨어도 내가 비싼 그 무엇으로 장엄을 한다는 생각이 없었다고 말씀하시고 있다. 또 그 공덕의 몸이 수미산처럼 크지만 내가 복덕으로 수기를 얻는다는 생각이 없었고, 그 수기로 내가 아뇩다라삼먁삼보리를 얻는다는 생각이 없었음을 강조하셨다.

이리하여 당대 승단과 장엄 공양의 현실 속에 감추어져 있는 탐욕과 미망(迷妄)을 모두 살피셨다. 이제 이러한 말씀이 담겨져 있는 경전을 남에게 말하는 것은 우리의 삶에 어떤 의미가 있을까?

"수보리야, 갠지스강에 있는 모래만큼이나 많은 갠지스강이 또 있다면, 그대는 어떻게 생각하느냐? 이 모든 갠지스강에 있는 모래가 얼마나 많겠느냐?"
 수보리가 말씀드리되,
 "매우 많습니다. 세존이시여!
 단지 저 갠지스강만이라도 오히려 무수히 많거늘 하물며 그 모래 수이겠습니까?"

 "수보리야, 내 이제 진실한 말로 너에게 이른다. 만약 어떤 좋은 집안의 남자와 여자가 여래들, 아라한들, 올바로 깨달으신 분들에게 일곱 가지 보석으로써 저 갠지스강의 모래 수와 같은 삼천대천세계에 가득 채워서 보시를 베푼다면 복을 얻는 것이 많겠느냐?"
 수보리가 말씀드리되,
 "매우 많습니다. 세존이시여!"

 부처님께서 수보리에게 이르시되,
 "만약 좋은 집안의 남자와 여자가 이 경전 가운데 단지 네 구절의 게송만이라도 받아 지니고 다른 사람을 위하여 말한다면, 그 복의 결과가 앞에서 일곱 가지 보석으로 보시를 베푼 것보다 낫다."

 ❀ 값있는 것을 마음에 두고 보시를 하거나, '내가 누구에게 무엇을 베푼다'라는 생각으로 보시를 하면 오히려 내가 무엇을 했다는 오만과, 그 보시에 대한 보상을 얻기를 바라는 이기적 탐욕이 숨어 있다.
 이러한 욕망은 현실적으로 그 보시를 베풀 수 있는 현실적 재력에 대한 세속적 탐욕과 그것을 얻기 위한 다툼을 낳는다. 이 길은 인간과 세상을 평안(열반)으로 이끄는 길이 아니기 때문에, 금강경은 단지 네 구절의 게송만이라도 외울 것을 권하고 있다.

사구게는 당대 현실 속에서 대규모의 보시와 장엄을 하는 불자에게 그 동기 속에 이기적 탐욕이 감추어져 있는 것을 성찰하게 하고, 무엇이 올바른 보시이며 장엄인가를 일깨우는 내용이 담겨져 있다. 여래들, 아라한들, 올바로 깨치신 분들에게 공양하는 것은 바로 탐욕과 성냄, 어리석음을 버리기 위함이라는 부처님 본래의 가르침을 상기시키려는 금강경의 의지를 볼 수 있다.

진정으로 탐욕과 성냄을 버리고 장엄과 공양을 한다면, 그렇게 많은 보석을 사원이나 탑에 바치게 될까? 또 탐욕과 성냄을 버리게 되면, 많은 권력과 부를 얻고 소유하는 정치적 경제적 과정은 실제로 어떻게 바뀌게 될까?

## 尊重正敎分 第十二

復次須菩提 隨說是經 乃至四句偈等 當知此處 一切世間天人阿修羅 皆應供養 如佛塔廟 何況有人 盡能受持讀誦 須菩提 當知是人 成就 最上第一希有之法 若是經典所在之處 則爲有佛 若 尊重弟子

"그리고 또 수보리야, 어디서나 이 경을 말하되 나아가 사구게만이라도 말한다면, 이곳은 일체 세간의 천상, 인간, 아수라 등이 공양하기를 부처님의 사리나 유골을 모신 탑과 같이 할 것임을 마땅히 알아라. 하물며 어떤 사람이 모두 받아 지니고 외울 때는 어떻겠느냐?

수보리야, 이 사람은 아주 높고 첫째 가는 보기 드문 불법을 성취할 것임을 마땅히 알아야 한다. 이 경전이 있는 곳은 곧 부처님이 계시거나, 또는 부처님의 뜻을 올바로 이어받은 존중할 만한 제자가 계시는 것과 같다."

❀ 금강경의 부처님은 단지 이 경전에 있는 네 구절의 게송만을 남에게 말해도 탑을 공양하는 것과 같은 큰 공덕이 있으며, 나아가 모두 지녀 외우고 남을 위해 말할 수 있는 경우에는 탑에 대

한 공양보다 더욱 훌륭하다고 말씀하신다. 그리고 이 경전의 가르침이 있는 곳은 어디나 부처님이 계시거나, 또는 존중할 만한 제자들이 계신 것과 같다고 한다.

왜 금강경이 있는 곳이면 존중할 만한 제자가 계시는 것과 같다고 할까?

제자가 있다는 것은 부처님의 경전 말씀을 전해 주는 곳을 의미한다. 경은 제자들이 외워 신도들에게 전하기 때문이다. 그런데 금강경이 있는 곳이면 존중할 만한 제자가 계시는 것과 같다고 하는 것은 금강경이 당대 승단이 외면하는 경전인 것을 반증하고 있다. 금강경이 당대 승단이 외워 내려오는 경전에는 당연히 없었기 때문이다.

한편 금강경은 탑에 대한 공양이 성행하던 때에 나타났으니, 금강경은 거대한 탑에 공양하던 재력있는 사람들이 오히려 부처님의 가르침대로 살지 않는 당대 현실을 그대로 보여주고 있다. 그래서 재물이 없더라도 이 경 가운데 몇 구절이라도 외우고 남을 위해 말해주는 공덕이 그 큰 탑을 장엄하는 것보다 더욱 큰 공덕이 있다고 말씀하신다. 큰 탑을 장엄하는 현실적 세력에게 이렇게 말하는 것은 그러한 탑의 공덕에 대한 권위를 정면으로 부정하는 말이다.

탑을 장엄하게 꾸미는 권력이나 재력이 큰 당시의 재가신도들이 이런 금강경 사구게를 외우는 사람을 어떻게 보았을까? 장엄하게 꾸며놓은 탑보다, 금강경에 나오는 작은 몇 마디 말씀을 새기는 것을 실제로 더욱 귀하게 여길 수 있을까?

이 금강경이 있는 곳은 곧 부처님께서 계신 곳이나 존중할 만한 제자가 계시는 것과 같다고 하니 기존 승단은 어떻게 생각할까? 금강경은 당대의 현실에서 어떻게 받아들여졌을까?

## 如法受持分 第十三

爾時 須菩提 白佛言 世尊 當何名此經 我等 云何奉持 佛 告須菩提 是經 名爲金剛般若波羅蜜 以是名字 汝當奉持 所以者何 須菩提 佛 說般若波羅蜜 則非般若波羅蜜 (是名般若波羅蜜) 須菩提 於意云何 如來 有所說法不 須菩提 白佛言 世尊 如來 無所說 須菩提 於意云 何 三千大千世界所有微塵 是爲多不 須菩提 言 甚多 世尊 須菩提 諸微塵 如來 說非微塵 是名微塵 如來 說世界非世界 是名世界 須菩 提 於意云何 可以三十二相 見如來不 不也 世尊 不可以三十二相 得 見如來 何以故 如來 說三十二相 卽是非相 是名三十二相 須菩提 若 有善男子善女人 以恒河沙等身命 布施 若復有人 於此經中 乃至受持 四句偈等 爲他人說 其福 甚多

❀ 금강경은 경 첫머리에 당대 보살이 가지고 있는 보시에 대한 생각을 살펴보았다. 이어 승단의 수행과 탑을 장엄하는 공덕행의 위선을 비판하고 그 속에 숨어 있는 모든 동기를 드러내 보였다.

금강경은 이제 이 경전의 이름을 정하는 문제를 제기하신다. 금강경은 왜 이 문제를 제기할까?

그때에 수보리가 부처님께 여쭈었다.
"세존이시여! 이 경전을 무엇이라 이름하며 저희들이 어떻게 받들어 지녀야 하겠습니까?"

부처님께서 수보리에게 이르시되,
"이 경은 견고한 번뇌를 끊는 지혜의 완성(금강반야바라밀)이니 이 이름으로써 그대들은 마땅히 받들어 지녀야 한다.
그 까닭은 무엇인가? 수보리야, 부처님이 지혜의 완성은 곧 지혜의 완성이 아니라고 말하기 때문이다. 그래서 지혜의 완성이라고 말한다."

"수보리야, 그대는 어떻게 생각하느냐? 여래가 관찰 분석하면 성인이 되는 법을 말씀하신 바가 있느냐?"
수보리가 부처님께 말씀드리되,
"세존이시여! 여래께서는 관찰 분석하면 성인이 되는 법을 말씀한 바가 없습니다."

❄ 지혜의 완성은 그 속에 무엇을 얻는다는 것이 없다. 부처님의 깨달음은 얻겠다는 욕망으로 얻어지는 것이 아니기 때문이다. 부처님의 말씀 속에는 이렇게 관찰 분석하여 공덕을 얻는 법을 말씀하신 것이 없다. 그 속에 감추어져 있는 동기가 탐욕이기 때문이다.
부처님의 깨달음은 이렇게 탐욕으로 설명되거나 얻어질 수 없다. 그런데 경전을 받아 지니는 당대 승단의 현실은 어떠했는가?

"수보리야, 그대는 어떻게 생각하느냐? 삼천대천세계에 있는 미립자가 많겠느냐?"

수보리가 말씀드리되,

"매우 많습니다. 세존이시여!"

"수보리야, 모든 미립자를, 여래가 말하되, 미립자가 아니기에 미립자라고 이르며, 여래는 세계도 세계가 아니기에 세계라 이른다고 말한다.

수보리야, 그대는 어떻게 생각하느냐? 32가지 부처님의 모습으로 여래를 볼 수 있겠느냐?"

"아닙니다. 세존이시여! 32가지 부처님의 모습으로 여래를 볼 수 없습니다. 왜냐하면 여래께서는 32가지 부처님의 모습은 곧 모습이 아니기에, 32가지 부처님의 모습이라 이른다고 말씀하시기 때문입니다."

"수보리야, 만약 어떤 좋은 집안의 남자와 여자가 갠지스강의 모래 수와 같은 많은 목숨으로 보시를 했을지라도, 만약 또 어떤 사람이 이 경전 가운데서 네 구절의 게송만이라도 받아 지녀서 다른 사람을 위해 말한다면 그 복이 앞에 사람의 복보다 더 많게 된다."

❁ 금강경은 당대의 수행승단이 경전을 어떻게 이해하고 수행하고 있었는가를 보여 주신다. 즉 당대 승단이 부처님의 말씀을 가지고 모든 존재를 세계와 미립자로 미세하게 나누어 분석하고 있었다는 것을 우리에게 알려 주고 있다.

이러한 연구태도는 역사적으로는 마음과 마음의 작용, 번뇌의 종류, 오온(물질·느낌·지각·형성·의식) 등의 작용을 낱낱이 세밀하게 분석하는 아비달마로 알려져 있다. 아비달마에는 번뇌, 마음의 다양한 형태를 분석 구별하고 있다.

 금강경은 이렇게 미립자로 분석하는 태도를 깨달음을 얻는 법으로 생각하고 수행하는 당대의 수행현실을 비판하고 있다. 세계의 존재를 일일이 분석하여 그 낱낱의 미립자를 밝히는 일을 통해서는 부처님의 위없는 깨달음을 얻을 수 없다고 말씀하시니, 그것은 세계를 미립자로 나누고 분석하는 수행법 속에 '내가 관찰한 만큼 성인(聖人)의 지위를 얻어간다'라는 생각이 숨어 있기 때문이다.

 금강경은 미립자를 관찰할수록 더욱 수행의 지위를 다투고, '나와 나의 권위'가 일어나는 당대 승단의 모순된 현실을 32상을 구하는 것에 비유하고 있다.

 내가 관찰한 만큼 성인(聖人)의 지위를 얻어간다는 생각은, 미립자나 세계를 분석하는 관찰법을 자기의 수행공덕을 얻는 수단으로 여기는 태도이다. 이런 생각이 있으면, 미세하게 분석할수록 더욱 권위의식이 높아지게 된다.

 이러한 수행의 폐단에 대해서는 팔천송 반야경 등 대승 초기경전에 적나라하게 묘사되어 있음을 볼 수 있다. 결국 미립자나 세계를 분석하는 수행태도는 재가 불자가 많은 값비싼 물건을 보시하고는, 그 하나하나의 행위의 공덕이 쌓여서 32상과 같은 훌륭한 복덕을 얻어간다는 생각과 다름이 없다고 금강경은 통렬히 비판하고 있다.

🏵 금강경은 미립자로 분석하는 그 일 자체를 비판하시는 것이 아니라, 그것을 깨달음에 이르는 법이라고 생각하고 닦는 수행 속에 수행공덕이나 권위를 탐하는 이기적인 욕망을 폭로하고 있다. 금강경은 당대 아비달마를 전개하는 승단의 의식 속에 오히려 이러한 모순이 일어나고 있는 현실을 보고 있다.

이렇게 당대 불교현실 속에서 괴로움과 부조리를 가져오는 원인을 인간의 욕망에서 깊이 이해하신 금강경의 인식은, 괴로움과 괴로움의 원인을 찾아가는 부처님의 연기법(緣起法)적인 인식을 그대로 따르고 있다.

그런데 세계와 존재를 미세하게 관찰하고 분석하면 깨달음을 얻는다고 생각하는 당대 아비달마의 수행승들이 과연 이런 금강경의 말씀을 얼마나 받아들일 수 있을까?

## 離相寂滅分 第十四

爾時 須菩提 聞說是經 深解義趣 涕淚悲泣 而白佛言 希有 世尊 佛 說如是甚深經典 我從昔來所得慧眼 未曾得聞如是之經 世尊 若復有 人 得聞是經 信心淸淨 則生實相 當知是人 成就第一希有功德 世尊 是實相者 則是非相 是故 如來 說名實相 世尊 我今得聞如是經典 信 解受持 不足爲難 若當來世 後五百歲 其有衆生 得聞是經 信解受持 是人 卽爲第一希有 何以故 此人 無我相 無人相 無衆生相 無壽者相 所以者何 我相 卽是非相 人相衆生相壽者相 卽是非相 何以故 離一 切相 卽名諸佛

佛告須菩提 如是如是 若復有人 得聞是經 不驚不怖不畏 當知是人 甚爲希有 何以故 須菩提 如來 說第一波羅蜜 非第一波羅蜜 是名第 一波羅蜜 須菩提 忍辱波羅蜜 如來 說非忍辱波羅蜜 (是名忍辱波羅 蜜) 何以故 須菩提 如我昔爲歌利王 割截身體 我於爾時 無我相 無 人相 無衆生相 無壽者相 何以故 我於往昔節節支解時 若有我相人相 衆生相壽者相 應生嗔恨 須菩提 又念過去於五百世 作忍辱仙人 於爾 所世 無我相 無人相 無衆生相 無壽者相 是故 須菩提 菩薩 應離一 切相 發阿耨多羅三藐三菩提心 不應住色生心 不應住聲香味觸法生 心 應生無所住心 若心有住 則爲非住 是故 佛說菩薩 心不應住色布

施 須菩提 菩薩 爲利益一切衆生(故) 應如是布施 如來 說一切諸相
卽是非相 又說一切衆生 則非衆生

須菩提 如來 是眞語者 實語者 如語者 不誑語者 不異語者 須菩提
如來所得法 此法 無實無虛 須菩提 若菩薩 心住於法 而行布施 如人
入暗 則無所見 若菩薩 心不住法 而行布施 如人 有目 日光明照 見
種種色 須菩提 當來之世 若有善男子善女人 能於此經 受持讀誦 則
爲如來 以佛智慧 悉知是人 悉見是人 皆得成就無量無邊功德


  부처님께서 경의 이름을 말씀하시고, 이어 세계와 미립자로 나누어 분석하는 경전연구의 태도 속에 숨어 있는 탐욕과 권위의 미망을 말씀하시자, 수보리는 자신들이 지금까지 실천해온 수행과 보시의 생각이 잘못된 것임을 깊이 깨닫게 된다.
 금강경은 여기에서 모든 논의를 정리하시면서, 보살이 나아가야 할 올바른 방향을 말씀하신다.

 그때 수보리가 이 경을 말씀하심을 듣고 깊이 깨달아 눈물을 흘리고 슬피 울면서 부처님께 말씀드렸다.
 "세존이시여! 부처님께서 이렇게 심히 깊은 경전을 말씀하심은 보기 드문 일입니다. 제가 예로부터 얻은 바 지혜의 눈으로는 일찍이 이와 같은 경을 얻어듣지 못하였습니다. 세존이시여! 만약 또 어떤 사람이 이 경을 얻어듣고 믿는 마음이 깨끗하면 곧 진실한 생각(실상)을 내리니, 마땅히 이런 사람은 제일 보기 드문 공덕을 성취한 사람임을 알겠습니다. 세존이시여! 이 진실한 생각이란 생각이 아니니, 이러한 까닭에 진실한 생각이라고 말씀하셨습니다."

  ❀ 부처님의 깨달음이 심오한 것은 우리 삶에서 일어나는 탐욕, 권위, 다툼, 증오, 폭력, 원망, 슬픔 등의 괴로움과 미망의 원인을 밝혀 주시기 때문이다.

 경전의 심오함은 고도로 숙달된 철학적 관념이나 특수한 수행능력에서 나오는 것이 아니라, 우리의 삶과 수행에서 일어나는 괴로움과 그 원인을 밝히는 데 있음을 금강경은 보여 주고 있다.

 금강경은 당대 불교현실에서 일어나고 있는 부조리한 현실과 그 원인을 밝히고 있다. 즉, 보시를 행하는 보살과 수행승단에 감추어진 생각, 탑을 장엄하는 불자들이 가지고 있는 생각, 또 수행승이 경전을 연구하는 태도 속에 감추어져 있는 여러 미망과 탐욕을 모두 드러내 보이시자, 수보리 존자는 감추어진 자신의 모습을 깨닫고 눈물을 흘리신다. 수보리 존자가 자신의 미망을 깨닫고는 '진실한 생각'이 일어나고 있음을 말씀드리며 진실한 생각은 생각이 아니라고 말한다.

 '진실한 생각'이란 무엇을 얻어서 일어나는 생각이 아니라, 그 속에는 '내가 무엇을 얻었다는 생각'을 보고 버리기 때문에 일어나는 생각이기 때문이다. 무엇을 얻었다는 자신의 생각이 자만과 남에 대한 오만을 일으키는 것을 보았을 때, 그러한 생각을 버리게 된다.

✤ 문장해석 : "이 경을 얻어듣고 신심이 청정하면 곧 진실한 생각을 낼 것이니〔得聞是經 信心淸淨 則生實相〕", 이 문장은 일반적으로 '이 경을 얻어듣고 믿는 마음이 깨끗하면, 곧 실상을 깨친다 혹은 반야가 드러난다'의 뜻으로 번역되고 있다. 이렇게 번역하게 된 이유는 실상(實相)을 존재의 실상, 진여, 혹은 법의 실제 모습이나 우주의 본성 등으로 이해하고 있기 때문이다.

그러나 이러한 해석에는 두 가지 문제가 있다.

먼저 문법적으로 생실상(生實相)을 번역하면, '실상을 낳는다'이다. 그러나 만약 '깨닫는다 혹은 드러난다'의 뜻으로 번역한다면, 원문이 각실상(覺實相) 혹은 실상현(實相顯)이 되어야 할 것이다.

둘째, 이 금강경이 세상에 나올 때는 B.C 1세기에서 A.D 1세기 사이이다. 이 시기에는 교리상으로 존재의 실상이나 마음, 혹은 우주의 본래 모습 등의 개념이 없었다. 더구나 금강경은 초기 반야부 경전에 속하여 아직 이러한 존재의 실상과 같은 실체의 개념이 없었다. 따라서 역사적 관점에서, 또 지금까지 금강경에서 진행하는 문맥에서 해석할 필요가 있다. 이 경우 수보리 존자가 자신의 생각이 헛됨을 깨달으면서 이 말씀을 하니, 필자는 이 문장을 '이 경을 얻어듣고 믿는 마음이 깨끗하면, 곧 진실한 생각을 낸다'라고 번역한다.

"세존이시여! 제가 지금 이와 같은 경전을 얻어듣고 믿고 이해하여 받아 지니기는 어렵지 않겠지만, 만약 오는 세상 제2의 오백 년에 어떤 사람들이 이 경을 얻어듣고서 믿고 이해하여 받아 지닌다면, 이 사람들은 곧 제일 보기 드문 일이 되겠습니다.
　왜냐하면 이 사람들은 내가 모든 생명들을 제도한다는 생각, 성인들의 여러 경지를 얻는다는 생각, 모든 생명들에게 보시를 베풀면 내게 복이 온다는 생각, 보시를 베푼 복덕이 나의 미래에 이어진다는 생각이 없기 때문입니다."

　"그 까닭은 무엇입니까? 금강경을 믿고 이해하고 받아 지니는 이 희유한 사람들은 이미 이러한 생각을 떠나게 되므로, 설사 보시를 하면서 나라는 생각을 한다 해도, 그러한 생각은 내가 무엇을 구하는 생각이 아니며, 성인이라는 생각, 중생이라는 생각, 수명이라는 생각을 한다고 해도 그런 것을 구하는 생각이 아니기 때문입니다. 왜냐하면, 나라는 생각·성인이라는 생각·중생이라는 생각·수명이라는 생각 등 일체 모든 구하는 생각에서 떠나 있기에, 이름하기를 모든 깨달은 이들(모든 부처님들)이라고 부르기 때문입니다."

　부처님께서 수보리에게 말씀하시되,
　"그렇다, 그렇다. 만약 어떤 사람이 이 경을 듣고 놀라지 않고, 겁내지 않으며, 두려워하지 않으면, 마땅히 알라. 이 사람은 심히 보기 드문 사람이다.
　왜냐하면, 수보리야, 여래는 최상의 완성(제일바라밀)이란 최상의 완성이 아니기에, 곧 최상의 완성이라 이른다고 말한다."

　"수보리야, 욕됨을 참는 인욕의 완성(인욕바라밀)도 여래는 인욕의 완성이 아니라고 말한다.
　왜냐하면, 수보리야, 내가 옛적에 가리왕에게 신체를 낱낱이 베이고 잘릴 때에, 나는 그때에 나라는 생각이 없었으며, 성인이라는 생각이 없었으며, 중생이라는 생각이 없었으며, 수명이라는 생각이 없었다. 왜냐하면, 내가 옛적에 마디마디 사지를 베일 때에 만약 내가 모든 생명들을 제도한다는 생각·성인(聖人)들의 여러 경지를 얻는다는 생각·모든 생명들에게 보시를 베풀면 내게 복이 온다는 생각·보시를 베푼 복덕이 나의 미래에 이어진다는 생각이 있었으면 당연히 성냄과 원망을 내었을 것이다.

수보리야, 또 과거 오백세 동안에 내가 욕됨을 참는 수행자(인욕선인)이었던 일을 새겨보니, 그때 세상에서도 나라는 생각이 없었으며, 성인이라는 생각이 없었으며, 중생이라는 생각이 없었으며, 수명이라는 생각이 없었다."

❀ 가리왕은 '가리'라는 싼스크리스트어를 보는 입장에 따라 고유명사로 보거나, 혹은 '악한 왕'의 뜻으로 해석한다. 금강경은 당시 불자(佛子)들이 믿고 있는 부처님의 전생설화를 인용하고 있다.

이 이야기는 부처님이 전생에 인내를 실천하고 있는 보살일 때의 일이다.

가리왕이 궁녀들을 데리고 숲에서 놀다 흥이 다해 잠이 든다. 이때 궁녀들은 숲에서 선정에 잠겨 있는 보살을 만나게 되어, 보살에게서 설법을 듣는다. 잠에서 깨어난 왕은 이 광경을 보고 질투와 시기를 느낀다. 마침내 왕은 보살이 참고 견디는 수행을 하는 자(인욕선인)임을 알고 인내를 시험한다. 손과 발을 베고, 또 몸을 이리저리 자르고 고통을 주었으나 보살은 성냄을 일으키지 않고 죽는다.

이러한 참고 견디는 수행을 500여 년 동안 수행하였다는 전생설화를 당대 불자들이 신앙으로 받아들이고 있었다는 사실을 금강경은 보여주고 있다. 이러한 부처님의 전생설화는 자타카(본생경)에도 기록되어 있다.

※ '제일바라밀'의 제일(第一)은 최상(最上) 혹은 최승(最勝)의 뜻이다. 최상의 바라밀, 즉 최상의 완성은 6바라밀 중 무엇을 가리키는 것일까? 영역과 구마라집 본에는 설명이 없으나 현장 본에는 반야바라밀로 기재되어 있다.

그러나 전체 경전 속의 흐름에서 보면, 이 제 14분에서의 초점은 무엇이 최상의 바라밀이냐를 논의하기보다 오히려 부처님의 깨달음의 본질을 밝히는 데 있다. 즉 지혜를 완성했든 인욕행을 성취했든, 그 행 속에 '내가 불법을 실천하여 무엇을 얻는다'라는 생각이 없는 것이 모든 부처님의 깨달음이라는 놀라운 소식을 금강경은 우리에게 전하시고 있다.

금강경을 읽고 놀라거나 두려워하지 않고 이해하여 받아들이고 지니는 사람은, 바로 부처님의 깨달음과 같게 되니 최고로 희유한 일이 된다고 말씀한다. 금강경은 모든 부처님들의 진정한 깨달음을 전하는 경전이기 때문이다.

금강경은 보살이 보시를 베풀 때 부처님의 깨달음으로 보시하라고 말씀한다. 그것은 곧 내가 불법을 실천하여 무엇을 얻는다는 생각이 없이 보시하는 것이다.

최상의 완성은 '내가 최상의 완성을 얻는다'는 동기로서는 얻을 수 없다. 또 닦아서 무슨 공덕을 얻는다는 동기가 없이 인욕을 완성하니, 이런 뜻으로 여래는 인욕의 완성이라 이른다고 말한다. 금강경은 보살의 실천덕목으로서 지혜와 인욕의 완성을 말씀하시며, 특히 당대 인욕행을 성찰하고 있다. '내가 인욕을 완성했다'고 말하는 수행자에게 자신의 인욕행에 대한 보상을 구하는 탐욕이 있기 때문이다.

금강경은 여러 전생에 부처님께서 보살로서 수행하셨을 때 그 수행의 참다운 진실이 무엇이었는가를 일일이 설명하신다. 진정한 보살행 속에는 이토록 고통을 참고 견디며, 공덕에 대한 탐욕마저 이겨내는 인욕이 있으며, 그러한 인욕 속에 나·성인·중생·수명이라는 여러 보상에 대한 헛된 생각이 없음을 말씀하시고 있다.

당대 현실 속에서 수행하는 승단과 대규모의 장엄을 하는 권세 있는 불자들에게 몸을 깎는 고통 속에서도 성냄과 원망을 일으키지 않는 인욕행을 말씀하신 의미가 매우 깊게 느껴진다.

금강경은 보시를 베풀거나 중생을 위하는 길에서 괴로움을 만날 때 그 행 속에 복덕을 구하는 한, 그것은 탐욕이며, 현실에서 성냄과 원망을 낳는다는 놀라운 혜안을 보이고 있다.

"그러므로 수보리야, 보살은 마땅히 내가 모든 생명들을 제도한다는 생각·성인(聖人)들의 여러 경지를 얻는다는 생각·모든 생명들에게 보시를 베풀면 내게 복이 온다는 생각·보시를 베푼 복덕이 미래에 이어진다는 모든 생각을 떠나서 위없는 바르고 완전한 깨달음을 향한 마음을 낼지니, 마땅히 형상에 생각을 두고 깨달음을 향한 마음을 내지 말며, 마땅히 소리, 향기, 맛, 감촉, 생각의 대상에 머물러서 마음을 내지 말고, 마땅히 그런 것에 머무는 것이 없이 마음을 내어야 한다. 만약 마음이 형상이나 소리, 향기, 맛, 감촉, 생각의 대상 등에 머무는 것이 있다면, 그것은 곧 부처님의 가르침대로 머무는 것이 아님이 된다."

그러므로 부처님이 말씀하시기를,
'보살은 마땅히 마음을 형상에 머물지 말고 보시하라'고 하는 것이다.
"수보리야, 보살은 일체 중생을 이롭게 하기 위하여, 마땅히 이와 같은 머무름이 없는 마음으로 보시를 베풀어야 한다. 여래는 나·성인·중생·수명이라는 모든 생각들이 모두 생각이 아니라고 말한다. 부처님께서는 보시를 해도 이런 것을 생각하지 않기 때문이다. 또 일체의 중생도 곧 중생이 아니라고 말한다. 내가 중생에게 보시를 베풀 때, 중생을 나에게 복덕을 주는 복밭으로 보지 않기 때문이다."

❀ 만약 내가 베풀면, 성인의 경지를 얻고, 중생이 복을 얻고, 그 복덕이 나에게 따라 온다는 생각으로 보시를 베풀거나, 베푸는 물건에 세속적 값을 생각하면서 베풀면, 곧 자기 복덕의 성취를 위해 보시하는 것과 다를 바가 없다.
여래께서 일찍이 보시와 중생제도를 말씀하고 그 과보로 성인의 경지를 얻거나 부처님과 같은 32상 등 부귀와 권세 등을 받을 것과 그 과보가 다음 생에도 따른다고 말하였지만, 여래는 이런 것을 얻는다는 생각으로 법을 말씀하신 것이 아니다.

또한 중생을 대할 때, 보시를 받는 일체 중생이라고 말함도 곧 중생이 아니다. 중생에게 베풀더라도 내가 복덕을 얻기 위한 수단이나 대상으로 중생을 보지 않기 때문이다.

당대 현실에서 볼 때 이렇게 형상·소리·향기·맛 등 호화로운 음식을 보시하거나, 일곱 가지 보석 등 세속적으로 매우 비싼 물건을 대규모로 승단이나 탑에 장엄을 하는 재가 불자들은 주로 왕권과 그 왕권에 속하는 집단이나, 혹은 당대에 번성했던 해상무역이나 철공업 등을 운영하는 대규모 상공업 집단이나 대 토지소유자들이다.

금강경은 이들 거대한 세력을 가진 대규모 보시자들을 향해 그들이 가지고 있는 가치관, 즉 아상·인상·중생상·수자상 속에 세속적 보상과 권위를 얻으려는 이기적 욕망이 감추어져 있는 것을 천둥같이 이르시고, 무엇이 진정한 보시와 수행인가를 말씀하시고 있다.

그리고 보시를 할 때, 보시물의 형상·소리·향기·맛 등에 마음이 머물러서는 안 된다고 추상같이 말씀한다. 보시를 할 때, 마음이 형상·소리·향기·맛 등에 머무름〔住〕이 있으면, 부처님의 가르침대로 머무는 것이 아님이 된다〔爲非住〕. 올바르게 머무는 것〔住〕이란 "내가 누구에게 무엇을 준다는 생각"이 없는 것이니, 이렇게 머무는 것 없는 것이, 부처님의 가르침대로 머무는 것이다. 중생에게 이익을 주기 위해, 보살은 이와 같이 머무는 것 없이 보시를 해야 한다고 말씀하고 있다.

진정한 자비는 무엇이며, 진정으로 중생을 이롭게 하는 보시는 어떤 마음으로 하는 것인가를 성찰하는 것이, 바로 금강경이 전하고자 하는 말씀임을 느낄 수 있다.

❦ "若心有住 則爲非住"의 해석 : 이 문장을 원문대로 뜻을 해석하면, "만약 마음이 머무는 것이 있으면, 머무는 것이 아님〔非住〕이 된다"로 풀이하게 된다. 그러나 번역 그대로 뜻을 이해하기에는, 애매한 점이 없지 않다. 머무는 것이 아님〔非住〕이라는 말의 뜻이 해석자에 따라 다양하기 때문이다. 현장 법사는 "머무는〔住〕 바가 있는 모든 것은, 머무는 것이 아님이 된다〔諸有所住 則爲非住〕"로 번역을 하고, 콘체 씨는 "All supports have actually no support."로 번역하여, 구마라집 법사의 번역과 큰 차이가 없다.

금강경육조해(金剛經六祖解)에서는 "若心有住 非是菩薩住處 不住涅槃 不住諸法 一切處不住 方是 菩薩住處〔필자역 : 만약 마음이 머묾이 있으면, 이는 보살의 주처(머무는 곳)가 아니다. 열반에도 머물지 않고, 제법에도 머물지 않아, 일체처에 머물지 않아야, 바야흐로 이 보살이 머무는 곳이다〕"로 뜻을 풀이하고 있다. 육조해(六祖解)는 머무는 것〔住〕을 '열반이나 형상·소리·향기·맛·감촉·생각의 대상 등 일체 모든 것에 머무는 것'으로 해석하고 있다. 따라서 이런 것에 머무는 것은 '보살이 머무는 곳〔處〕이 아님〔非是菩薩住處〕'으로, 비주(非住)를 해석하고 있다.

운허 스님은 금강반야바라밀경(홍법원, 1970)에서 "설사 마음이 머무는 데가 있어도, 머무는 것이 아니다"로 해석하셨다.

월운 스님은 금강경강화(金剛經講話, 법보시판, 1977)에서 '만약 마음이 빛과 소리 등 육진(六塵)에 머무르면, 이는 벌써 보리에 머무는 것이 아니다'로 해석했다. 즉 비주(非住)를 '보리에 머무는 것이 아님'으로 해석하고 있다.

필자는 이 문장을 금강경 제4분과 같은 맥락에서 이해할 필요가 있다고 본다. 우선 그 법문의 내용이 같기 때문이다. 전체적인 흐름에서 보면, 제14분의 내용은 금강경 상편의 내용을 정리하는 법문이다. 특히 이 14분의 약심유주 즉위비주(若心有住 則爲非住)를 중심으로 앞뒤에 나오는 법문은, 제4분과 거의 내용이 같다. 즉 보살이 보시할 때, 형상·소리·향기·맛 등에 머물러서는 안 된다는 법문이다. 그런데 제4분 끝에 보면, "보살은 마땅히 가르친 바대로 머물러야 한다〔菩薩 但應如所敎住〕"는 부처님의 말씀이 나온다. 형상·소리·향기·맛 등에 머물면, 가르친 바대로 머무는 것〔住〕이 아니다. 즉 '부처님의 가르침대로 머문다'는 것은 '내가 누구에게 무엇을 준다는 생각에 머물지 않는 것'을 의미한다.

따라서 필자는 "若心有住 則爲非住"를 "만약 마음이 (형상·소리·향기·맛 등에) 머무는 것이 있다면, (곧 부처님의 가르침대로) 머무는 것이 아님이 된다"로 해석한다. 필자의 해석은 주관적인 관점을 가지고 이 문장을 해석하기보다, 금강경 자체의 문맥에서 이 뜻을 풀이하는 입장이다.

✿ "보살은 일체 중생을 이롭게 하기 위하여, 마땅히 이와 같이 머무름이 없는 마음으로 보시를 베풀어야 한다〔菩薩爲利益一切衆生 應如是布施〕"라는 말씀은 그 뜻이 매우 심오하다.

보살이 나라는 생각[相]을 여의는 수행과 보시를 실천하는 것과 그리고 나아가 깨달음을 얻는 모든 것이, 바로 이렇게 가난한 중생을 사랑하는 현실 속에서 이루어진다는 말씀이기 때문이다.

유마경 제4 보살품에서 유마거사는 바라문들이 값비싼 진주 목걸이를 보시하자, 반을 나누어 그 중 하나는 그 모임에 모여든 사람들로부터 가장 천대를 받고 있는 가난한 사람들에게 나누어주고, 나머지 반은 난승여래에게 바친다. 유마거사의 다음 말씀은 이러한 금강경의 뜻을 극명하게 표현하고 있다.

"시주로써 보시를 베푸는 사람은, 그 대상이 누구든 반드시 여래에게 직접 보시를 올린다는 생각으로 실천해야 합니다. 마찬가지로 길거리의 모든 거지들에게도 똑같이 복전이라고 생각하고 나중에 좋은 과보를 받으리라는 생각이 없이 자비로운 마음으로 보시를 베푼다면, 이러한 사람이야말로 완벽하게 법을 보시하는 사람이라고 할 수 있습니다."(박용길 역, 민족사, 1993)

역사와 현실의 사건이 깨달음을 이루는 수행장소이니, 금강경은 바로 이것이 원래 석가모니 부처님의 가르침임을 주장하고 있다. 그러나 보상을 바라는 마음은, 보시를 할 때 자기에게 복덕을 줄 수 있는 신통력을 가진 존재나 권위를 가진 존재에게만 보시를 하게 된다. 이렇게 나라는 생각이 있는 한, 보시는 가난하고 힘없는 사람을 외면하게 된다.

초기경전으로 알려진 이티부타카에는 부처님께서 세 종류의 사람을 말씀하고 있다.
 어느 누구에게도 베풀지 않는 '가뭄과도 같은 사람', 일부에게는 베풀지만 또 다른 일부에게는 베풀지 않는 '지역에 따라 내리는 비와도 같은 사람', 마지막으로 '전지역에 고루 내리는 비와도 같은 사람'이 있다고 하신다.
 전지역에 고루 내리는 비와도 같은 사람은 어떤 사람일까?

 "비구들이여, 어떤 사람들은 모든 이에게 베풀어준다. 즉 모든 사문과 바라문, 가난한 사람과 나그네, 그리고 밥을 비는 사람, 모두에게 먹을 것과 등불을 베풀어준다. 비구들이여, 실로 이와 같은 사람을 전지역에 고루 내리는 비와도 같은 사람이라 한다." (기쁨의 언어 진리의 언어, 이미령 역, 민족사, 1991)

 "수보리야, 여래는 진리를 말하는 자이며, 진실을 말하는 자이며, 사실대로 말하는 자이며, 속이지 않는 말을 하는 자이며, 그릇되지 않는 말을 하는 자이다.
 수보리야, 여래가 법(내가 중생을 제도하면 성인이 되거나 여러 공덕을 얻는 법)을 얻은 바, 이 법은 실다움도 없고, 헛됨도 없다."

 ❀ 여래가 보시와 인욕의 여러 법을 깨달아 얻으셨으나, 이 보시와 인욕의 법에는 내가 보시를 하여 얻었다는 것이 없으며, 그렇다고 헛된 궤변도 없다. 내가 보시하여 공덕을 얻는다는 생각으로 불법을 실천하지 않기 때문이다.

이렇게 하여 진정한 보시가 일어나니 헛된 것과 다르다. 부처님의 가르침에 따라 보시와 수행을 하면서 도리어 나의 세속적 보상이나 권위를 얻기를 마음속에 구하면, 보시를 베풀수록 욕망의 그늘 속으로 들어가 성냄과 원망이 일어나게 된다.

그러나 당대 승단이나 탑을 장엄하는 당대의 불자들은 이런 금강경의 말씀을 전하는 불제자들을 진실이 아닌 말을 하는 자 또는 허위를 말하는 자로 취급한 것은 아닐까?

"이와 같이 수보리야, 만약 보살이 마음을 법(法)에 머물러 공덕을 구하며 보시하면, 마치 사람이 어두운 곳에 들어가 아무 것도 보이는 바가 없게 되는 것과 같이 끝없는 갈등과 괴로움 속에 들어가게 되고, 만약 보살이 마음을 법에 머물지 않아 공덕을 구하지 않고 보시하면 마음이 깨끗해져 마치 사람이 눈이 있고 햇빛도 밝게 비쳐서 여러 가지 빛깔을 보게 되는 것과 같다."

"수보리야, 오는 세상에서 만약 어떤 좋은 집안의 남자나 여자가 이 경을 수지하고 독송할 수 있으면, 이 사람이 헤아릴 수 없고 끝없는 공덕을 성취하는 것을 여래가 부처님의 지혜로써 확실히 알고 보게 될 것이다."

❈ 보시의 가르침[法]을 실천하면서 공덕을 구하면 더욱 더 어둠 속으로 들어가는 것과 같다. 금강경은 현실의 승단이나 탑 공양을 하는 사람들이 생각을 바꾸지 않고 지금과 같이 공덕을 얻는 것이 불법(佛法)이라는 생각으로 보시나 장엄행을 계속하면, 아

무리 불법을 실천한다는 명분이 있더라도 더욱 더 탐욕과 성냄, 원망의 길을 걷게 될 것이라고 말씀하신다.

이 말씀이야말로 벼락같이 미망을 일깨우는 말씀이 아닐까?

# 持經功德分 第十五

須菩提 若有善男子善女人 初日分 以恒河沙等身 布施 中日分 復以
恒河沙等身 布施 後日分 亦以恒河沙等身 布施 如是無量百千萬億劫
以身布施 若復有人 聞此經典 信心不逆 其福 勝彼 何況書寫受持讀
誦 爲人解說 須菩提 以要言之 是經 有不可思議不可稱量無邊功德
如來 爲發大乘者說 爲發最上乘者說 若有人 能受持讀誦 廣爲人說
如來 悉知是人 悉見是人 皆得成就不可量不可稱無有邊不可思議功
德 如是人等 卽爲荷擔如來阿耨多羅三藐三菩提 何以故 須菩提 若樂
小法者 著我見人見衆生見壽者見 則於此經 不能聽受讀誦 爲人解說
須菩提 在在處處 若有此經 一切世間天人阿修羅 所應供養 當知此處
卽爲是塔 皆應恭敬作禮圍繞 以諸華香 而散其處

"수보리야, 만약 어떤 선남자 선여인이 아침에 갠지스강의 모래 수와 같은 몸으로 보시하고, 낮에 다시 갠지스강의 모래 수와 같은 몸으로 보시하며, 저녁에도 다시 또 갠지스강의 모래 수와 같은 몸으로 보시하여, 이와 같이 무량한 백천만억 겁을 몸으로 보시하더라도, 만약 또 어떤 사람이 이 경전을 듣고 믿는 마음이 거스르지 않으면, 그 복이 저 몸을 보시한 복보다 낫거늘, 하물며 이 경을 받아 지니며 읽고 외워서 남을 위해 말해

줄 때는 어떻겠는가?"

 "수보리야, 요약해서 말하면, 이 경은 생각할 수도 없고, 잴 수도 없는, 끝없는 공덕이 있다. 여래는 널리 중생을 위하는 큰 수레(대승)에 뜻을 둔 사람을 위하여 이 경을 말하며, 최고로 높은 수레(최상승)에 뜻을 둔 사람을 위하여 이 경을 말하는 것이다. 만약 어떤 사람이 이 경을 받아 지니고 읽고 외우며 널리 사람들을 위하여 말할 수 있다면, 여래는 이 사람이 헤아릴 수 없고, 말할 수 없으며, 끝이 없는 공덕을 모두 성취하게 되는 것을 실제로 알고 보게 된다. 이런 사람은 곧 여래의 위없는 올바르고 완전한 깨달음을 짊어지게 된다."

 ❀ 금강경은 널리 중생을 위한다는 대승의 뜻을 지니는 사람을 위해 말해진 것이며, 또 그러한 뜻을 가지고 있는 사람이 이 진리를 짊어지게 된다는 것을 말씀하고 있다.
 현실적으로 내가 모든 생명들을 제도한다는 생각 · 성인들의 여러 경지를 얻는다는 생각 · 모든 생명들에게 보시를 베풀면 내게 복이 온다는 생각 · 보시를 베푼 복덕이 나의 미래에 이어진다는 생각 속에 자기 권위나 복덕을 구하는 사람들은, 남을 진정으로 사랑할 수 없으며 널리 중생을 제도할 수 없다고 금강경은 말씀하고 있다.
 이 구절은 기존 승단이 대규모 보시를 할 수 있는 소수 유력한 신도들에게 의존하고 있고, 이들이 가지고 있는 보시공덕에 대한 생각을 기존 승단에서 옹호하고 있음을 사실적으로 보여주는 말씀이다. 대규모의 보시나 장엄의 복덕이 베푼 사람에게 돌아온다면,

그럴 능력이 없는 많은 사람들은 모두 고통에서 해탈할 수 없는 것인가?

금강경은 이러한 생각이나 불교 이해로서는 올바로 널리 중생을 제도할 수 없다고 말씀하신다. 그러나 기존 승단은 금강경의 입장을 받아들이지 않고 있다. 역사적으로 볼 때, 이것은 금강경의 뜻을 부처님의 말씀으로 실천하는 사람들이 기존 승단 밖에서 새로운 불교운동을 펼쳤던 것을 의미하는 것은 아닐까?

"왜냐하면, 수보리야, 만약 보시를 베풀거나 수행을 하되 자기 자신의 복이나 성인(聖人)의 지위를 보상으로 구하는 자들은 곧 작은 법을 좋아하는 자이니, 나라는 견해·성인이라는 견해·중생이라는 견해·수명이라는 견해에 집착하게 되므로 곧 이 경을 받아듣고 읽고 외우며 남을 위해서 진정한 보시와 수행이 무엇인지 말할 수 없게 된다.

수보리야, 어느 곳이든지 만약 이 경이 있는 곳이면 일체 세간의 천상과 인간과 아수라 등이 공양하게 될 것이니, 이곳은 부처님의 사리를 모신 탑과 같은 경건한 장소가 되어 모두가 공경히 예배하고 돌면서 여러 가지 꽃과 향으로써 그곳에 뿌리게 될 것임을 그대는 알아야 한다."

❈ 작은 법은 곧 공덕을 구하는 법이다. 금강경에서 비판하는 '작은 법을 좋아하는 자'는 현실적으로 누구일까? 곧 장엄과 보시의 공덕이 그 개인에게 복덕으로 돌아간다는 생각을 가지고 실천하거나, 그러한 생각을 부처님의 말씀으로 가르치는 당대의 불자

들이다.

　작은 법을 좋아하는 자는 내가 모든 생명들을 제도한다는 견해·성인(聖人)들의 여러 경지를 얻는다는 견해·모든 생명들에게 보시를 베풀면 내게 복이 온다는 견해·보시를 베푼 복덕이 나의 미래에 이어진다는 견해 등을 올바른 부처님의 견해로서 집착하고 있다. 이런 견해에서 내가 중생을 제도하면 좋은 집안의 사람으로 태어나 성인이 되고, 복이 나의 미래에 이어진다는 생각이 나온다. 왜 이런 견해에 집착할까? 이러한 견해가 공덕과 복덕을 인정하고 보장해주기 때문이다. 당시 탑을 세운 사람들이 과연 중생을 위해 탑을 세웠던 것일까? 자기의 것에 집착하는 마음으로 진정한 자비를 실천할 수 있을까?

　금강경은 탑 공양에 대한 대안으로서 이 금강경을 읽고 보존할 것을 제시하고 있다. 현실적으로 이러한 대안은 누구나 쉽게 부처님에게로 다가갈 수 있는 대승적 대안이다.

　경전을 외우거나 모시는 것은 정신적인 성찰을 의미한다. 거대한 보시나 커다란 탑을 장엄을 하는 데 필요한 경제적·정치적 조건보다 정신적인 성찰을 더욱 귀하게 여기기 때문이다.

　탑을 공양하는 사람들과 그러한 생각을 옹호하는 승단이 과연 이런 말씀을 받아들일 수 있었을까?

## 能淨業障分 第十六

復次須菩提 善男子善女人 受持讀誦此經 若爲人輕賤 是人 先世罪業 應墮惡道 以今世人 輕賤故 先世罪業 則爲消滅 當得阿耨多羅三藐三菩提 須菩提 我念過去無量阿僧祇劫 於然燈佛前 得値八百四千萬億那由他諸佛 悉皆供養承事 無空過者 若復有人 於後末世 能受持讀誦此經 所得功德 於我所供養諸佛功德 百分 不及一 千萬億分 乃至算數譬喩 所不能及 須菩提 若善男子善女人 於後末世 有受持讀誦此經 所得功德 我若具說者 或有人 聞 心卽狂亂 狐疑不信 須菩提 當知 是經義 不可思議 果報 亦不可思議

❧ 금강경의 말씀은 당대 승단과 이를 지원하는 대규모의 유력 재가신도들에게서 심한 배척을 받았다는 것을 이 경전은 보여주고 있다. 단순히 부처님의 말씀을 외우고 남에게 말한다고 해서 경멸과 천대를 받을 수 있을까? 그리고 경멸과 천대는 어떤 행위일까?

부처님께서 살아 계실 때였으면 모르되, 금강경이 나온 때는 이미 부처님 가신 후 500여 년이 지난 때이며, 불교승단과 재가신도가 사회에 상당한 존경과 외호의 세력을 지니고 있던 때이다. 불교가 아닌 외도이면 모르되, 금강경을 알리는 사람들이 업신여김과 천대를 받는 상황은 어떤 상황이었을까? 지금까지 말씀하신 금강경의 내용이 그것을 웅변하고 있다.

　금강경은 당대 승단의 오만과 다툼을 말하고 있으며, 대규모로 보시하는 사람들의 공덕관을 탐욕이라고 비판하며, 그러한 삶이 비록 불교라는 형식을 입고 있으나 부처님은 그러한 법을 설하신 적이 없으며, 부처님의 진리를 따르는 올바른 삶이 아니라고 천둥같이 말씀하시고 있다.

　견고한 금강석을 천둥과 번개가 깬다는 말이 있듯이, 금강경은 이런 의미에서 능단금강(能斷金剛) 반야바라밀경, 즉 금강과 같이 견고한 어리석음을 끊고 진리에 이르는 뜻으로도 읽혀질 수 있다.

　금강경의 말씀이 단순히 유력자나 커다란 보시를 할 수 있는 사람들에게 계급적 비판을 했다는 증거는 없다. 그러나 값비싼 칠보로써 수없이 보시하거나 탑을 공양한다는 당대의 현실을 볼 때, 금강경이 비판하는 그 대상은 현실적으로 그 사회에서 세력을 지니고 재력을 지니는 집단들 가운데 보시와 장엄에 대해 위선적 태도를 가진 불자들이 아닐까?

　업신여김과 천대가 뜻하는 역사적 의미를 생각해 볼 때, 기존 승단에서도 이러한 금강경의 뜻을 전하는 사람들을 이단으로 경멸하고 천대했던 것이 아닐까? 이 금강경은 불법(佛法)이라는 이름아래 행해지고 있는 수행과 보시 속에 감추어진 오만과 위선을 드러내기 때문이다.

　지금 이 시대의 눈으로 볼 때, 경멸과 천대는 일반적으로 이해관계를 공유하고 있는 집단이나 같은 종교집단 안에서 일어나며, 강자가 약자에게, 혹은 기존의 다수가 새로운 생각을 가진 소수에게 가하는 사회적 폭력행위이다. 이렇게 보면, 금강경이 말씀하는 경멸과 천대는 바로 당대 기존 불교승단과 이들을 따르는 신도들이, 금강경을 부처님의 말씀으로 전하는 불자들에게 가한 종교적 박해로 볼 수 있다.

"다시 수보리야, 어떤 좋은 집안의 남자와 여자가 이 경을 받아 지니며 읽고 외우면 지금 시대의 불자나 대중들로부터 부처님의 말씀이 아니라고 업신여김과 천대를 받을 수 있다. 만약 이 경을 받아 지니고 읽고 외우기 때문에 남에게 업신여기고 천대를 당한다고 하자. 이 사람은 여러 전생에 자기가 지은 죄업으로 마땅히 이번 생에서 악도에 떨어질 것이지만, 지금 사람들에게 업신여김과 천대를 당함으로써 전생에 지은 죄업은 모두 소멸되고 또 마땅히 위없는 올바르고 완전한 깨달음을 얻게 될 것이다."

"수보리야, 내가 과거 무량 아승지겁을 새겨보니, 연등불을 공양하기 이전에 팔백사천 나유타의 여러 무수한 부처님들을 만나서 모두 다 공양하고 받들어 섬겼으며 헛되이 지낸 적이 없었다. 만약 또 어떤 사람이 오는 말세에 이 경을 받아 지니고 읽고 외울 수 있으면 그가 얻는 공덕은 내가 여러 부처님들께 공양한 공덕으로는 백분의 일도 미치지 못하며 천만억 분 내지 어떤 숫자로 세거나 비유로도 미칠 수 없다."

"수보리야, 만약 좋은 집안의 남자나 여자가 오는 말세에 이 경을 받아 지니며 읽고 외워서 얻는 공덕을 내가 다 갖추어 말한다면, 혹 어떤 사람이 듣고서는 마음이 몹시 혼란스럽고 믿지 못하게 될 것이다."

"수보리야, 이 경은 뜻도 가히 생각할 수 없으며, 읽고 외우는 공덕의 결과 또한 가히 생각할 수 없이 크다는 것을 마땅히 알아야 한다."

❧ 금강경의 부처님은 어떤 경멸과 천대를 받는 어려움이 있더라도 이 경전의 말씀을 전할 것을 강조하시고, 이 경에 담긴 부처님의 말씀을 실천하는 것이야말로 진정한 깨달음, 열반의 평안과 보시의 기쁨이 있는 삶이라고 말씀하고 있다.

여기에서 금강경은 말세(末世)라는 표현을 쓰고 있다. 금강경을 전하시는 제자가 당대 불교의 현실을 어떻게 보시는지 그 역사관과 현실관을 엿볼 수 있다.

❧ 지금까지 금강경의 부처님께서는 경 첫머리에서 제기한 위 없는 부처님의 깨달음(아뇩다라삼먁삼보리)을 얻기 위해 보살이 어떻게 머물고 또 마음을 다스려야 하는가에 대한 토론을 모두 마치고 있다. 금강경은 여기서 상편을 모두 마친다.

상편의 주제는 당대 재가불자와 승단이 부처님의 가르침에 따라 보살로서 중생제도를 실천하고 있었으나 그 실천의식이 곧 나라는 생각(내가 모든 생명들을 제도한다는 생각)·성인이라는 생각(성인들의 여러 경지를 얻는다는 생각)·중생이라는 생각(모든 생명들에게 보시를 베풀면 내게 복이 온다는 생각)·수명이라는 생각(보시를 베푼 복덕이 나의 미래에 이어진다는 생각)이었음을 보여준다. 그리고 이러한 불교적 생각, 즉 보시를 하거나 수행을 하여 성인의 경지를 얻는다는 생각과, 사원과 불탑을 장엄하는 신앙 속에 보상을 구하는 이기적 탐욕과 권위의식이 감추어진 것을 비판하고 있다.

이러한 욕망이 있는 한 오히려 불교적 삶을 등지고 있음을 통렬히 깨우치신 후, 마지막으로 올바른 보살의 길을 제시하고 있다.

금강경은 그러나 여기서 멈추지 않고 당대 불자의 혼돈과 미망의 원인을 더욱 깊이 성찰하고 있다. 이러한 불법에 대한 혼돈과 미망의 원인은 어디에 있는가? 금강경은 부처님이 전해주신 원래의 가르침을 올바로 받아들이거나 해석하지 못하는 데 원인이 있다고 진단하고 있다.

당대의 불법 해석이 혼돈과 미망에 덮여 있다면 무엇이 올바른 해석이고 그 기준은 무엇인가? 무엇이 올바른 수행이며, 어떻게 복을 짓는 것이 부처님께서 원래 말씀하신 보살행이며, 장엄행인가? 불법이 잘못 전해지고 있다면, 어떻게 해야 올바로 불법을 전하는 길인가? 그 구체적 방법은 무엇인가?

이러한 토론이 부처님과 수보리 존자 사이에 전개되는데, 이것이 하편의 주제이다.

❀ 금강경 읽기 : 필자는 금강경은 역사와 사회, 인간의 삶 속에서 해석되어야 한다고 생각한다. 또 금강경은 원래 하나로 이어진 경전이므로 전체적인 문맥의 흐름을 중시하며 읽어야 한다고 생각한다. 금강경이 지금처럼 32분으로 나뉘어져 있는 것은 중국

양나라 소명태자(昭明太子 ?~531 A.D)에 의해서이다. 뜻을 따라 읽기 편하도록 32분으로 나누었는데, 이렇게 나눈 것은 본래의 금강경과는 아무 상관이 없다. 따라서 경전의 뜻을 해석할 때, 나뉘어진 부분별로 각각 독립적으로 뜻을 해석한다면, 앞뒤 문맥의 뜻이 끊어질 위험이 있다.

  지금까지 보듯, 금강경은 당대 불자들의 삶을 성찰하며, 일관된 문제의식을 가지고 부처님의 말씀을 전개하고 있기 때문이다.

## 2. 금강경 하편 역해

## 究竟無我分 第十七

爾時 須菩提 白佛言 世尊 善男子善女人 發阿耨多羅三藐三菩提心 云何應住 云何降伏其心 佛 告須菩提 若善男子善女人 發阿耨多羅三藐三菩提(心)者 當生如是心 我應滅度一切衆生 滅度一切衆生已 而無有一衆生 實滅度者 何以故 須菩提 若菩薩 有我相人相衆生相壽者相 則非菩薩 所以者何 須菩提 實無有法發阿耨多羅三藐三菩提(心)者 須菩提 於意云何 如來 於然燈佛所 有法得阿耨多羅三藐三菩提不 不也 世尊 如我解佛所說義 佛 於然燈佛所 無有法得阿耨多羅三藐三菩提 佛言 如是如是 須菩提 實無有法如來得阿耨多羅三藐三菩提 須菩提 若有法如來得阿耨多羅三藐三菩提者 然燈佛 即不與我受(授)記 汝於來世 當得作佛 號 釋迦牟尼 以實無有法得阿耨多羅三藐三菩提 是故 然燈佛 與我受(授)記 作是言 汝於來世 當得作佛 號 釋迦牟尼 何以故 如來者 即諸法如義 若有人 言如來得阿耨多羅三藐三菩提 須菩提 實無有法佛得阿耨多羅三藐三菩提 須菩提 如來所得阿耨多羅三藐三菩提 於是中 無實無虛 是故 如來 說一切法皆是佛法 須菩提 所言一切法者 即非一切法 是故 名一切法 須菩提 譬如人身長大 須

菩提 言 世尊 如來 說人身長大 卽爲非大身 是名大身 須菩提 菩薩
亦如是 若作是言 我當滅度無量衆生 卽不名菩薩 何以故 須菩提 實
無有法名爲菩薩 是故 佛說一切法 無我無人無衆生無壽者 須菩提 若
菩薩 作是言 我當莊嚴佛土 是不名菩薩 何以故 如來 說莊嚴佛土者
卽非莊嚴 是名莊嚴 須菩提 若菩薩 通達無我法者 如來 說名眞是菩
薩

※ 지금까지 상편에서 부처님과의 대화를 통해, 수보리 장로는 당대의 불자들이 보시와 장엄과 수행을 잘못 이해하고 있다는 것을 깊이 깨닫게 되었다. 이 하편 첫머리에서도 상편에서 시작했던 것처럼 중생 제도를 말씀하신 후 이어 보시에 대한 말씀을 하시고 있다. 그러나 곧이어 부처님의 깨달음(아뇩다라삼먁삼보리)에 뜻을 일으킨 사람, 즉 보살의 참다운 의미를 밝히신다.

보살은 어떤 존재인가? 좋은 집안의 남자와 여자가 자신들이 보살이 되기를 서원하여 중생을 제도한다고 할 때, 보살이라는 것을 어떻게 이해해야 하는가?

금강경은 잘못 해석되고 있는 부처님의 가르침을 올바로 해석하고 있으니, 이러한 문제의식이 이 하편의 주제이다.

그때 수보리가 부처님께 여쭈었다.

"세존이시여! 좋은 집안의 남자와 여인이 위없는 올바르고 완전한 깨달음을 향해 마음을 일으켰으면, 즉 보살이 되겠다고 마음을 먹었으면, 어떻게 마땅히 머물며, 어떻게 그 마음을 항복받아야 합니까?"

부처님께서 수보리에게 이르시되,

"만약 좋은 집안의 남자와 여인이 위없는 올바르고 완전한 깨달음을 향해 마음을 일으켰으면 마땅히 이와 같이, '내가 마땅히 일체 중생을 모두 완전한 평안(열반)에 들게 하며, 이렇게 일체 중생을 완전한 평안에 이르게 하고 나서는, 한 중생도 완전한 평안에 들게 한 적이 없다'라고 마음을 내어야 한다.

왜냐하면, 수보리야, 만약 보살이 이와 같이 부처님의 가르침에 따라 중생들을 제도하면서, 여러 가지 생각, 즉 내가 모든 생명들을 제도한다는 생각·성인들의 여러 경지를 얻는다는 생각·모든 생명들에게 보시를 베풀면 내게 복이 온다는 생각·보시를 베푼 복덕이 나의 미래에 이어진다는 생각이 마음속에 일어나면 올바른 보살이 아니기 때문이다."

"그 까닭은 무엇인가? 수보리야, 위없는 올바르고 완전한 깨달음을 향해 마음을 낸 사람(보살)은 실로 위없는 올바르고 완전한 깨달음을 향해 마음을 일으킬 법(法)이 없기 때문이다."

"수보리야, 그대는 어떻게 생각하느냐? 여래가 연등불이 계신 곳에 보살로 있었을 때, 장차 위없는 올바르고 완전한 깨달음을 얻기 위해 실천한 그런 공덕을 얻는 법이 있었느냐? 여래가 깨달음을 얻기 위해 연등불이 계신 곳에서 몸을 아끼지 않고 뭇 생명들에게 수많은 보시를 하고 연등 부처님께 공양을 베풀었지만, 이 법이 내가 위없는 보리를 얻기 위한 법(法)이었느냐?"

"아닙니다. 세존이시여! 제가 부처님이 말씀하신 바 뜻을 이해하기에는, 부처님이 연등불이 계신 곳에서 장차 위없는 올바르고 완전한 깨달음을 얻기 위해 공양을 베풀어 공덕을 얻는 법이 없었습니다.
 보살께서 수많은 보시와 공양을 하였지만, 이 법으로 내가 위없는 보리를 얻게 된다는 생각으로 한 것이 아닙니다."

 부처님께서 말씀하시되,
 "그렇다, 그렇다. 수보리야, 실로 보살에게는 위없는 올바르고 완전한 깨달음을 얻기 위해 보시와 공양을 베풀어서 공덕을 얻는 법이 없었다. 수보리야, 만약 여래가 장차 위없는 올바르고 완전한 깨달음을 얻기 위해 연등불 회상에서 보시와 공양을 베풀어 공덕을 얻는 법이 있었다면, 연등불이 곧 나에게 수기를 주면서 '너는 내세에 마땅히 깨달음을 이루어서, 사람들이 석가족의 성자라 하리라'고 하시지 않았겠지만, 실로 위없는 올바르고 완전한 깨달음을 얻기 위해 보시와 공양을 베풀어 공덕을 얻는 법이 없었으므로, 이런 까닭에 연등불이 나에게 수기를 주면서 말씀하시되, '너는 내세에 마땅히 깨달음을 이루어서, 사람들이 석가족의 성자라 하리라'고 하셨다."

 "왜냐하면, 진리의 길을 따라 '이와 같이 오신 분(여래)'이라는 것은 모든 법에 이와 같다는 것〔諸法如義〕을 뜻한다. 진리의 길을 따라 '이와 같이' 오신 분이라고 할 때, 사람들은 보통 보시와 공양으로 쌓아 얻은 모든 공덕으로 '이와 같이' 오신 분이라고 생각하지만, 그렇지 않다. 실상 '이와 같이 오신 분'이라는 뜻은 연등불 처소에서 부처님께서 그랬듯이, 공덕을 얻는 법이 없었기 때문에 '이와 같이 오신 분'이 된 것이다.
 세존께서 보살이었을 때, 연등불이 계신 곳에서 보시와 장엄을 실천하였지만, '내가 이 공덕으로 위없는 보리를 얻는다'는 법이 없었기에 수기를 받으셨다. 그래서 이 세상에 오셔서 깨달은 분이 되셨으며, '이와 같이 오신 분'이 되신 것이다.

만약 지금 어떤 사람이 '여래가 위없는 올바르고 완전한 깨달음을 얻었다'라고 하더라도, 수보리야, 실로 여래에게는 위없는 올바르고 완전한 깨달음을 얻기 위해 보시나 공양을 베풀어 공덕을 얻는 법이 조금도 없었다."

❀ 이제 금강경은 보시, 수행, 장엄 등 일찍이 부처님께서 베풀어주신 가르침〔佛法〕에 대해 보다 근본적인 문제를 제기하시고 있다.

먼저 보살이 중생을 제도하는 과정에서 내가 모든 생명들을 제도한다는 생각, 성인들의 여러 경지를 얻는다는 생각, 모든 생명들에게 보시를 베풀면 내게 복이 온다는 생각, 보시를 베푼 복덕이 나의 미래에 이어진다는 생각이 일어나면 진정한 보살이 아니라는 것을 말씀하신다.

보살이 비록 위없는 보리를 얻겠다는 마음에서 중생제도를 실천하더라도, 내가 보살행을 하여 어떤 공덕을 얻는 법(法)이 있다면, 마음속에는 오히려 보상과 복덕에 대한 탐욕이 숨어 있기 때문이다. 이러한 욕망은 결국 무엇을 얻든, 그 대상을 자신의 보상으로서 소유하겠다는 소유의식이다.

이런 욕망으로 부처님의 깨달음을 얻을 수 있는가? 과연 부처님의 가르침 속에 이러한 법이 있는가? 그러나 자기의 보상을 추구하는 불자는 오히려 보살행을 하면서 그 길을 찾고 있다.

금강경은 불법이 이러한 욕망을 충족시키는 수단과 방법으로서 인식되고 있는 당대의 현실을 생생하게 보여 주고 있다. 금강경은 당대 현실의 불자, 특히 연등불 신앙을 따라 보시와 장엄을 하는 불자에게 보다 근본적인 질문을 하고 있다.

과연 장엄과 보시 속에 무엇이 있는가? 보시와 장엄을 베풀어 닦아 얻은 공덕으로 복덕을 얻고 나아가 위없는 보리를 얻을 수 있는가? 부처님의 위없는 진리는 내가 불법을 실천해서 공덕을 닦아 얻어 가는 방식으로 깨달을 수 있는 것인가? 불법 속에 나의 욕망을 충족시킬 수 있는 길이 있는가?

연등불 처소에서 보살이 위없는 보리를 얻는다는 생각으로 보시와 장엄을 실천하였는가? 보살이 과연 이런 법으로 장엄과 보시를 하여, 연등불의 수기를 받고 금생에 왕자로 태어나서 위없는 보리를 얻으신 것인가? 연등불 신앙은 이렇게 해석될 수 있는가?

☙ 문장해석 : 如來 於然燈佛所 有法得阿耨多羅三藐三菩提不 不也 世尊 如我解佛所說義 佛 於然燈佛所 無有法得阿耨多羅三藐三菩提. 이 문장을 있는 그대로 해석하면, "여래가 연등불이 계신 곳에서 아뇩다라삼먁삼보리를 얻는 법(法)이 있었느냐?" "아닙니다. 세존이시여! 제가 부처님이 말씀하신 바 뜻을 이해하기에는 부처님이 연등불이 계신 곳에서 아뇩다라삼먁삼보리를 얻는 법(法)이 없습니다."

이 구절은 해석상 매우 모호하다. 탄허 스님은 금강경오가해(金剛經五家解) 현토주석에서 "여래가 연등불소에서 법 아뇩다라삼먁삼보리를 얻음이 있느냐? …… 여래가 연등불소에서 법 아뇩다라 삼먁삼보리를 얻음이 없습니다"로 번역하셨다.

운허 스님은 "여래가 연등불 아래서 아뇩다라삼먁삼보리법을 얻었느냐? …… 여래가 연등불소에서 아뇩다라삼먁삼보리법을 얻은 것이 없습니다"로 번역하셨다(금강반야바라밀경, 홍법원, 1970). 모두 아뇩다라삼먁삼보리와 법(法)을 묶어서 동격으로 번역하고 있다.

여기서 살펴볼 것은 번역의 차이보다는 법(法)과 아뇩다라삼먁삼보리의 관계이다. 만약 아뇩다라삼먁삼보리(이하 보리)가 법과 같은 뜻이라면, 원문 한역은 "有得法阿耨多羅三藐三菩提不" 혹은 "如來 於然燈佛所 有得阿耨多羅三藐三菩提法不"로 번역되어야 할 것이다. 그러나 현장 법사는 구마라집 법사와 대동소이하게 "頗有少法能證阿耨多羅三藐三菩提法不"로 번역하여, "(장차) 능히 보리를 깨닫게 되는 어떤 법이라도 있느냐? 혹은 어떤 법이라도 있어서 (장차) 보리를 능히 깨닫게 되느냐?"의 의미로 번역하였다. 어떻게 번역하든 법과 보리를 별개로 나누어서 번역하고 있다. E. Conze 씨는 "is there any dharma by which the Tathagata, when he was with Dipankara the Tatagatha, has fully known the utmost, right and perfect enlightenment?"(필자역 : 여래가 연등불과 함께 있었을 때, 최고의 완전한 깨달음을 얻게 되는 어떤 법이 있는가?)로 번역하고 있다. 콘체 씨는 법(dharma)이 보리를 얻는 어떤 수단과 같은 의미로 번역하고 있으나, 수단을 뜻하는 법(dharma)이 구체적으로 무엇을 의미하는가에 대해서는 설명이 없다.

만약 전통적으로 독해하듯, 법(法)과 보리를 같은 뜻으로 해석하면, 이후 모든 문장을 부처님께서 연등불 처소에서 어떤 깨달음도 깨달은 것이 없다고 해석하게 된다. 이렇게 되면, 결국 깨달았으되 깨달았다는 생각, 즉 각상(覺相)이 없다는 뜻으로 해석하게 된다. 이런 해석이 법과 보리를 같이 보는 모순을 해소할 수는 있지만, 연등불 신앙의 내용과는 일치하지 않는 문제가 있다. 부처님은 연등불 처소에 계실 때는 보살이었으며, 거기서 수기를 받으신 것이지, 깨달음을 얻으신 것은 아니다.

또 이기영 박사의 번역(금강경, 한국불교연구원, 1978)처럼 법을 일〔事〕이라고 해석하면, "연등불 처소에서 깨달은 일이 없다"라고 해석하여 금강경에서 연등불 설화를 인용하는 것 자체를 무의미하게 만드는 모순을 범하게 된다.

법(dharma)은 진리, 공덕, 사물, 지시대명사(이것, 저것) 등 원어의 뜻이 매우 다양하다. 그러나 구마라집 법사와 현장 법사의 번역본을 다시 생각해 보면, 금강경의 의도는 아뇩다라삼먁삼보리와 법(法)을 분명히 서로 다른 뜻으로 설명하고 있음을 알 수 있다.

금강경 전후의 문맥을 살펴볼 때 필자의 생각은 다음과 같다.
우선 금강경 하편 첫머리에서 보살이 중생을 제도하면서, 나라는 생각·성인이라는 생각·중생이라는 생각·수명이라는 생각이 있으면 참다운 보살이라고 할 수 없다고 하신다. 그것은 참다운 보살(보리를 얻겠다는 마음을 일으킨 사람)은 아뇩다라삼먁삼보리를 얻기 위해 "내가 중생제도를 하여 어떤 공덕을 얻겠다는 마음을 낼 그런 법(法)이 없기 때문이다"라고 설하시고 있다.

이 대화의 뜻을 좀더 설명하기 위하여, 금강경은 연등불 설화를 인용한다. 연등불 설화는 부처님의 전생 보살에 관한 이야기다. 부처님께서 연등불 처소에서 보살로 있을 때, 머리를 풀어 연등불을 공양하셨으며, 수많은 연등불 세계를 장엄한 공덕으로 연등불에게서 장차 깨달음을 얻을 것이라는 수기를 받으셨다. 이 수기로 부처님은 후생에서 32상을 갖춘 왕자로 복되게 태어나시고, 마침내 보리수 밑에서 깨달음을 이루시어 모든 사람이 존경하는 세존, 여래, 불타, 석가족의 성자가 되셨다는 신앙이다.

이 연등불 설화를 인용하며, 금강경은 "부처님께서 연등불 처소에서 장차 아뇩다라삼먁삼보리를 얻기 위해 보시와 공양으로 공덕을 얻는 법이 있었느냐?"고 묻고 있다. 다시 말해, 과연 그때 보살(부처님의 전생)이 장차 내가 부처님의 깨달음을 얻는다는 생각으로 연등불께 공양을 했느냐고 묻고 있는 것이다.

이렇게 볼 때, 앞에서 이미 설명했듯이, 법(法)은 보살이 깨달음을 얻기 위해 장엄이나 보시를 실천하여 자신이 공덕을 얻게 되는 법을 말한다. 즉, 법은 아뇩다라삼먁삼보리에 이르는 길이다.

금강경은 이런 법으로써 과연 깨달음을 얻을 수 있는가를 묻고 있다. 즉, 금강경은 연등불 설화를 통하여 장엄을 하는 당대의 불자에게, 자신이 공덕을 추구하는 방식이 과연 깨달음을 얻는 바른 법인가를 묻고 있다. 당대 불자들은 탑이나 절을 대규모로 장엄하고 보시하여 복덕을 얻는 것이, 장차 32상이나 부처님의 깨달음을 얻게 되는 법이라고 생각하고 있기 때문이다.

이렇게 새기면, 뒷 문장도 뜻이 더욱 분명해진다.

"수보리야, 부처님께서 장차 아뇩다라삼먁삼보리를 얻기 위해 연등불 처소에서 보시와 장엄을 하여 공덕을 얻는 법이 있었느냐?"

"아닙니다. 세존이시여! 제가 부처님이 말씀하신 바 뜻을 이해하기에는, 부처님이 장차 아뇩다라삼먁삼보리를 얻기 위해 연등불 처소에서 보시와 장엄을 하여 쌓아 공덕을 얻는 법이 없었습니다."

❀ 금강경은 우선 일반 불자가 가지고 있는 연등불 신앙을 재해석하고 있다. 금강경이 연등불 설화를 인용하는 것은 매우 현실적인 의미가 있다. 당대의 연등불 신앙이 모든 보시와 탑 장엄을 하는 불자들이 가지고 있는 교리〔法〕이자 신앙이기 때문이다.

그러나 금강경은 오히려 세존께서는 연등불 처소에서 보살행을 할 때, "내가 장엄을 하여 공덕을 얻어야, 다음 생에 위없는 보리를 얻는다는 법 없이 장엄과 공양을 베풀었다"고 말씀하신다. 이런 이유로 연등불에게서 장래 깨달음을 이루고, 석가족의 성자가 되리라는 수기를 받았다는 놀라운 말씀을 하신다.

여래를 "진리에 따라 '이와 같이' 오신 분"이라고 말할 때, "이와 같이"라는 것은 전생에 많은 공덕을 쌓는 법을 닦아서 이와 같이 오셨다는 뜻이 아니라, 오히려 연등불 설화에서 보듯, 진리를 얻기 위해 내가 공덕을 얻는다는 법 없이 공덕을 쌓았기에 '이와 같이 오신 분(여래)'이 되었다고 말씀한다. 금강경은 이렇게 여래의 의미를 재해석하고 있다.

이러한 금강경의 가르침은 거대한 보시나 장엄을 하면서, 그 공덕으로 복덕이나 32상을 갖춘 성인의 과보를 얻게 된다는 것을 부처님의 가르침〔法〕으로 알고 있는 당대 불자들을 통렬하게 깨우치시는 말씀이다. 당대 불자들의 마음속에서 보상을 얻겠다는 탐욕이 장엄과 보시행의 동기임을 꿰뚫어 보셨기 때문이다.

❦ "왜냐하면 여래는 제법에 여하다는 뜻이다〔何以故 如來者 卽諸法如義〕"라는 문장에 관하여 : 필자는 이 문장을 "왜냐하면, 이와 같이 오신 분(여래)이라는 뜻은 '모든 법에 이와 같다는 것'을 뜻한다"로 번역한다.

여(如)는 일반적으로 진여(眞如)로 해석하며, 진여의 의미를 진리의 본체, 생멸없는 성품, 본래의 마음자리 혹은 모든 사물의 근원으로 이해하는 데 대하여 필자의 소견은 이러하다.

첫째, 언어 자체가 가지고 있는 뜻을 살펴본다.

운허 스님의 불교사전에는 여래의 의미를 과거의 여러 부처와 같이 피안에 간 사람, 진리에 도달한 사람, 여러 과거 부처님과 같은 길을 걸어서 진리에 도달한 사람, 혹은 진리에 따라 이 세상에 온〔來現〕 사람 등 대략 네 가지로 설명하고 있다.

전재성 박사의 싼쓰크리스뜨어 해석에 따르면 여래(如來), 즉 Tathāgata(따타가따)는 tatha(이렇게)와 āgata(와 있는)가 합한 말이다. 두 말이 합해져서 '이렇게 오신 분' 혹은 '이와 같이 오신 분'이라는 뜻이 된다.

필자는 '전생의 여러 부처님 혹은 성인들과 같은 길을 따라 이와 같이 오신 분'이라는 뜻으로 이해한다. 따타가따(여래)는 부처님 당시 다른 종교에서도 성인(聖人)을 부르는 호칭이었다. "여래는 제법에 여(如)하다는 뜻이다"에서 말하는 여(如)는 싼스크리스트어로 tathata(따타따)로 적혀 있다. 전재성 박사의 설명에 의하면, tathata(따타따)는 '이렇게'라는 뜻의 따타(tatha)의 명사형이다. 따라서 Tathata(따타따)는 '이런 것, 또는 이렇다는 것, 혹은 이와 같다는 것'으로 해석된다. 이렇게 여(如)를 '이와 같다는 것'이라는 추상명사로 읽을 때, 如來者 卽諸法如義는 "이와 같이 오신 분은 모든 법에 '이와 같다는 것'(혹은 이렇다는 것)을 뜻한다"로 번역하게 된다.

A.D 401~402년에 번역한 구마라집 법사는 Tathata(따타따)를 여(如)의 뜻으로 번역하고, 100여 년 뒤 보리유지 법사는 실진여(實眞如, 실다운 진여)로, 구마라집보다 260여 년 늦게 번역한 현장 법사는 '진실한 진여(眞實眞如)'로 번역하였다.

그런데 현장 역본에는 이어서 '법성이 생겨남이 없음, 말의 길이 아주 끊김, 필경 생겨나지 않음〔無生法性, 永斷道路 畢竟不生〕' 등의 역문이 추가되어 있다. 콘체 씨는 'True Suchness(참으로 이런 것)'로 번역했다.

필자는 여(如)를 우리 한문 정서에 맞게 '이와 같다는 것'으로 해석한다.

둘째, 글의 흐름으로 살펴볼 필요가 있다.

한역 원문을 보면, 何以故 如來者 卽諸法如義으로 적혀 있다. 문맥으로 보면 如來者 卽諸法如義 앞에 何以故가 있어, 번역하면, "왜냐하면 여래라는 것은 제법에 여(如)하다는 뜻이기 때문이다"로 읽게 된다. 여기서 '왜냐하면'은 앞의 문장을 이어받아 쓴 말이다. 즉 앞에 있는 본문 "세존께서 연등불 처소에 있을 때 장차 위없는 깨달음을 얻기 위해 장엄과 보시를 행하여 공덕을 얻는다는 법이 없었다. 그래서 연등불께서 세존에게 장래 석가족의 성자가 될 것이다라고 수기를 주셨다"는 말씀을 이어받고 있다.

이렇게 문맥으로 볼 때, 이 문장은 "여래가 위없는 보리를 얻기 위해 연등불 처소에서 장엄과 보시를 행하여 공덕을 얻는 법이 없었다. 그래서 연등불께서 세존에게 미래에 깨달음을 이루고, 석가족의 성자가 될 것이라는 수기를 주셨다. 왜 수기를 주셨는가 하면, '이와 같이 오신 분(여래)'이라는 말은 모든 법에 이와 같다는 것을 뜻하기 때문이다"로 새기게 된다.

금강경은 여기서 '이와 같이' 오신 분의 '이와 같다는 것'이 보시와 장엄의 공덕법을 닦아서 이와 같이 오신 것이 아니라, 공양을 베풀되, 복을 얻는 법이 보살에게 없었기 때문에 '이와 같이 오신 분'이 된 것이라고 '이와 같이〔如〕'의 뜻을 재해석하고 있다.

이러한 재해석의 의도는 이미 설명했듯이, 금강경 하편의 주제이다.

셋째, 금강경 안에 나타나는 고유한 표현 형식을 관찰한다.

금강경 제29 위의적정(威儀寂靜)분에서는 여래의 '오시다〔來〕'를 재해석하시고 있다. 제29분 중, 원문은 "何以故 如來者 無所從來 亦無所去 故名如來"이다. 우리말로 번역하면, "왜냐하면, '이와 같이 오신 분'이라는 말의 뜻은 어디서 오시는 바도 없으며, 또 어디로 가시는 바도 없다. 이런 까닭으로 '이와 같이 오신 분(여래)'으로 부른다." 이 문장에서 보듯, 금강경은 이와 같이 오신 분이라는 말에서 '오시다〔來〕'의 의미를 오고 가신 바가 없다는 뜻으로 다시 정의하시고 있다. 같은 형식으로 여기 제17분에서는 '이와 같이 오신 분'에서 앞에 나온 단어인 '이와 같이〔如〕'의 의미를 재해석하고 있다.

이 두 가지 표현방식을 관찰해보면, 금강경은 모두 언어의 뜻을 그대로 차용하되 그 언어와 정반대로 뜻을 새롭게 해석하고 있다는 것을 알 수 있다. 이렇게 볼 때, 여래(如來)의 여(如)는 '이와 같이 오신 분'의 앞 단어인 '이와 같이'라는 뜻이니, 이 말 자체의 뜻을 그대로 살려 '이와 같다는 것'으로 번역하는 것이 금강경이 쓰는 표현방식과 자연스럽게 일치한다고 할 수 있다.

넷째, 금강경이 나타난 역사적 상황을 볼 때이다.

부처님께서 세상을 떠나신 후 500여 년이 지난 즈음 금강경이 나타난 역사적 상황을 고려할 때에, 당시 불교계에 존재의 성품이나 마음자리 혹은 우주의 근원이라는 개념이 있었다고는 생각하기 어렵다. 더구나 이 경전이 반야부에 속한다는 것을 볼 때, 금강경의 여(如)나 진여(眞如)를 존재의 실상이나 마음자리 혹은 본체로 해석하는 것도 자연스럽지 않다. 물론 수행의 차원에서 금강경을 이렇게 해석할 수 있다고 한다면, 그것은 여기서 논의할 일이 아니다.

필자는 이러한 여러 이유로 "何以故 如來者 卽諸法如義"라는 문장의 뜻을 "왜냐하면, 이와 같이 오신 분(여래)이라는 것은 모든 법에 '이와 같다는 것'을 뜻하기 때문이다"로 번역한다.

금강경은 결국 '이와 같다는 것'은 보시나 장엄을 할 때, 그것으로 내가 공덕을 얻는 법이 없었기에 이와 같이 오셨다는 것을 의미하고 있다. 그런 공덕을 얻는 법이 마음속에 없었으며, 일어나지 않았기 때문이다. 현장 역본에는 '일어나지 않음〔不生〕'으로 설명되어 있다.

보시, 장엄, 지계, 인욕, 정진, 선정 등 모든 불법을 실천하고 수행하되, 그 속에 내가 무엇을 했다거나 그 공덕을 바라는 법이 없는 것을 '이와 같이 오신 분'의 뜻이라고 설명하는 금강경의 말씀은, 당대 현실에 매우 깊은 의미가 있다고 하지 않을 수 없다. 이러한 법불생(法不生)의 말씀이야말로 삶과 수행이 둘이 아닌 길을 여는 심오한 통찰이기 때문이다.

"수보리야, 여래가 아뇩다라삼먁삼보리를 얻은 바 이 가운데는 실다움도 없고 헛됨도 없다. 그러므로 여래가 '일체법이 다 부처님의 법이다'고 말씀하셨으되, 수보리야, 일체법이라고 말씀한 바는 곧 일체법이 아니니, 그러므로 일체법이라 부르는 것이다."

"수보리야, 일체법은 비유하자면, 사람의 몸이 수미산과 같이 아주 크다고 말하는 것과 같다." 수보리가 말씀드리되, "세존이시여! 여래께서는 사람 몸이 크다고 하는 것도 곧 큰 몸이 됨이 아니기에, 큰 몸이라 이르신 것이라고 말씀하셨습니다."

"수보리야, 보살도 또한 이와 같아서, 만약 이런 말을 하되, '내가 마땅히 한량없는 중생을 완전한 평안에 이르게 하리라' 한다면 곧 보살이라 이름할 수 없다. 그것은 무슨 까닭인가? 수보리야, 실로 보살이 된다고 부르도록 보살지위에 이르는 법이 없기 때문이다."

❀ 공덕을 얻는 법이 없었기 때문에 위없는 깨달음을 얻었다는 말씀은, 당대의 연등불 신앙을 따르는 불자에게는 충격적인 말씀이다. 금강경은 그러나 이 말이 보시와 장엄을 거부하거나, 보시와 장엄이 아무런 결과도 없어 헛되다는 것과 다르다고 말씀하시고 있다.

부처님께서 위없는 깨달음을 얻으신 그 속에는 실로 많은 보시와 장엄의 법들이 있었다. 그러나 그 속에는 내가 무엇을 얻기 위해 이 공덕을 쌓아 얻는다는 것이 없었다. 이렇게 위없는 깨달음은 법을 바로 이해하여 얻어지는 것이니, 보시와 장엄을 말씀하신 일체법이 모두 부처님의 법이라고 여래는 말씀한다. 그러나 일체법은 일체법이 아니라고 보아야 한다. 부처님이 말씀한 일체법에는 그 속에 내가 장엄 등을 행하여 무엇을 얻는 것이 없기 때문이다.

금강경은 일체법의 의미를 다시 해석하고 있다. 금강경은 그 뜻을 다시 한번 비유로써 설명하신다. 사람의 몸에 비유하여 사람이 수미산처럼 크다고 말할 때, 이는 비유로서 현실에는 없다. 실제로 장대한 큰 몸이 되는 것이 아니기 때문이다. 마찬가지로 일체법의 공덕이 크다고 부처님이 말씀하였지만, 불법에는 큰 공덕이 얻어지는 것이 없다.

금강경은 이런 의미에서 불법을 비유로 이해할 것을 요청하고 있다. 불법에 의지하여 권위나 공덕을 얻을 수 없다. 불법은 곧 방편으로 인식되어야 한다. 이것이 금강경이 말씀하시는 일체법의 의미이다.

당대 불자들은 중생을 제도하여 내가 많은 공덕을 쌓아 얻는 것이 보살이 되는 길이라고 생각하고 있다. 그러나 이런 보살은 올바른 보살이라고 할 수 없다. 보살은 내가 중생제도를 하여 공덕을 얻는다는 법이나 생각이 없어야 보살이 되기 때문이다.

부처님의 깨달음에는 내가 중생제도의 공덕을 얻어 보살이 된다는 법(法)이 없다. 권위와 복덕을 주는 까닭에 불법을 귀하게 여긴다면 법을 올바로 본다고 할 수 없다.

우리가 어떤 단체나 종교 집단 속에 귀의하거나 혹은 그 단체에 소속된다는 것은 무엇을 의미할까? 그러한 단체에 지위를 얻음으로써 무엇을 하고 무엇을 기대하게 될까? 그 기대 속에 자신의 보상을 구하는 생각은 없는가? 금강경이 세상에 나왔던 당시 남자와 여자가 보살이 되어 대규모 승단이나 탑에 칠보와 같은 비싼 보시를 베풀 때, 그 동기는 무엇일까?

보살은 아무리 최고의 진리라도 그것의 실천공덕을 자기가 소유한다는 것이 마음속에 없을 때, 수기를 받는다고 말씀하신다.

그러므로 부처님이 말씀하시되,
'일체법에는 나도 없고 성인도 없고 중생도 없으며 수명도 없다'라고 한다.

❀ 부처님의 가르침에는 '이 모든 것을 베푸는 나'라거나, '그렇게 해서 장차 성인이 된다'라든가, '내가 중생을 제도한다'는 생각

이나, '그 공덕으로 나에게 복덕이 이어진다'라는 것이 없다.
 이것이 장엄이나 보시를 어떻게 해야 하는가에 대한 진정한 해답이 아닐까?
 보살과 보시의 진정한 의미와 일체 불법의 뜻을 재해석한 다음, 금강경은 탑을 장엄하는 재가신도에게 묻는다. 공덕을 얻는 법이 없었다면, 장엄은 어떻게 하신 것인가?

 "수보리야, 만약 보살이 '내가 마땅히 불국토를 장엄하리라'고 말을 한다면 이는 보살이라 이름할 수 없으니, 무슨 까닭인가? 여래께서 불국토를 장엄하는 것은 장엄하는 것이 아니기에, 이런 까닭으로 장엄이라 이른다고 말씀하신다."
 "수보리야, 그러므로 만약 보살이 '내가 없는 법〔無我法〕'을 깊이 이해한 자라면, 여래는 이 사람을 참다운 보살이라 부른다."

 ❀ 여래께서 불국토를 장엄하실 때, '내가 장엄하여 무엇을 얻는다'는 법 없이 장엄하셨다. 장엄을 행하시되 그것으로 내가 무엇을 얻는다는 법이 없기 때문이다.
 금강경은 모든 중생을 제도하려는 보살이나 탑을 장엄하는 보살들이, 공덕행을 통해서 내가 장차 무엇을 얻는다는 동기가 있으면 참된 불법이 아니라고 말씀하시고 있다. 이어서 이러한 생각의 뿌리가 곧 공덕 속에서 '나와 나의 것'을 추구하는 탐욕이라고 말씀하시니, 금강경은 바로 당대 현실에서 일어나는 불교의 현실을 심오하게 통찰하고 있음을 알 수 있다.
 금강경은 탑을 장엄하며 자신이 보살이라고 생각하는 불제자들에게 부처님이 일찍이 말씀하신 일체 모든 부처님의 법에 내가 없다는 것을 깊이 이해할 것을 주문하고 있다.

    ❧ 문장해석 : 무아법을 깊이 이해한다는 것〔通達 無我法〕은 무엇을 의미할까?

이 문장을 싼스끄리스트 본을 직역한 E. Conze 씨는 "모든 법(dharmas)에는 내가 없다, 모든 법(dharmas)에는 내가 없다"라고 해석하고 있다. 이 해석은 그 위의 문장에 이어 매우 자연스럽다.

현장과 구마라집 법사는 모두 무아법(無我法)이라고 해석하고, 특히 현장 법사는 '무아법(無我法), 무아법'이라고 두 번 되풀이 강조하고 있다. 이 무아법을 무아(無我)의 진리로 해석하거나, 혹은 나(我)와 법(法)이 없는 무아무법(無我無法)으로 해석하기도 한다.

필자는 전체적인 문맥을 볼 때, 무아법(無我法)을 뜻 그대로 '내가 없는 법'으로 해석한다. 금강경은 일찍이 석가모니 부처님이 말씀하셨던 "무상하고 괴로움을 일으키는 욕망의 현상〔法〕을 나와 내 것이라 할 수 없다"라는 무아의 진리를 다시 강조하시기 때문이다.

다만 금강경은 여기서 무아(無我)의 진리를 '내가 없다'는 뜻에서, 나아가 부처님 말씀에 따라 실천하는 모든 수행과 공덕법도 그 속에 '나와 나의 것'이 없다는 뜻으로 한층 깊이 이해할 것을 요구한다. 제28 불수불탐(不受不貪)분에서 "일체법에 내가 없다는 것을 알고〔知一切法無我〕"가 나오는 것을 볼 때 이 해석이 타당하다고 생각한다.

당대의 현실에서는 보시를 실천하는 보살이나, 성인의 지위를 구하거나 법을 분석하는 출가승단이나, 탑을 장엄하는 보살에 이르기까지, 그러한 실천으로 나의 공덕을 얻는 것이 불법이라고 생각하고 있다. 이러한 현실에서 금강경은 그러한 법에 탐욕이 있는 것을 깊이 보라고 말씀하신다.

　이런 금강경의 인식은 연등불 신앙을 가진 불자들에게 놀라울 정도로 비판적인 인식이다. 그런데 수행 승단이나 사원과 탑을 장엄하는 재가불자들은 모두 '자신들이 보살이 되어 보시나 장엄을 하면 복덕을 얻는다'고 생각하고 있다. 이들이 과연 "장엄으로 공덕을 얻는 법에 내가 없다〔無我法〕"는 금강경의 말씀을 부처님의 가르침으로서 받아들일 수 있을까? 그들은 금강경을 설법하는 불제자들에게 어떤 태도를 취했을까?

# 一切同觀分 第十八

須菩提 於意云何 如來 有肉眼不 如是 世尊 如來 有肉眼 須菩提 於意云何 如來 有天眼不 如是 世尊 如來 有天眼 須菩提 於意云何 如來 有慧眼不 如是 世尊 如來 有慧眼 須菩提 於意云何 如來有法眼不 如是 世尊 如來有法眼 須菩提 於意云何 如來有佛眼不 如是 世尊 如來有佛眼 須菩提 於意云何 如恒河中所有沙 佛說是沙不 如是 世尊 如來 說是沙 須菩提 於意云何 如一恒河中所有沙 有如是沙等 恒河 是諸恒河所有沙數佛世界 如是寧爲多不 甚多 世尊 佛 告須菩提 爾所國土中所有衆生 若干種心 如來悉知 何以故 如來 說諸心 皆爲非心 是名爲心 所以者何 須菩提 過去心不可得 現在心不可得 未來心不可得

❀ 복덕을 얻기 위해 장엄을 하는 것은 과거 혹은 현재 행위에 대해 미래의 보상을 기대하는 인과법적 인식이다. 인과관계에 대한 시간적 인식이 삼세인과론(三世因果論)이다. 이 삼세인과론의 인식 속에 무엇이 있는가?

탑을 장엄하는 불자들은 자신이 보살이 되어 실천하는 장엄행이 인과법(因果法)을 실천하는 것이며, 이것이 부처님의 가르침이라고 이해하고 있다.

"수보리야, 그대는 어떻게 생각하느냐? 여래에게 몸의 눈이 있느냐?"

"그렇습니다. 세존이시여! 여래에게는 몸의 눈이 있습니다."

"수보리야, 그대는 어떻게 생각하느냐? 여래에게 몸의 눈으로 볼 수 없는 하늘 세계를 보는 눈이 있느냐?"

"그렇습니다. 세존이시여! 여래에게는 하늘 세계를 보는 눈이 있습니다."

"수보리야, 그대는 어떻게 생각하느냐? 여래에게 지은 업에 따라 달리 태어나는 것을 보는 지혜의 눈이 있느냐?"

"그렇습니다. 세존이시여! 여래에게는 지은 업에 따라 달리 태어나는 것을 보는 지혜의 눈이 있습니다."

"수보리야, 그대는 어떻게 생각하느냐? 여래에게 가르침(법)을 보는 법의 눈이 있느냐?"

"그렇습니다. 세존이시여! 여래에게는 가르침(법)을 보는 법의 눈이 있습니다."

"수보리야, 그대는 어떻게 생각하느냐? 여래에게 세간의 실상을 보는 부처(깨달은 이)의 눈이 있느냐?"

"그렇습니다. 세존이시여! 여래에게는 세간의 실상을 보는 부처(깨달은 이)의 눈이 있습니다."

❀ 법을 해석하는 눈보다 더 높은 것이 있으니, 세간의 실상을 보는 부처님의 눈이다.

"수보리야, 그대는 어떻게 생각하느냐? 저 갠지스강 가운데 있는 모래를 부처님이 말씀하신 적이 있느냐?"

"그렇습니다. 세존이시여! 여래께서는 그 모래를 말씀하셨습니다."

"수보리야, 그대는 어떻게 생각하느냐? 저 갠지스강에 있는 모래 수와 같이 이렇게 많은 갠지스강이 있고, 이 모든 갠지스강에 있는 모래 수만큼의 부처님의 세계가 있다면 이는 얼마나 많겠느냐?"

"심히 많습니다. 세존이시여!"

부처님이 수보리에게 이르시되,

"저 국토 가운데 있는 중생의 갖가지 마음을 여래가 다 알고 있다.

왜냐하면, 여래가 모든 마음들은 모두 마음들이 아님이 되기에, 마음이 된다고 말씀하시기 때문이다."

❀ 지금 보시를 하거나 탑을 장엄하는 사람들은 부처님의 가르침[法]을 해석하되, 보시나 장엄을 베풀면 그 복덕이 나에게로 돌아오며, 그 공덕이 과거·현재·미래를 통하여 나에게 이어진다고 주장하며, 이렇게 인과법(因果法)을 이해하는 것이 가르침을 보는 법의 눈[法眼]이라고 주장하고 있다.

이러한 주장에 대해 금강경은 일체 짓는 업이나 중생들의 마음 속에는 나의 것을 얻을 수 없으니, 나에게 복덕이 돌아온다는 생각은 다 탐욕이며, 탐욕은 내가 아니라고 말씀하신다. 이렇게 보는 것이 곧 부처님의 눈이요, 교리를 해석할 때 따라야 할 최고의 기준임을 주장하시고 있다.

 금강경은 무아법(無我法)이 부처님의 눈이며, 이 부처님의 눈이야말로 모든 법의 눈 위에 있다는 것을 강조하고 있다.
 금강경은 보시나 장엄에 대한 당대 승단과 불자들의 불교해석이 무아(無我)의 진리에 기초하고 있지 않는 현실을 비판하고 있다. 나아가 과거·현재·미래의 공덕을 해석하는 의식 속에 오히려 탐욕이 감추어져 있다는 것을 드러내시고 있다.
 대승은 여러 경전에서 무생(無生) 혹은 제법불생(諸法不生)을 주장하고 있다. 무생(無生)은 생겨남이 없다는 뜻이니, '보시를 하면 나에게 복덕이 생겨난다'는 잘못된 인과의식(因果意識)을 비판하는 현실에서 이해될 때 그 실천적 의미가 드러날 것이다.

 "왜냐하면, 수보리야, 지나간 마음도 얻을 수 없으며, 현재의 마음도 얻을 수 없으며, 미래의 마음도 얻을 수 없기 때문이다."

 ❈ 승단이나 혹 탑을 지키는 불자들이 재가신도가 베푸는 보시, 장엄에 대해 어떤 인식과 태도를 가지고 있는가?
 보시와 장엄에 복덕이 있다는 주장은 논리적으로 이러한 복덕이 과거·현재·미래를 통하여 그 보시를 실천하는 자에게 귀속된다는 인식이 전제되고 있다. 이러한 시간에 대한 인식은 보시와 장엄을 장려하고 유도하는 인식이다.

 금강경은 당대 현실 속에 성행하는 이러한 보시공덕 사상이 탐욕과 소유의 욕망에서 나온 생각임을 밝히고, 이러한 욕망 속에 과거 · 현재 · 미래라는 시간에 대한 자의적인 해석이 숨어 있음을 드러내고 있다. 과거 · 현재 · 미래가 있다는 인식은, 보시를 어떤 시점에서 베풀었을 때 장래에 그 복덕이 나에게 돌아온다는 생각을 보증해주는 인식이다. 이 생각 속에는 나의 수명과 시간의 연장이 전제되어 있다. 그러나 금강경은 과거 · 현재 · 미래의 마음들을 모두 얻을 수 없다고 말씀하신다. 일체법에 내가 없기 때문이다.

과거 · 현재 · 미래의 마음을 얻을 수 없다는 말씀은, "내가 누구에게 무엇을 베풀면 과거 · 현재 · 미래의 시간을 따라 그 공덕이 나에게로 온다"는 생각이 다 헛되고 거짓이라는 뜻이다. 보시와 장엄을 하면 과거 · 현재 · 미래에 걸쳐서 그 복덕이 나에게 따라온다고 하는 생각이 곧 수명에 대한 생각이다. 금강경은 이 수자상(壽者相)은 탐욕이 일으킨 생각이며, 올바르게 불법을 해석하는 것이 아니라고 말씀하고 있다.

금강경은 이렇게 당대 승단의 보시와 장엄에 대한 인과법적 인식을 거짓과 탐욕으로 규정하고 있다.

❀ 불교교리사에는, 금강경은 당대에 세력이 강했던 승단인 설일체유부(說一切有部)와 대립하였으며, 이 상좌부가 주장하는 삼세(과거 · 현재 · 미래)가 있다는 삼세실유론(三世實有論)을 부정하였다고 설명한다.

그러나 이러한 주제는 역사적으로 과거 · 현재 · 미래가 있는가, 없는가 하는 단순한 철학적 인식이나 개념의 문제가 아니다. 오히려 보시와 공덕에 대한 당대의 생각과 현실이 부처님의 가르침에 맞는 것인지, 아닌지를 따지는 매우 심각한 현실적 화두이다.
 금강경은 이 문제에 대한 인식의 차이로 기존 승단과 서로 대립하고 있다는 것을 보여준다. 이 대립은 결국 재가신도의 보시와 장엄을 어떻게 받아들이는가의 교리적인 문제뿐만 아니라, 나아가 재가신도가 보시하는 물질에 대한 이해관계까지 얽혀 있다.

## 法界通化分 第十九

須菩提 於意云何 若有人 滿三千大千世界七寶 以用布施 是人 以是 因緣 得福多不 如是 世尊 此人 以是因緣 得福 甚多 須菩提 若福德 有實 如來 不說得福德多 以福德 無故 如來 說得福德多

  이제 과거·현재·미래의 마음을 얻을 수 없으며, 복을 짓는 마음속에 내가 없다면, 복덕을 얻는다는 인식은 무엇을 의미하며, 부처님은 어떤 의미로 '복덕을 얻는다'는 말씀을 사용하셨을까?

"수보리야, 그대는 어떻게 생각하느냐? 만약 어떤 사람이 여래들, 아라한들, 올바로 깨달으신 분들에게 삼천대천세계에 가득 찬 일곱 가지 보배로써 보시에 사용한다면 이 사람이 이 인연으로 복덕을 얻음이 많겠느냐?"
"그렇습니다. 세존이시여!
그 사람이 이 인연으로 복덕을 얻음이 매우 많겠습니다."
"수보리야, 만약 복덕이 실로 있다면, 여래가 복덕을 얻음이 많다고 말하지 않겠지만, 복덕이 없으므로 여래가 복덕을 얻음이 많다고 말한다."

🏵  복을 짓는 마음속에 내가 없으니 '과거나 현재에 지어서 현재나 미래에 누가 복덕을 얻는다는 생각'은 다 거짓이다. 여래께서 복덕이 많다고 말씀하신 의미는 누가 그것을 받는다는 의미가 아니다. 금강경은 복덕에 관한 부처님의 말씀을, 일체법에 내가 없는 무아법(無我法)에서 이해하기를 강조하시고 있다.

그렇다면, 금강경은 과거에 지은 공덕으로 복덕의 최고 형태인 거룩한 몸매와 32상을 얻은 것을 어떻게 다시 정의할까?

## 離色離相分 第二十

須菩提 於意云何 佛 可以具足色身 見不 不也 世尊 如來 不應以具足色身 見 何以故 如來 說具足色身 卽非具足色身 是名具足色身 須菩提 於意云何 如來 可以具足諸相 見不 不也 世尊 如來 不應以具足諸相 見 何以故 如來 說諸相具足 卽非具足 是名諸相具足

❀ 앞에서 '복을 얻음이 많다'는 말씀은 누가 그것을 받는 사람이 없다는 의미로 여래께서 말씀하셨다. 만약 인과(因果)가 없다면, 어떻게 부처님이 단정한 몸매와 32상을 얻을 수 있을까? 또 얻은 내가 없다면, 몸매와 32상을 갖추신 여래는 누구인가라는 반론이 가능하다.

이런 반론은 탑 공양이나 보시를 하는 불자들이 제기한 것이 아닐까? 이런 문제에 대해 금강경은 해명하신다.

"수보리야, 보시를 베풀어 얻는 복덕이 없다면, 그대는 어떻게 생각하느냐? 부처님이 얻었다는 신체적인 단정한 몸매를 가히 부처님으로 볼 수 있겠느냐?"

"아닙니다. 세존이시여! 여래를 마땅히 신체적인 단정한 몸매로써 볼 수 없습니다. 왜냐하면 여래께서 '신체적인 단정한 몸매는 곧 신체적인 단정한 몸매가 아니기에, 신체적인 단정한 몸매라 이른다'고 말씀하셨기 때문입니다."

"수보리야, 그대는 어떻게 생각하느냐? 여래를 모든 상이 갖추어진 32가지 특징으로써 보겠느냐?"

"아닙니다, 세존이시여! 여래를 모든 32가지 특징이 갖추어진 것으로써 볼 수 없습니다. 왜냐하면 여래께서 '모든 32가지 특징이 갖추어진 것이 곧 갖추어짐이 아니기에, 32가지 특징이 갖추어진 것이라 이른다'고 말씀하셨기 때문입니다."

❀ 보시를 베풀어 얻는 복덕이 없듯이, 여러 전생을 거치며 보살행을 닦은 여래에게도 신체적인 특징이나 32가지 상서로운 것을 내 공덕으로 얻었다는 생각이 없다.

금강경은 바로 이러한 과거·현재·미래를 일으키는 인과법적인 생각의 뿌리가 나의 소유에 대한 탐욕임을 통찰하시고 있다. 따라서 여래를 거룩한 몸매나 32상으로써 볼 수 없다. 여래에게는 32상을 얻는다는 시간이 없기 때문이다. 이런 까닭에 32상을 갖추었다고 표현되고 있을 뿐이라고 금강경은 해명하시고 있다. 이 역시 일체법에 내가 없는 무아법(無我法)에서 몸 모습과 32상을 해석하고 있음을 볼 수 있다.

금강경 상편 제5분에도 이와 유사한 질문이 있었으나, 여기 하편에서는 무아법의 관점에서 다시 이 문제를 해명하고 있다.

## 非說所說分 第二十一

須菩提 汝勿謂 如來 作是念 我當有所說法 莫作是念 何以故 若人言如來 有所說法 卽爲謗佛 不能解我所說故 須菩提 說法者 無法可說 是名說法
爾時 慧命須菩提 白佛言 世尊 頗有衆生 於未來世 聞說是法 生信心不 佛言 須菩提 彼非衆生 非不衆生 何以故 須菩提 衆生衆生者 如來 說非衆生 是名衆生

❀ 앞에서 말씀하신 것처럼 보시를 베풀어도 복이 없으며, 부처님처럼 여러 생에 걸쳐 몸을 바쳐서 중생을 이롭게 하고 장엄을 해도, 단정한 몸매나 상서로운 32가지 특징을 얻는 것이 없다면, 부처님께서 일찍이 말씀하신 보시와 장엄의 법(法)은 다 무엇을 의미하는가?

보시와 장엄을 실천할 때, 거기에 상응하는 복덕을 얻는다는 인과법문(因果法門)은 여래의 법문이 아니던가? 32가지 훌륭한 몸 모습을 받은 것은 과거 보살행이 그 씨앗이며, 바로 이런 삼세인과법을 부처님께서 불법으로 말씀한 것이 아니던가? 이러한 반론은 단순한 개념적인 반론의 의미 이상으로 심각한 현실적 질문이다.

역사적으로 볼 때, 이러한 질문은 보시와 장엄에 의존하는 당대 승단과 그러한 보시와 장엄이 복덕을 가져온다는 생각을 가지고 실천하는 세력이 던지는 반론일 수 있다. 부처님께서 일찍이 말씀 하신 인과법은 어떤 의미가 있는가?

"수보리야, 너는 여래가 '내가 마땅히 중생을 제도하면 성인이 되거나 여러 공덕을 얻는 법을 말한 바가 있다'라는 생각을 한다 고 이르지 말아야 한다. 이런 생각을 하지 말아라. 왜냐하면, 만 약 어떤 사람이 여래가 이런 공덕을 얻는 법을 말한 바가 있다 고 말하면, 이는 곧 부처님을 비방함이 된다. 이 사람은 내가 말 한 바를 이해할 수 없기 때문이다."

"수보리야, 법을 말한다는 것은 가히 말할 법이 없는 것이니 이것이 법을 말하는 것이라고 불리어진다."

❦ 여기서 말씀하시는 법은 위의 제18, 19, 20분을 이어서 하시 는 말씀이므로, 보시와 장엄의 공덕이 과거·현재·미래에 이어져 나에게 온다는 법(法)을 말한다. 수행과 보시를 실천하면 장차 현 재와 미래에 복덕을 얻게 된다고 가르치는 삼세인과법(三世因果 法)은, 진정한 부처님의 법이 아니라고 금강경은 천둥같이 말씀하 신다. 그러한 법을 실천하는 현실 속에 탐욕과 권위, 소유의 욕망 이 숨어 있는 것을 보시기 때문이다.

사원과 탑을 장엄하면 32가지 훌륭한 모습 등 복덕을 얻는다는 법을 일찍이 부처님께서 말씀하셨다고 하면, 이런 말이야말로 부처님을 비방하는 말이다. 부처님의 법은 모든 일체 법, 나아가 보시나 장엄 공덕에도 내가 없다는 진리〔無我法〕가 근본이기 때문이다.

금강경은 이렇게 당대 현실 위에서 금강경의 가르침을 비방하는 세력과 서로 마주 서 있다는 것을 알 수 있다.

그때에 혜명(존자) 수보리가 부처님께 여쭈었다.
"세존이시여! 미래의 세상에 이와 같은 법문을 듣고서 믿는 마음을 낼 중생이 조금이라도 있겠습니까?"
부처님께서 말씀하시되,
"수보리야, 저들은 중생이 아니며 중생 아님도 아니다. 왜냐하면, 수보리야, 중생 중생이라 함은 여래가 말씀하되, 중생이 아니기에, 중생이라고 이른다."

※ 수보리 존자는 과거·현재·미래에 복덕과 보상(報償)이 없는 가르침〔法〕을 현실적으로 어떤 중생이 따르겠으며, 그렇게 되면 미래세에 어떻게 이 법이 이어질 수 있을까를 고민하고 있다.

수보리 존자는 중생을 욕망을 추구하는 이기적 존재나 대상으로 이해하고 있다. 이러한 생각이 있는 한, 중생제도는 자신의 이익을 추구하는 명분일 뿐이다. 그 결과 보시를 베푸는 사람은 자신에 대한 보상의식이 일어나게 된다. 이러한 의식이 곧 수보리가 가지고 있는 중생이라는 생각의 실상이다.

중생이라는 생각 속에는 중생의 욕망을 충족시키려는 인식이 숨어 있다. 그러나 불법 속에는 중생의 욕망이 얻어질 수 없다. 중생

또한 내가 없기 때문이다. 이런 의미에서 부처님이 말씀하신 "중생은 중생이 아니기에 중생이라 이른다"고 말씀하신다.

금강경은 부처님의 가르침은 '누구에게 무엇을 얻게 해주는 방식으로 전해질 수 없다'고 말씀한다. 중생의 욕망을 충족시키는 것은 해탈의 길이 아니기 때문이다.

이 역시 당대 승단이나 탑을 장엄하는 불자들이, 중생이나 법(法)에 대해 현실적으로 어떤 인식을 가지고 있었는지 극명하게 보여주고 있다.

## 無法可得分 第二十二

須菩提 白佛言 世尊 佛 得阿耨多羅三藐三菩提 爲無所得耶 (佛言)
如是如是 須菩提 我於阿耨多羅三藐三菩提 乃至無有少法可得 是名
阿耨多羅三藐三菩提

❀ 부처님께서 말씀하신 바, 일체의 가르침 속에 수행이나 보시로 얻어지는 법을 말씀하신 바가 없다면, 지금 금생에 부처님이 얻으신 위없는 깨달음은 무엇으로 얻은 것인가? 금강경의 해명이 따르고 있다.

수보리가 부처님께 말씀드리기를,
"세존이시여! 부처님께서 위없는 올바르고 완전한 깨달음을 얻으신 것은, 깨달음을 얻기 위해 쌓아 얻는 법이 없이 깨달음을 얻으셨습니까?"

부처님께서 말씀하시되,
"그렇다, 그렇다. 수보리야, 내가 위없는 올바르고 완전한 깨달음을 얻는 데에 무엇이라도 심지어 아주 작은 법이라도 쌓아 얻을 수 있는 법이 없었으므로, 이를 위없는 올바르고 완전한 깨달음이라 부른다."

❦ 제21분에서 보시와 장엄으로 얻는 인과법이나 이 속에 있는 과거 · 현재 · 미래라는 생각이 부처님의 법이 아니며, 이런 법을 부처님이 말씀했다고 하면 부처님을 비방한 것이라고 하였다. 이어서 이 제22분에서는 부처님의 깨달음은 '어떤 공덕을 얻는 법으로 얻는 것이 아니다'라고 분명히 말씀하신다. 위없는 진리는 내가 쌓아서 얻는다는 법이 있으면 얻어지지 않기 때문이다. 이것이 부처님의 깨달음이 위없는 올바르고 완전한 깨달음인 이유이다.

금강경은 수행이나 보시, 장엄을 실천하며 '내가 위없는 깨달음을 얻는다'는 생각을 가지고 실천하는 불자들의 의식 속에 탐욕과 오만이 숨어 있는 현실을 말씀하시고 있다. 이것은 한 개인의 자의식의 문제가 아닌, 금강경 당시의 현실과 사회의 문제이다. 만약 '내가 깨달음을 얻었다'고 말했을 때, 그 의식 속에 '내가 이런 공덕을 얻어서 진리를 얻었다'는 오만이 있다면 그것은 여래의 바른 깨달음이 아니다. 무아법(無我法)에서는 이런 것이 없기 때문이다.
 금강경은 위없는 깨달음에 대한 그 궁극적 의미를 무아법(無我法)으로 재해석하시고 있다.

이 책 서두에서 밝혔듯이, 아뇩다라삼먁삼보리에 대한 뜻은 금강경이 나타난 B.C 1세기에서 A.D 1세기 즈음 대승이 나타난 역사적 상황 속에서 이해될 필요가 있다. 금강경은 당대 역사와 현실 속에서 해석되어질 때, 한층 그 말씀의 진지함과 심오함이 드러날 것이다.

이제까지 보시와 복덕에 관한 보살의 마음가짐을 이야기했다면, 이제 이러한 얻는 법이 없이 얻는 깨달음은 보시를 베푸는 불자에게 어떤 의미가 있는가? 공덕을 얻을 수 있는 법으로서는 여래의 깨달음을 얻을 수 없다면, 깨달음에 이르는 진정한 법은 과연 어떤 법인가? 다음 제23분의 주제이다.

# 淨心行善分 第二十三

復次須菩提 是法 平等 無有高下 是名阿耨多羅三藐三菩提 以無我無人無衆生無壽者 修一切善法 卽得阿耨多羅三藐三菩提 須菩提 所言善法者 如來 說 (卽)非善法 是名善法

"다시 또 수보리야, 깨달음에 이르는 이 법은 평등하여 높고 낮음이 없으므로 이를 위없는 올바르고 완전한 깨달음이라고 부른다."

❀ 소명태자가 비록 분을 나누었지만, 제22분과 이 제23분은 함께 읽는 것이 좋겠다. 모두 부처님의 위없는 깨달음에 이르는 법의 본질과 성격을 해명하는 말씀이기 때문이다.
위없는 올바르고 완전한 깨달음에 이르는 길, 즉 보시와 장엄의 법 속에는 과거, 현재를 통해 얻는 것과 공덕의 높고 낮음이 없다.

❀ 보시와 장엄을 말하며 얻는 것이 있는 법은, 공덕의 높고 낮음이 있다. 금강경이 나왔을 당시에 불자들에게 이런 인식이 있었음을 알 수 있다. 그러나 높고 낮음이 있는 법을 가지고 보시와 장엄을 해서는 부처님이 얻으신 깨달음을 얻을 수 없다고 금강경

은 말씀한다. 깨달음에 이르는 부처님의 법(法)은 본래 높고 낮음이 없는 평등한 법이다. 바로 이러한 법으로 닦아야 깨달음을 얻기 때문에 부처님의 깨달음을 위없는 올바르고 완전한 깨달음이라고 부른다.

일찍이 여래가 여러 성인(聖人)의 경지를 수다원, 사다함, 아나함, 아라한으로 나누어 깨달음의 높고 낮음을 말하였지만, 그런 공덕을 얻는 법이 없다. 보시를 베풀어 얻는 과보에 높고 낮음이 있다면 지금의 수행 현실처럼 다툼과 소란이 있게 된다.

금강경은 놀랍게도 공덕에 높고 낮음이 없는 평등한 법으로 깨달음을 얻기 때문에, 이 깨달음을 곧 위없는 올바르고 완전한 깨달음이라고 부른다고 말씀하신다. 높고 낮음이 없는 평등한 법이 위없는 올바르고 완전한 깨달음에 이르는 길이라면, 이 평등한 법은 어떻게 닦는가? 평등하다면 공덕의 양을 똑같이 보시한다는 말일까?

"보시와 장엄 그리고 수행 등 일체의 선한 법을 행하되, 나·성인·중생·수명이라는 생각이 없이 실천해야 여래의 위없는 올바르고 완전한 깨달음을 얻을 수 있다. 수보리야, 선한 법을 말하는 바는 여래가 곧 '선한 법이 아니고 그 이름이 선한 법이라고 불리어진다'고 말한다."

⚘ 높고 낮음이 없는 법을 어떻게 닦을까? 곧 일체 선한 법을 행하되, '내가 중생에게 복을 지으면 장차 좋은 집안 사람으로 태

어나 세상에서 존경받는 성인이 되거나, 복덕이 나의 미래에 이어 진다'는 생각이 없이 실천해야 한다고 금강경은 말씀하신다. 이렇게 선한 법을 닦을 때 위없는 깨달음을 얻는다고 말씀한다.

금강경은 선한 법[善法]은 선한 법이 아니라고 말씀하신다. 부처님의 선한 법 속에는 내가 얻을 것이 없기 때문이다. 그러나 엄청난 재화로 탑을 공양하거나 보시하는 사람이, 적게 보시하는 다른 사람의 공덕을 자기의 공덕과 같다고 생각할 수 있을까?

이러한 현실에 대한 금강경의 대안은 무엇인가?

## 福智無比分 第二十四

須菩提 若三千大千世界中所有諸須彌山王 如是等七寶聚 有人 持用 布施 若人 以此般若波羅蜜經 乃至四句偈等 受持讀誦 爲他人說 於 前福德 百分 不及一 百千萬億分 乃至算數譬喩 所不能及

"수보리야, 만약 삼천대천세계 가운데에는 산중의 왕인 수미산들이 여럿 있는바, 이 여러 수미산들처럼 많은 규모의 일곱 가지 보석을 쌓아 어떤 사람이 가져다 보시를 베풀더라도, 만약 또 다른 사람이 이 반야바라밀경이나 그 속에 네 구절로 된 게송이라도 지니고 외워 남을 위해 말해주면, 앞의 복덕으로는 백분의 일도 미치지 못하며 백천만억분과 나아가 어떠한 셈으로나 비유로도 미치지 못한다."

◎ 세상에서는 거대한 재물로 승단이나 탑에 보시하지만, 그 속에 감추어진 마음으로서는 결코 평안과 해탈을 얻을 수가 없다. 이 경에 있는 뜻을 알리는 것이야말로 진정으로 부처님이 가르치신 평안을 가져오기 때문이다.

금강경은 거대한 재물을 가지고 보시하는 현실을 비판하고, 비록 그런 재물이 없더라도 이 부처님의 말씀을 전하는 것이 더 높은 복덕을 가져온다고 말씀하신다. 그런데 현실적으로 거대한 재물을 보시하는 사람들은 이러한 금강경의 말씀을 전하는 불자들을 어떻게 바라보았을까? 금강경은 부처님이 전하신 착한 공덕을 실천하는 근본이 바로 이 경에 있기 때문에, 수행자는 마땅히 이 경을 지니고 외워 남을 위해 설해야 한다고 말씀하신다.

부처님께서 말씀하신 선한 법은, 모든 중생에게 보시와 장엄을 권하고 나아가 부처님의 깨달음까지 이르게 하는 법이다. 선한 법이 중생을 제도하기 위해 있는 것이라면, 부처님에게도 나와 중생이라는 생각이 있는 것이 아닌가? 금강경의 해명이 이어진다.

# 化無所化分 第二十五

須菩提 於意云何 汝等 勿謂如來作是念 我當度衆生 須菩提 莫作是念 何以故 實無有衆生如來度者 若有衆生如來度者 如來 卽有我人衆生壽者 須菩提 如來 說有我者 卽非有我 而凡夫之人 以爲有我 須菩提 凡夫者 如來 說卽非凡夫 (是名凡夫)


❈ 제24분의 말씀처럼 세존께서 깨치신 위없는 깨달음은, 높고 낮음이 없는 법으로 얻어진다. 만약 복덕의 높고 낮음이 없으며, 나와 중생이 없이 닦는 것이 선한 법이라면, 이런 선한 법이 과연 중생에게 이익을 줄 수 있을까?
 금강경은 여기서 오히려 부처님 당신에게 중생제도(衆生濟度)의 의미를 묻고 있다. 그 의미를 탐구하는 방향은 중생에 대한 우리의 태도를 성찰하는 것이다.

 "수보리야, 그대는 어떻게 생각하느냐?
 너희들은 여래가 '내가 마땅히 중생을 제도한다'고 생각한다고 여기지 말아라.
 수보리야, 이런 생각을 하지 말아라. 왜냐하면, 실로 여래가 제도한 중생이 없으니, 만약 여래가 제도한 중생이 있다면 여래는 곧 나·성인·중생·수명이라는 집착을 가지고 있음이 된다."

❦ 중생을 바라볼 때, 자신의 복덕을 구하는 것은 바른 중생제도의 태도가 아니다. 자신의 복덕을 구하기 위해 중생을 찾는 것이 중생상(衆生相)이다.

모든 여래의 가르침에는 내가 보시를 하거나, 중생을 제도한다는 말들이 있지만, 어리석은 사람들은 마치 여래가 중생에게 '내가 중생을 제도하여 무엇을 얻거나 얼마나 더 높은 복덕을 받는가'라는 것을 선한 법이라고 말씀했다고 여긴다. 그러나 중생제도를 실천하신 여래에게는 이런 생각이 없다고 금강경은 말씀하신다.

"수보리야, 여래가 '내가 있다'고 말하는 것은 곧 내가 있음이 아닌데도 어리석은 사람들은 이 말로써 내가 있다고 여긴다. 수보리야, 여래는 '어리석은 사람이라는 것은 곧 어리석은 사람이 아니기에, 어리석은 사람이라 이른다'고 말한다."

❦ '내가 선한 법[善法]을 실천해서 중생을 제도한다'고 할 때, 현실에서 어떤 인식이 일어나는가? 금강경은 당대 불자들의 중생제도의 실천의식 속에 오히려 자신의 보상을 구하는 이기적 태도가 숨어 있음을 비판하고 있다. 금강경은 이런 사람을 범부, 즉 어리석은 사람들이라고 부른다.

금강경이 비판하는 당시의 어리석은 사람들이란 과연 누구를 지칭하는 것일까? 그들은 단순히 보통의 중생을 말할까? 아니면 당대 기존 승단일까? 또 사원과 탑을 장엄하는 불자들을 말하는 것일까?

그러나 부처님은 어리석은 사람들을 대할 때에도 내가 제도한다는 생각이 없어야 한다고 말씀하고 있다.

# 法身非相分 第二十六

須菩提 於意云何 可以三十二相 觀如來不 須菩提 言 如是如是 以三十二相 觀如來 佛言 須菩提 若以三十二相 觀如來者 轉輪聖王 卽是如來 須菩提 白佛言 世尊 如我解佛所說義 不應以三十二相 觀如來 爾時 世尊 而說偈言 若以色見我 以音聲求我 是人 行邪道 不能見如來

  무아법에서는 32상을 어떻게 볼 것인가? 중생을 제도하면 공덕을 얻는다고 생각하는 어리석은 사람들은, 선한 법〔善法〕을 실천하여 부처님과 같은 32가지 특징을 구하고 있다.
  중생을 제도하기 위해 수행과 보시를 권하고, 그 결과로 32상 등의 복덕과 지혜를 얻는다고 말하고 있으나, 실상 중생제도를 통해 부귀와 권세에 대한 욕망을 불러일으키고 있음을 금강경은 비판하고 있다. 이러한 욕망이 있는 한, 중생을 제도한다는 것은 위선일 뿐이기 때문이다.

  "수보리야, 그대는 어떻게 생각하느냐? 가히 32상으로써 여래를 볼 수 있겠느냐?"
  수보리가 말씀드리되,

"그렇습니다, 그렇습니다. 32상으로써 여래를 볼 수 있습니다."

부처님께서 말씀하시되,
"수보리야, 만약 32상으로써 여래를 본다고 하면 전륜성왕도 곧 여래이리라."
수보리가 부처님께 말씀드렸다.
"세존이시여! 제가 부처님의 말씀하신 뜻을 이해하기에는 마땅히 32상으로써 여래를 볼 수 없습니다."

그때 세존께서 게송으로 말씀하셨다.
"만약 형상으로써 나를 보거나,
음성으로써 나를 구하면,
이 사람은 사도를 행함이라,
여래를 볼 수 없으리."

✤ 32상은 전륜성왕도 가지고 있다. 전륜성왕은 세속적인 권력과 부귀의 상징이다. 부처님은 여기에서 32상을 가르치고 추구하는 사람들을 사도(邪道)를 행하는 것이라고 극명하게 말씀하신다. 32상이나 부귀와 권세 속에 나의 것을 추구하는 탐욕이 있기 때문이다.

중생을 제도하면서 그 속에 32상이나 부귀와 권세를 추구하는 불자들을 모두 사도라고 하시는 금강경의 말씀을 들을 때, 그 당대 현실의 심각함을 느끼게 된다. 32상을 보상으로 구하는 한, 그러한 중생제도는 불법(佛法)이 아님을 강조하시고 있다.

그러나 제16분에서 이미 보았듯이, 당대의 기존 불자나 승단에서는 이런 금강경의 말씀을 전하는 불자들을 경멸하거나 천대하였다.

# 無斷無滅分 第二十七

須菩提 汝若作是念 如來 不以具足相故得阿耨多羅三藐三菩提 須菩提 莫作是念 如來 不以具足相故得阿耨多羅三藐三菩提 須菩提 汝若作是念 發阿耨多羅三藐三菩提(心)者 說諸法斷滅相 莫作是念 何以故 發阿耨多羅三藐三菩提心者 於法 不說斷滅相

❀ 당대 불자들은 '여래가 중생을 제도한 공덕으로 32가지 모습을 갖추어 깨달음을 이루었다'는 생각을 가지고 있다. 이런 생각은 삼세인과법에 뿌리를 두고 있다. 그러나 대승을 내세우는 금강경은 앞에서 이미 강조했듯이, 이러한 생각을 사도로 보고 있다.

이러한 주장에 대해 결국 기존 승단에서 "대승은 원인도 없고 결과도 없는 허무나 단멸(斷滅)을 주장하는 사람이 아닌가?"라고 반박한 것이 아니었을까? 중생을 제도한다는 것은 중생에게 복을 베푸는 것이 아닌가? 복덕과 지혜는 함께 얻어지는 것이 아닌가?

무아법을 궁극의 진리로 보는 금강경은 32가지 상이 구족하여 깨달음을 얻었다는 생각에 대해 어떻게 말씀하는가?

"수보리야, 네가 만약 '여래는 32가지 특징을 모두 갖추고 나서 위없는 올바르고 완전한 깨달음을 얻은 것이 아닐까'라고 생각한다면, 수보리야, 이런 생각을 하지 말아라.

　수보리야, 여래는 32가지 특징을 모두 갖추고 나서 위없는 올바르고 완전한 깨달음을 얻은 것이 아니다."

　"수보리야, 네가 만약 '그렇다면, 위없는 올바르고 완전한 깨달음에 뜻을 일으킨 사람은 모든 법이 다 허무하여 수행과 보시에는 아무런 결과가 없다는 생각을 말한다'라고 생각한다면, 이런 생각도 하지 말아라. 왜냐하면, 위없는 올바르고 완전한 깨달음에 뜻을 일으킨 사람은 모든 법이 다 허무하여 수행과 보시에는 아무런 결과가 없다는 생각을 하지 않는다."

　❁　32가지 특징과 같은 복덕을 모두 갖추어야 한다는 생각 속에 무엇이 있을까? 또 인과법이 근거가 없다는 단멸 속에는 무엇이 숨어 있을까? 오히려 이런 생각 속에 감추어진 것이 모두 탐욕과 쾌락임을 알고 버릴 때, 중생을 위해 진정한 복을 짓게 된다고 금강경은 말씀하신다.

　진정한 복덕은 어떻게 짓는 것일까? 금강경의 논의가 이어진다.

## 不受不貪分 第二十八

須菩提 若菩薩 以滿恒河沙等世界七寶 (持用)布施 若復有人 知一切
法無我 得成於忍 此菩薩 勝前菩薩 所得功德 (何以故) 須菩提 以諸
菩薩 不受福德故 須菩提 白佛言 世尊 云何菩薩 不受福德 須菩提
菩薩 所作福德 不應貪著 是故 說不受福德

❀ 대승이 단멸을 말하는 자가 아니라면 대승은 어떻게 복을 짓는가? 금강경은 올바로 복을 짓는 길이 무엇인지 무아법의 진리에서 다시 해명하시고 있다.

"수보리야, 만약 보살이 여래들, 아라한들, 올바로 깨달으신 분들에게 항하의 모래 수와 같은 세계에 가득 찬 칠보를 가지고 보시하더라도, 만약 또 어떤 사람이 수행과 보시 장엄 등 일체의 법에 '나와 나의 것'이 없다는 것을 깊이 이해하여 온갖 어려움과 괴로움을 참고 견디어 인내를 이루어 얻으면, 이 보살은 앞의 보살이 얻은 공덕보다 낫다.
수보리야, 모든 보살들은 복덕을 받지 않는 까닭이다."

수보리가 부처님께 말씀드렸다.
"세존이시여! 보살이 복덕을 받지 않는다는 것은 무슨 뜻입니까?"

"수보리야, 모든 보살은 복덕 지은 바를 마땅히 탐내고 집착하지 않으니 이런 까닭으로 복덕을 받지 않는다고 말한다."

❀ 일체의 법이란 보시·수행·장엄 등 모든 부처님의 선법(善法)을 말한다. 보살은 일체법에 내가 없다는 것을 알아 중생을 위해 법을 베풀고 보시와 장엄 등 보살행을 하되, 온갖 어려움과 괴로움을 참고 견디어 인내를 체득해야 한다고 금강경은 말씀하시고 있다.

이 금강경 말씀을 새겨 보면, 무아법(無我法)을 가지고 사물의 생성 소멸을 세밀하게 관찰해야 깨달음을 얻는다는 기존 상좌부 교단의 이론과는 아주 다르다는 것을 알 수 있다. 이 인식의 차이는 결국 부처님의 삶이나 불교적인 삶을 어떻게 보느냐에 달려 있다.

❀ 참고 견뎌내야 하는 온갖 어려움과 괴로움은 구체적으로 무엇일까?

중생을 이익되게 하기 위해 법을 설하고 보시, 공양, 장엄, 인욕, 선정 등 보살행을 할 때 만나는 모든 고난이다.

무아법을 알아 인내를 체득한 사람은 복을 짓되, 그 지은 바에 탐착하지 않는다고 금강경은 말씀한다. 대승의 보살은 결코 모든 것이 허무하다고 말하는 자도 아니며, 복덕을 지으면서 32가지 거룩한 모습이나 전륜성왕과 같은 부귀와 권세를 탐내거나 집착하지도 않는 자이다. 보살은 꾸준히 세상을 위해 복덕을 짓되, 그 과정에서 일어나는 온갖 어려움과 괴로움을 참고 견디며 인내를 체득하는 사람이다.

중생을 위해 복덕을 행하되, 그 실천하는 부처님의 가르침〔法〕에도 내가 없는 도리를 알아 인내를 체득하라〔得成於忍〕는 금강경의 말씀은, 복덕과 권위를 보상으로 얻고자 하는 당대 승단이나 재가자의 현실 속에서 이해할 때 그 의미가 극명하게 드러난다.

인내를 실천한다고 하여, 내가 복덕을 얻는다는 생각이 일어나지 않기 때문이다. 이러한 가르침은 매우 실천적이고 심오하며, 동시에 역사적 상황을 반영하는 말씀이다.

금강경의 말씀은 오늘 우리 자신에게도 진정한 사랑과 자비를 실천하는 길이 무엇인지 깊이 생각하게 한다. 금강경은 여기서 복을 닦는 수복(修福)의 의미를 다시 밝히고 있다.

금강경은 올바른 수복(修福)의 의미를 해석하시니, 이미 설명하였듯, 이러한 의도로 금강경 하편은 구성되어 있다.

☙　득성어인(得成於忍)의 인(忍)을 구마라집 법사는 참을 인(忍)으로 번역하고, 현장 법사는 '참고 견딤'의 감인(堪忍)으로 번역하였다. E. 콘체 씨는 'patient acquiescense(인내의 묵인)'로, 필자는 지금에 맞게 인내(忍耐)로 번역한다.

## 威儀寂靜分 第二十九

須菩提 若有人 言如來 若來若去若坐若臥 是人 不解我所說義 何以故 如來者 無所從來 亦無所去 故名如來

❦ 인내를 체득함은 얻는 법(法)이 아닌가? 깨달으신 여래에게도 인내를 얻었다는 생각이 있는 것이 아닌가? 금강경은 복을 닦는 뜻을 여래(이와 같이 오신 분)라는 언어에서 다시 해석하신다. 중생들을 위해 오고 가시면서도 그 속에서 어떠한 복덕에 대한 탐욕과 집착이 없는 분이 여래의 뜻이다.

제28분에 이어 여래의 삶을 무아법과 인내를 실천하신 삶으로 다시 정의하고 있다.

"수보리야, 만약 어떤 사람이 '여래는 오기도 하고 가기도 하며 앉기도 하고 눕기도 한다'라고 말한다면, 이 사람은 나의 말한 바 뜻을 이해하지 못한 것이다."

❦ 부처님은 무소유의 삶을 선택하셨으며 세상에서 가장 고통스러운 탁발로써 목숨을 이은 분이시다. 집없이 나무 밑에서나 동굴에서 앉으시거나 주무셨으며, 끝없이 오가시며 온갖 어려움 속

에서 진리를 설하여 중생들을 괴로움에서 건지신 분이다.
　부처님이 여래(如來)라고 이름이 붙은 까닭은 끝없는 고난에 찬 보살행을 하셨으나 그 과보에 대해 탐을 내시거나 내 것이라는 집착이 없으신 분이기 때문이다.

　"왜냐하면, 여래라는 뜻은 어디서 온다고 하는 것도 없으며, 또 어디로 간다고 하는 것도 마음속에 없으므로, 여래라 이름하는 것이다."

　　※　금강경은 여래(이와 같이 오신 분)라는 단어에서 오신다[來]의 문자적(文字的) 의미를 가지고 여래라는 뜻을 다시 정의하고 있다.
　오고 가고 앉기도 하고 눕기도 한다는 것은 고난(苦難)의 보살행을 의미한다. 오고 가시고, 앉고 누우시며 중생을 제도하는 고난의 삶 속에는 무엇을 얻는다는 욕망과 집착의 불이 꺼져 있으니, 여래는 공덕을 얻기 위해 어디서 오고 어디로 간다는 의도가 없다. 이렇게 여래를 보아야 여래를 바로 보는 것이라고 금강경은 말씀한다.
　여래는 중생을 위해 복을 짓되 온갖 어려움과 괴로움을 참는 인내를 체득하신[得成於忍] 분이다. 그러나 그 실천을 하시며 고난을 내가 참는다던가, 또는 내가 인내를 이루었다는 의도가 없다. 여래에게는 시간과 존재와 중생이 없기 때문이다.
　이렇게 여래는 나·성인·중생·수자라는 생각이 없이 선한 법을 실천하시는 분이며, 오고 가시는 고난의 보살행을 하시되 무아법(無我法) 속에서 인내를 이루시어, 그 복덕에 탐착함이 없으신 분으로 보아야 한다고 금강경은 말씀하고 있다.

　금강경은 여래의 의미를 해명하시며, 중생을 위해 오고 가며 설법을 하거나 복을 짓되, 무아법을 알아 인내를 완성하고, 공덕을 받지 않는 삶이야말로 올바른 불제자의 길임을 강조하시고 있다. 보살행 속에서 복덕을 구하는 태도는 32가지 구족상을 갖춘 전륜성왕을 구하는 태도이기 때문이다.

　이 제29분에 이어 제30분에서는 당대 출가 승단의 수행에 대한 비판이 앞서고, 그 뒤에 대안을 말씀하신다. 무아의 진리는 사변과 분석을 통하여 얻어지는 것이 아님을 말씀하니, 이는 당대 승단을 비판하시는 말씀이다.

　부처님과 같은 깨달음을 추구하고 여래의 길을 따라야 하는 당대 승단은 무엇을 하고 그 수행 속에는 무엇이 있는가?

## 一合理相分 第三十

須菩提 若善男子善女人 以三千大千世界 碎爲微塵 於意云何 是微塵衆 寧爲多不 甚多 世尊 何以故 若是微塵衆 實有者 佛 卽不說是微塵衆 所以者何 佛說微塵衆 卽非微塵衆 是名微塵衆 世尊 如來所說 三千大千世界 卽非世界 是名世界 何以故 若世界 實有者 卽是一合相 如來 說一合相 卽非一合相 是名一合相 須菩提 一合相者 卽是不可說 但凡夫之人 貪著其事

❦ 금강경은 부처님을 따르는 당대 승단이 어떤 생각을 가지고 수행을 했는지, 우리에게 보여준다.

당대 승단은 모든 세계는 나누어 분석될 수 있으며, 마치 하나하나의 미립자가 뭉쳐져서 세계가 이루어진다고 생각하고 있다. 이런 생각으로 출가 승단은 번뇌, 마음, 마음의 작용, 생멸하는 것과 생멸하지 않는 것 등을 하나하나 나누어 미세하게 관찰하였다. 이렇게 부처님이 가르쳐 주신 관찰의 법(法)을 실천함으로써 위없는 깨달음으로 나아간다고 생각하며, 이러한 관찰과 사색을 수행으로 일삼고 있다. 이러한 사실은 아비달마의 논술이 역사적으로 증명하고 있다.

그러나 금강경이 궁극적으로 말씀하시는 것은, 당대 출가 승단이 세계를 분석하는 행위 속에 탐욕과 집착이 숨어 있는 현실이다. 존재에 대한 미립자 분석이 얼마나 정밀한가에 따라 수행의 높고 낮음을 따지고, 이런 논쟁에 따라 자만과 남에 대한 오만이 일어나는 출가 승단의 현실을 금강경은 문제삼고 있다.

금강경이 중생제도와 관련해서 이런 미립자와 세계의 문제를 제기한 것은, 미립자가 모여서 세계를 이룬다는 생각이 결국 모든 보시와 장엄행이 쌓여서 복덕을 이룬다는 논리와 같기 때문이 아닌가 짐작하게 된다. 미립자를 자세히 볼수록 자신의 삼매나 관찰이 더욱 심오하다는 생각이 일어나기 때문이다.

금강경은 당대 아비달마적 수행에 관해 특히 '탐욕과 집착'이라는 말씀을 하시고 있다. 관법에 따라 마음의 대상을 얼마나 미세하게 관찰하였는가를 보고, 자기수행의 높고 낮음을 따지는 승단의 수행에 탐욕과 집착이 숨어 있음을 비판하고 있다. 이러한 탐욕과 집착이 결국 보시법을 실천하여 복덕을 구하는 재가 불자들의 탐욕이나 집착과 조금도 다르지 않음을 말씀하시고 있다.

금강경은 기존 승단이 가지고 있는 미립자에 대한 생각은 사실로써 말할 수 있는 것이 아니고 희론(戲論)이라고 비판하고 있다.

"수보리야, 만약 좋은 집안의 남자와 여자가 이 삼천대천세계를 부수어 작은 미립자로 만든다면 그대는 어떻게 생각하느냐? 이 작은 미립자의 무리들이 많겠느냐?"

"매우 많습니다. 세존이시여!
왜냐하면, 만약 이 작은 미립자의 무리들이 실로 있는 것이라면 부처님께서 곧 작은 미립자의 무리들이라고 말하지 않으셨을 것입니다. 그 까닭은 무엇입니까? 부처님께서 '작은 미립자의 무리들은 곧 작은 미립자의 무리들이 아니기에, 작은 미립자의 무리들이라 이른다'고 말씀하시기 때문입니다."

"세존이시여! 여래께서 삼천대천세계를 말씀하신 바는 곧 '세계가 아니기에, 세계라 이른다'고 말씀하십니다. 왜냐하면, 만약 세계가 실로 있는 것이라고 한다면, 그것은 곧 미립자가 뭉쳐져 있다는 생각[相]이니, 여래께서 '미립자가 뭉쳐져 있다는 생각은 미립자가 뭉쳐져 있다는 생각이 아니기에, 미립자가 뭉쳐져 있다는 생각이라 이른다'고 말씀하시기 때문입니다."

"수보리야, 미립자가 뭉쳐져 있다는 생각은 곧 사실로써 말할 수 없는 것인데도 다만 어리석은 사람들이 그 일에 탐내고 집착하는 것이다."

❈ 금강경은 당대 승단의 아비달마적 경향을 비판하되, 분석과 관찰행위 자체를 비판하지는 않고 있다. 부처님께서도 사물을 분석하여 분별하셨으나, 그 속에 나의 수행이라거나, 수행의 높고 낮음이라는 생각이 없으셨다. 앞장에서 해명했듯, 부처님은 당신의 오고 가시는 일상 행위 속에 모든 욕망과 의도가 소멸되었기 때문이다.

미립자가 실로 있는 것이라면, 부처님께서 미립자를 다 미립자의 무리라고 설명하지 않았을 것이며, 나아가 모두가 다 무상(無常)이며 집착하지 말라고 말씀하실 리가 없다. 세계가 모두 미립자가 모여서 이루어진다는 것은 모두 생각일 뿐, 이러한 생각은 모두 사실로써 검증할 수 없는 것이다.

금강경은 아비달마의 경향을 비판하며, 세계가 미립자가 합해져 있다는 생각은 사실로써 검증할 수 없는데도, 이 분석하고 관찰하는 법(法)에 탐욕과 집착을 하고 있다고 말씀한다.

탐욕과 집착을 멀리하고 없애는 것은 초기경전에서 일관되게 볼 수 있는 부처님의 말씀이다. 이 제30분에서 금강경은 어리석은 사람(범부)들이 곧 당대 승단의 수행승인 것을 분명하게 말씀하시고 있다. 싼스크리스트어에서 말하는 범부는 아직 성숙치 않은 사람이란 뜻이다.

❀ 연등불 신앙과 장엄, 보시에 대한 토론에 이어, 불법과 중생제도의 진정한 의미, 그리고 여래를 어떻게 보아야 하며, 미립자를 관찰하는 수행의 의미는 무엇인지를 모두 토론한 금강경은, 마침내 이 경 말미에 부처님 당신의 견해를 묻고 있다. 모든 법의 혼동은 결국 부처님의 법에 대한 해석에서 나왔기 때문이다.

# 知見不生分 第三十一

須菩提 若人 言佛說我見人見衆生見壽者見 須菩提 於意云何 是人 解我所說義不 (不也) 世尊 是人 不解如來所說義 何以故 世尊 說我 見人見衆生見壽者見 卽非我見人見衆生見壽者見 是名我見人見衆生 見壽者見 須菩提 發阿耨多羅三藐三菩提心者 於一切法 應如是知 如 是見 如是信解 不生法相 須菩提 所言法相者 如來 說卽非法相 是名 法相

    ❧ 금강경은 당시 불자들이 부처님의 가르침을 듣고, '내가 중생에게 보시를 베풀면 내게 복덕이 오고, 그 보시의 복덕이 계속 이어지며 그 공덕으로 내생에 복을 받거나, 닦아서 성인이 된다'라는 견해를 가졌고, 부처님 당신께서도 이미 이러한 견해를 가지고 있었다고 생각한 현실을 우리에게 보여준다.

    이러한 현실에 대해 금강경은 어떻게 설명할까? 왜냐하면, 이러한 말씀은 이미 승단이 보유하고 외워 오는 경전에 존재하고 있기 때문이다. 부처님의 인식의 근저에는 무엇이 있는가? 과연 내가 무엇을 하여 얻는다는 인식이 있는가?

    그러나 금강경은 부처님께서 설법하신 말씀의 진실한 뜻은, 무아법(無我法) 속에서 이해되어야만 한다는 것을 말씀하고 있다. 금강경은 경 말미에 최후로 부처님의 의식의 근저를 해명하고 있다.

"수보리야, 만약 어떤 사람이 말하기를 '내가 모든 생명들을 제도하면 성인들의 여러 경지를 얻고, 모든 생명들에게 보시를 베풀면 보시를 베푼 복덕이 나의 미래에 이어진다는 이런 생각들이 나오는 견해를 부처님이 말하였다'라고 한다면, 그대는 어떻게 생각하느냐? 이 사람은 나의 말한 바 뜻을 이해했느냐?"

"아닙니다. 세존이시여!
그 사람은 여래께서 말씀하신 뜻을 알지 못합니다.
왜냐하면, 세존께서는 '나라는 견해·성인이라는 견해·중생이라는 견해·수명이라는 견해가 곧 나라는 견해·성인이라는 견해·중생이라는 견해·수명이라는 견해가 아니기에, 나라는 견해·성인이라는 견해·중생이라는 견해·수명이라는 견해라 이른다'고 말씀하셨기 때문입니다."

"수보리야, 아뇩다라삼먁삼보리에 마음을 일으킨 사람은 일체 불법에 마땅히 이와 같이 알고, 이와 같이 보며, 이와 같이 믿어서, '법이라는 생각'을 내지 말아야 한다.
수보리야, 법이라는 생각이라고 말하는 바는 여래가 곧 '법이란 생각이 아니기에, 법이라는 생각이라 이른다'고 말한다."

❧ 부처님께서 불법(佛法)을 가르칠 때, 내가 모든 생명들을 제도하고, 수행해서 성인의 경지들을 얻으며, 보시를 베풀고, 그 복이 이어지리라는 말씀을 하신 것은 누구나 들은 사실이다. 기존

승단의 모든 아함부 경전이 보시, 수행, 장엄, 관찰 등 일체법을 전하기 때문이다.

그렇다면 부처님의 이러한 네 가지 생각[四相]들 속에는 내가 중생들을 제도한다는 견해, 성인들의 여러 경지를 얻는다는 견해, 모든 생명에게 보시를 베풀면 내게 복이 온다는 견해, 보시를 베푼 복덕이 나의 미래에 이어진다는 견해를 가지고 있었기 때문에 아닌가? 나·성인·중생·수명이라는 생각은 그 마음속에 이러한 견해가 이미 있다는 것을 가정하고 있기 때문이다. 이런 여러 가지 견해를 어떻게 이해해야 될까?

여기서 생각해 볼 점은 수보리 존자가 이 질문을 이 금강경 말미에 하신다는 점이다. 만약 나라는 생각, 성인이라는 생각 등 사상(四相)을 처음부터 그릇된 오만이나 집착이라든가 혹은 외도의 생각으로 해석한다면, 금강경 끄트머리에서 부처님께 다시 이런 질문을 드린다는 것은 논리적으로 자연스럽지 못하다. 지금까지 부처님께서 이러한 생각에 대해 계속 비판을 해오셨기 때문이다. 따라서 사상(四相)은 처음부터 금강경이 출현한 시대에 기존 승단과 당대 재가신도들이 가지고 있던 불교에 대한 일반적 인식으로 보아야 할 것이다.

한편, "부처님의 말씀, 즉 중생을 제도하고, 보시를 하며, 성인의 경지를 얻으며, 이러한 보시가 과보가 있으리라는 말씀 속에, 부처님 스스로 나·성인·중생·수명이라는 견해를 가지신 것이다"라고 주장하는 사람은 곧 당대의 승단과 재가신도들이 아닐까? 또 이러한 주장은 금강경에 대한 비판으로 볼 수 있지 않을까?

이러한 질문에 대하여, 금강경은 부처님께서 나의 것을 얻는다는 견해로 그런 말씀을 하신 것이 아니었다고 해명한다. 부처님께서는 이런 견해가 없이 중생을 제도하고 성인이 되라는 사상(四相)을 말씀하신 것이다. 그러므로 세존께서는 나·성인·중생·수명이라는 견해를 말씀하셨더라도 그 견해를 가지고 계신 것이 아니니, 나라는 견해·성인이라는 견해·중생이라는 견해·수명이라는 견해라 이른다고 말씀하신다. 그 속에 '나와 나의 것'이 없기 때문이다.

부처님의 깨달음에 올바른 마음을 일으킨 사람은 이렇게 알아서, 불법을 대할 때 이런 견해를 일으키며 무엇을 얻는다는 생각을 내지 말아야 한다.

부처님의 가르침〔佛法〕을 실천할수록 더욱 그 복덕에 탐욕과 집착을 하면서도, 당대 불자들은 자신이 불법을 실천하고 있다고 생각하고 있다. 이런 불법에 대한 이기적 수용태도가 법이라는 생각, 즉 법상(法相)이다. 금강경은 이런 생각은 바른 법이 아니니, 법에 대한 이런 생각, 즉 '법상(法相)'을 일으키지 말 것을 일깨우고 있다. 불법을 펴신 부처님의 마음속에는 이런 견해의 분별이나 탐욕이 없기 때문이다.

제31분에서 법이라는 생각을 해명하시는 것은 지금까지의 논의를 정리하기 위해서이다. 다시 말해, 당대 승단이나 불자가 부처님이 가르쳐 주신 모든 법을 잘못 해석하고 실천한 원인은, 법에 대한 이기적(利己的) 생각이 숨어 있었기 때문이라는 것이다. 이로써 금강경은 지금까지 해오신 모든 논의를 마무리하고 있다.

자기가 따르는 종교를 통해 얻는 공덕이 사랑과 자비라면, 왜 그 종교의 가르침을 전파하는 데 서로 경쟁하고 우열을 논하며 다투게 될까? 자기 종교의 도덕이나 수행이 요구하는 대로 사랑과 자비를 베푼다면, 그것은 자기만족과 어떻게 다를까? 자기만족 속에서 과연 사랑과 자비를 경험할 수 있을까? 실제로 세상의 고통을 있는 그대로 볼 수 있을까?

금강경은 법상(法相)을 버릴 때, 현실과의 진정한 만남이 가능하며 중생을 이익되게 할 수 있다고 말씀한다. 자신의 미래와 존재에 대한 탐욕으로 불법을 실천할 때는, 현실 고통에 대한 직접적 인식이 일어나지 않기 때문이다.

법상을 떠나 있는 그대로 현실과 만날 때, 보살은 세상의 고통이 인간의 탐욕과 폭력, 무지(無知)에 의해서 일어나는 것을 보고, 인간으로서의 무한한 책임을 느끼게 된다. 대승불교의 이념인 보살의 자비는 인간으로서의 무한한 책임감에서 나오며, 그 근거는 세상의 고통을 있는 그대로 보고 만날 때 가능하다.

법상(法相)에 대한 금강경의 심오한 성찰은 시간을 뛰어 넘어 오늘 우리의 삶에도 새겨야 할 화두로 다가오고 있다.

# 應化非眞分 第三十二

須菩提 若有人 滿無量阿僧祇世界七寶 持用布施 若有善男子善女人 發菩薩(菩提)心者 持於此經 乃至四句偈等 受持讀誦 爲人演說 其福勝彼 云何爲人演說 不取於相 如如不動 何以故 一切有爲法 如夢幻泡影 如露亦如電 應作如是觀 佛 說是經已 長老須菩提 及諸比丘比丘尼 優婆塞優婆夷 一切世間天人阿修羅 聞佛所說 皆大歡喜 信受奉行

❀ 금강경은 이 경을 읽고 널리 사람들에게 말해줄 것을 당부하면서, 마지막으로 부처님의 가르침을 어떻게 전할 것인가에 대해 말씀하신다. 앞에서 논의를 마무리한 대로 법에 대한 생각〔法相〕이 없어야 한다. 어떻게 설해야 올바른 설법이 될까?

"수보리야, 만약 어떤 사람이 여래들, 아라한들, 올바로 깨달으신 분들에게 헤아릴 수 없는 무수한 세계에 가득 찬 일곱 가지 보석을 가지고 보시할지라도, 만약 또 어떤 좋은 집안의 남자와 여자로서 보살의 마음을 일으킨 자가 이 경전을 가지되 나아가 단지 네 구절의 게송 등이라도 지니고 읽고 외워 남을 위해 자세히 설명하면 그 복덕이 저보다 더욱 낫다."

"어떻게 남을 위해 자세히 설명하는가?
'내가 법을 실천하면 공덕을 얻는다'는 생각을 가지지 말고, 마음을 고요히 하여 움직이지 말라. 이렇게 남에게 설법하여야 한다."

❦ 고려대장경본에는 보살심(菩薩心)으로 되어 있고, 통용본에는 보리심(菩提心)으로 되어 있다. 고려대장경본으로 해석하면 '보살이 되고자 하는 마음을 일으키는 자'가 되고, 통용본으로 해석하면 '보리(깨달음)의 마음을 일으키는 자'가 된다. 고려대장경본은 구체적으로 보살행을 실천하는 사람을 의미하지만, 통용본은 깨달음을 지향하는 사람으로 해석되어, 어딘가 수행 위주의 인식이 개입되어 있다는 느낌을 준다. 이 통용본이 성립된 시기의 수행 현실을 반영한 것이 아닌가 추측된다. 금강경은 보시, 수행, 장엄, 인욕 등 보살행을 성찰하는 경전이지, 단순히 깨달음을 위한 수행에 국한되는 경전이라고 할 수 없기 때문이다.

한편 콘체 씨의 영역이나 현장본에는 보살심(보리심)에 대한 구절이 없다.

❦ 금강경의 가르침을 전할 때는 "내가 법을 실천하면 공덕을 얻는다"는 생각을 가지고 법을 설하면 안 된다고 말씀하신다.

"마음을 고요히 하여 움직이지 말라"는 말씀의 의미는 곧, 무엇을 얻는다는 생각으로 불법을 실천하는 당대 불자에게 하시는 말씀이다. 법을 설하는 법사는 보시와 장엄과 관찰수행의 공덕을 말하면서 불법을 설하는 것으로 생각하고, 한편 법문을 듣는 사람은 보시와 장엄과 관찰 등 선정수행을 하면 자기에게 전륜성왕과 같은 부귀와 권세 등 공덕이 온다고 생각하고 있다. 하지만, 이런 불법은 오히려 사람의 마음을 흔들리게 할 뿐이다.

'내가 누구에게 법을 설한다는 생각을 가지지 않으면, 공덕을 얻는다는 생각이 일어나지 않아 마음이 고요하여 움직이지 않게 되니, 이렇게 남에게 설법을 해야 한다'는 금강경의 말씀은 당대 역사적 현실에서 이해할 때, 그 실천적 의미가 진지하게 드러날 것이다. 이렇게 법을 설하면 가르침이 없이 가르치는 것이다. 싼스크리스트 본이나 현장 역에는 모두 "설법하지 않는 것으로 설법한다"고 쓰여 있다.

금강경은 마지막으로 세존께서 일찍이 일러주신 게송을 인용하시며 이 경의 말씀을 마치신다. 금강경은 보시하는 보살, 수행을 따라 성인의 경지를 추구하는 승단, 미립자를 분석하는 수행승, 탑을 장엄하는 불자들에게 불법의 진정한 뜻을 새롭게 해명하신 후, 지금까지의 금강경 말씀이 석가모니 부처님께서 일찍이 말씀하신 가르침을 그대로 이어받고 있다는 것을 증명하신다.

왜냐하면,
"모든 탐욕과 집착이 일으키는 것(유위법)은,
꿈과 같고 환상과 같고 물거품과 같고 그림자 같으며,
이슬과 같고 번개와도 같으니
마땅히 이와 같이 보아야 하리."

부처님께서 이 경을 말씀하여 마치시니, 장로 수보리와 모든 비구 비구니와 우바새 우바이와 일체 세간의 천상과 인간과 아수라 등이 부처님의 말씀하심을 듣고 모두 다 크게 환희하며 믿고 받아 지니며 받들어 행하였다.

❀ 탐욕과 집착에 대한 이러한 부처님의 비유는 여러 초기경전에 흔히 인용되어 있는 말씀이다. 후세의 주석가가 꿈, 이슬, 물거품 등 그 비유의 의미를 하나하나 자세히 분석하여 해석하는 것을 볼 수 있는데, 필자는 오히려 이 말씀을 그대로 두는 것이 좋다고 생각한다.

탐욕이 꿈과 같고, 환상과 같고, 물거품과 같고, 그림자와 같으며, 이슬과 같고, 번개와도 같은 것이라는 사실을 마음속에 비유 그대로 새기는 것이 더 금강경의 본 뜻에 맞는 태도라고 생각하기 때문이다.

금강경의 말씀에서 배우듯, 탐욕과 집착은 그것을 일으키는 역사와 현실 속에서 구체적으로 이해할 때, 그 위험을 알아채고 버릴 수 있는 실천이 나올 수 있을 것이기 때문이다.

다만 이 사구게를 금강경의 뜻으로 살펴보면, 꿈이나 환상은 공덕에 대한 탐욕과 집착을 가지고 불법을 대할 때 곧 꿈이나 환상에 취해 있는 것과 같으니, 이렇게 비유하신 것으로 보인다. 또 나라는 생각·성인이라는 생각·중생이라는 생각·수명이라는 생각 등 불법에 대한 여러 생각들이 모두 탐욕과 집착에서 나온 것이니 거짓임을 물거품과 그림자로 비유하고 있다.

이슬과 번개는 무상(無常)을 의미한다. 석가모니 부처님은 일찍이 우리의 물질·느낌·지각·형성·의식 등을 통하여 무상(無常)하게 일어나는 탐욕과 성냄이 괴로움이며, 이것이 내가 아님을 말씀하셨다.

나아가 금강경은 보시와 장엄과 수행을 말한 부처님의 법도, '일체법에 내가 없다는 무아법(無我法)'의 눈으로 실천할 것을 말씀하고 있다. 보시, 수행, 장엄, 분석 등 불법을 실천하여 내가 얻는다는 그 어떤 것도 모두 탐욕과 집착이며, 무상하고, 내가 아니라는 벼락같은 법문을, 금강경은 석가모니 부처님의 말씀으로 전하고 있다.

❧ 고려대장경본에는 이 경전 끝에 진언(眞言)이 나오지만, 현장본이나 영역본, 통용본에는 없다. 그리고 일반적으로 외우지 않으므로 생략한다.

● 如雲 김광하

　　1953년생. 연세대학교에서 불교학생회 활동을 하였으며, 졸업 후에는 직장생활을 하다가 부산 보림선원(寶林禪院)에서 백봉(白峰) 김기추 선생을 모시고 수행했다. 이후 생업에 종사하며 틈틈이 불경(佛經)과 노장(老莊)을 공부하고 있으며, 특히 현실의 삶 속에서 수행의 근거와 의미를 탐구해오고 있다. 현재 불교시민운동에 참여하고 있으며, 인드라망 잡지에 〈경전산책(經典散策)〉을 연재하고 있다.

( 금강경과 함께 역사 속으로
　－금강경을 읽는데 왜 경멸과 천대를 받았을까 )

초판 인쇄/ 2003년 6월 2일
초판 발행/ 2003년 6월 5일

지은이/ 김광하
펴낸이/ 김시열
펴낸곳/ 도서출판 운주사
서울 성북구 동소문동 6가 25-1 청송빌딩 3층
전　화/ (02)926~8361 팩스/ (02)926~8362
등　록/ 제2-754호

ISBN 89-85706-99-3  03220
값 10,000원

* 지은이와 협의에 의해 인지는 생략합니다.
* 잘못된 책은 바꾸어 드립니다.